圖說中國 02

主編 龔書鐸 劉德麟

春秋・戰國

第二版

智能教育

圖說天下

前言

以史為鑑，可以思接千載，視通萬里，可以把握中國社會治亂興替的內在規律，可以洞悉修齊治平的永恆智慧。然而，讓人們全面深入地瞭解中國歷史，掌握中國歷史中所蘊含的深層價值，並不是一件容易的事。

上下五千年之中，人物多，事件多，神話與傳說並存，正史與野史交錯，頭緒繁多，內容龐雜。政治、經濟、軍事、中外交往、思想、文學、藝術等各方面的內容，如果未經梳理就雜亂無章地堆積在一起，那麼往往會使讀者一頭霧水。除了典籍史料所承載的歷史之外，文物、遺址、古蹟、藝術作品等等，也同樣反映著歷史的真實性。如何把這些組織在一起，讓讀者能夠清晰明白地瞭解歷史，感受歷史的真實，無疑成為了編輯出版《圖說天下》的緣起。

《圖說天下》，按照不同的歷史分期，通過新的體例、模式來整合講述中國歷史，涵蓋政治、經濟、軍事、中外交往、藝術、思想、科技、社會生活等方面，以時間為經，以人物和事件為緯，經緯交織，全面反映每一朝代治亂興衰的全部過程。每一個故事都蘊含了或高亢激昂或哀婉悲痛的場景，讓人們重溫那一段歷史，不斷喚起人們內心塵封已久的記憶，與中國歷史再次進行親密接觸，深入地尋繹歷史中所蘊藏的民族智慧，感悟民族精神。隨機穿插的知識花絮、專題和附錄，緊密結合內文，讓知識訊息更為密集，從而營造出一種接近真實的歷史鏡像。

通過文字，可以感受歷史鏡像，而通過圖片，則可以閱讀圖片中的歷史。圖片與文字相互映襯，可以立體反映中國歷史，展示中國歷史文化的源遠流長、博大精深。通過這種結合，使得文字訊息更為生動，更為多彩，使讀者深刻感受中國文化的底蘊，從而產生一種閱讀上的震撼。

在中華民族偉大復興的時刻，在討論榮與辱的時候，閱讀歷史，瞭解歷史，把握歷史，其意義是顯而易見的：歷史是民族復興的內在動力之所在，是榮與恥的感性事例的集中呈現，和理性判斷的一個標準。在不遠的將來，閱讀歷史，瞭解歷史，會成為一種時尚，人們透過歷史，可以感受到真正實現自我價值，尋找到寄托心靈的精神殿堂。

春秋 戰國

目次

春秋・6

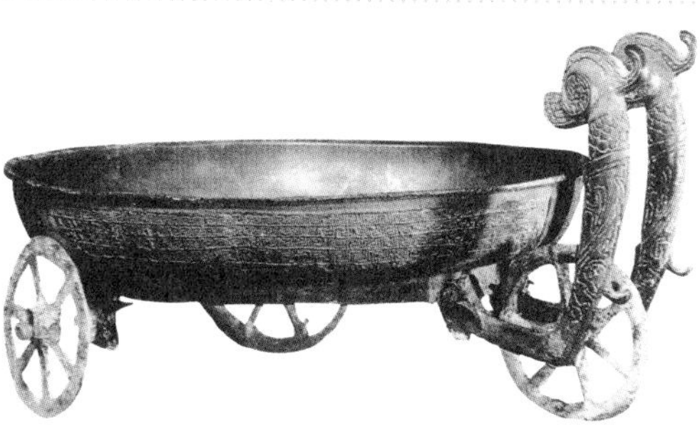

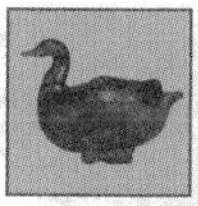

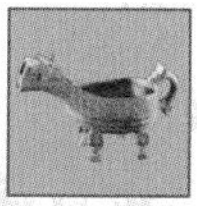

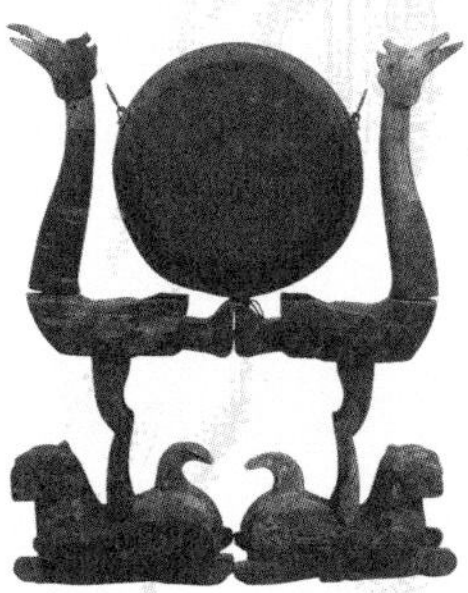

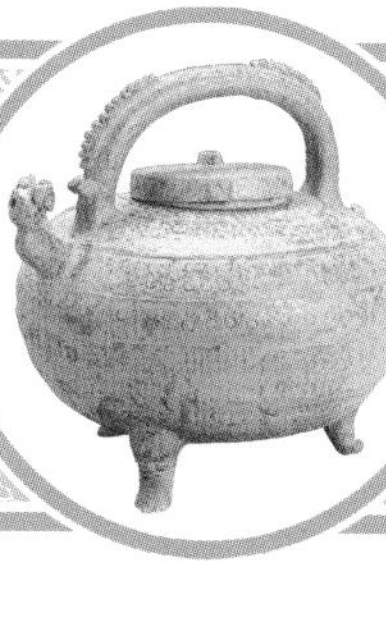

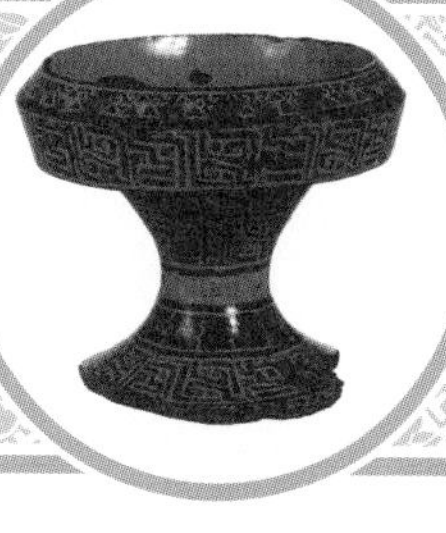

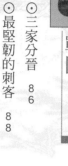

中國社會科學院考古研究所■殷瑋璋教授

西元前七七〇~前四七六年

春秋

西周時期，周王保持著「天下宗主」的威權，禁止諸侯國之間互相攻擊或兼併。平王東遷以後，王室衰微，再沒有控制諸侯的力量。同時，社會經濟的迅速發展，一些被稱為蠻夷戎狄的民族在中原文化的影響或民族融合的基礎上，很快趕了上來。中原各國也因社會經濟條件不同，有的強大起來，有的衰落下去。於是，諸侯國互相兼併，大國間爭奪霸主的局面出現了。諸侯林立的情況，嚴重限制了經濟文化的發展，各國的兼併與爭霸促成了各個地區的統一。因此，東周時期的社會大動盪，影響後來中原的統一甚巨。

平王東遷以後，西土為秦國所有。吞併了周圍一些戎族部落和國家，成了西方強國。在今山西的晉國，山東的齊、魯，湖北的楚國，北京與河北北部的燕國，以及稍後於長江下游崛起的吳、越等國，吞併了周圍一些小國，逐漸強大，成了大國。於是，在歷史上展開了一幕幕大國爭霸的激烈場面。

首先建立霸業的是齊桓公。任用管仲，改革內政，使國力強盛。又用管仲的謀略，以「尊王攘夷」為號召，聯合燕國打敗了北戎，聯合其他國家制止了狄人的侵擾，「存邢救衛」。周惠王二十一年（前六五六年），齊國與魯、宋、鄭、陳、衛、許、曹諸國聯軍侵蔡伐楚，觀兵召陵，責問楚不向周王納貢的原因。楚的國力相當強盛，連年攻鄭，但見齊桓公來勢凶猛，為保存實力，許和而罷。以後，齊桓公又多次大會諸侯，周王也派人參加會盟，加以犒勞。齊桓公成了中原霸主。

齊國稱霸中原時，楚國向東擴充勢力。齊桓公死後，齊國內部爭權奪利，國力稍衰。楚又向北發展。宋襄公想繼承齊桓公霸業，與楚較量，結果把性命都丟了。齊國稱霸時的盟國魯、宋、鄭、陳、蔡、許、曹、衛等國家，這時都轉而成了楚的盟國。

正當楚國計畫稱霸中原之時，晉國興起於北

方。晉文公回國後整頓內政，增強軍隊，也想爭奪霸主。這時周襄王因王子帶勾結狄人而出走，流落在外。晉文公以為是「取威定霸」的機會，便與諸侯約定，擊敗王子帶，把襄公送回王都，掌握了「尊王」的旗幟。周襄王二十年（前六三二年），晉、楚兩軍在城濮大戰，晉軍打敗了楚軍。戰後，晉文公在踐土會盟諸侯，周王也來參加，冊命晉文公為「侯伯」（霸主）。

晉、楚爭霸期間，齊、秦兩國雄踞東西。春秋中葉以後，楚聯秦，晉聯齊，仍是旗鼓相當。但爭霸戰爭加劇了各國衝突，於是出現了結束爭霸的「弭兵之會」。周簡王七年（前五七九年），宋國約合晉、楚訂了盟約：彼此不相加兵，信使往來，互相救難，共同討伐不聽命的第三國。「弭兵」反映了兩個霸主之間的勾結與爭奪，也反映了小國擺脫大國控制的願望。周簡王十一年（前五七五年）晉、楚於鄢陵大戰，楚大敗。周靈王十五年（前五五七年）晉、楚於湛阪大戰，楚又敗。這一期間，晉秦、晉齊之間也發生過大戰，晉獲勝。周靈王二十六年（前五四六年），宋國再次約合晉、楚「弭兵」，參加的還有十多個國家。會上商定：中小國家此後要對晉、楚同樣納貢。晉、楚兩國平分了霸權。

當晉、楚兩國爭霸中原時，長江下游崛起了吳、越這兩個國家。晉為了對付楚國，就聯合吳國。吳、楚之間多次發生戰爭。周敬王十四年（前五〇六年），吳國大舉伐楚，節節勝利，一直到達楚都。從此，楚的國力大大削弱。在晉國聯吳制楚時，楚國則聯越制吳，吳、越之間戰爭不斷。吳王闔閭在戰爭中受傷而死，其子夫差立志報仇，大敗越王句踐，並率大軍北上，會諸侯於黃池，與晉爭做盟主。越王句踐臥薪嘗膽，積蓄力量，乘吳王夫差北上爭霸之機，發兵攻入吳都。夫差急忙回歸，向越求和。不久，越滅吳，句踐也北上會諸侯於徐州，一時成了霸主。

春秋時期各國的兼併與爭奪，促進各國、各地區社會經濟的發展，也加速了不同族屬間的接觸與融合。經過這一時期的大動盪，重新整合，數百個小國逐漸歸併為七個大國和周圍的十幾個小國。

周平王遷都

●時間：西元前七七〇年
●人物：周平王

周平王將國都由鎬京遷往洛陽，無意間，一個時代結束了，而一個新的時代開始了。這個時代也叫周，但風光已經不屬於周了。

⊙引狼入室

周宣王死後，大臣遵其遺囑，立太子宮湦為天子，即周幽王。周幽王即位後，立申侯之女為后，立宜臼為太子。但是，這個周幽王並不像宣王勵精圖治，而是荒廢朝政，只知道吃喝玩樂，沉迷逸樂，過起了荒淫的生活。

周朝的諸侯國褒國獻上了一個絕色美女褒姒，幽王更是離不開褒姒半步。褒姒入宮後不久就為幽王生了一個兒子，取名伯服。幽王於是廢了申后及太子宜臼，把褒姒立為后，立伯服為太子。褒姒雖立為王后，但從未開顏一笑。這可急壞了幽王，於是就有了後來的烽火戲諸侯。

申后的父親申侯得知幽王廢申后立褒姒之事後，心生怨恨，有人報告給幽王。幽王聽了大怒，下令削去申侯之爵，並命石父為將，準備攻打申國。申侯聽說後大驚道：「我申國國小兵微，怎能抵擋得住呢？」想來想去申侯決定向犬戎借兵，他怕犬戎不借兵，就許諾說：如果日後攻破鎬京，府庫金帛任憑搬取。

戎主遂發兵一萬五千，申侯亦起本國之兵，浩浩蕩蕩殺奔鎬京，將鎬京圍個水洩不通。幽王聽報大驚，忙令人點起烽煙報警，無奈各諸侯國以為幽王又在戲弄他們，竟沒派一兵一卒前往。鎬京遂被犬戎攻破，幽王被殺，城中財富掠奪無數。

⊙決議遷都

申侯入鎬京後，安排筵席款待戎主，又斂聚金銀、布匹十車為贈，指望戎主心滿意足離開。誰料戎主意猶未盡，終日飲酒作樂，並無還軍歸國之意。申侯沒有辦法，寫了密信送給衛侯姬和、晉侯姬仇，請幫忙趨逐犬戎。又遣人到鄭國報告鄭太子掘突，通知其父已被犬戎所殺，希望掘突起兵復仇。

龍耳尊　春秋

衛、晉、鄭幾路軍馬出其不意，將犬戎殺得落花流水，犬戎的殘兵敗將逃回本國。中侯大擺筵席，款待四路諸侯，迎太子宜臼繼位，即周平王。

犬戎自從到鎬京大肆搶掠，熟識了中原的地理，雖被四國諸侯驅逐出境，但其主力並未受到多大損失。戎主懷恨，不斷派兵侵擾周朝西部的疆域，而且漸漸逼近鎬京。

因為鎬京遭到犬戎的洗劫，宮殿多半都遭焚毀，四處頹牆敗棟，破敗不堪。而且周朝此時已是府庫空虛，無力修復宮室。於是，周平王漸漸有了遷都的想法，並徵求文武百官的意見。

滿朝文武都擔心犬戎的騷擾，贊同平王的想法，只有衛武公不表同意。衛武公認為，鎬京是周立國的地方，地勢險要，而洛陽地區地勢平坦，無險可守，根本不適合立都。但平王遷都的決心已定，衛武公反覆勸說，始終無效。

周平王元年（前七七〇年），平王在晉文侯和鄭武公的簇擁下東遷洛陽。

灰陶人形瓶　春秋

灰陶質，以瓶體為人體，瓶口開在人頭頂心處，口下為人頭，塑出眉、目、鼻、口，口部鏤出孔洞，兩側人耳上有穿孔，原先可能懸垂飾物。人身為裸體，凸塑雙乳，左右兩臂作垂環形交會於腹前。用途不詳。

⊙春秋開端

周王室東遷標誌西周時代的結束。周天子的直轄領地原本是邦畿千里，有西部以鎬京為核心的宗周，以及東部以雒邑為核心的成周。平王東遷，完全放棄了宗周的部分，定都東部的雒邑，史稱東周。

周王室東遷後，仍然占據著今陝西東部和河南中部地區，但是這些領土逐漸被秦、虢等國吞沒，後來所能控制的範圍僅限於雒邑周圍。周天子已失去支配諸侯的權力，各地諸侯也不再定期向周天子述職和納貢，王室收入銳減，周王室只得經常向諸侯求助財物，昔日的王者尊嚴和威望蕩然無存，與普通小國無異。西周時「禮樂征伐自天子出」的局面，為「禮樂征伐自諸侯出」所取代，全國處於分裂割據的狀態。中國歷史進入了戰亂紛爭的春秋戰國時代。

黃泉相會的母子

●時間：春秋早期
●人物：鄭武公　姜氏

鄭莊公放任心懷不軌的弟弟段，使之狂悖。莊公掌握時機，使得討逆師出有名。潁考叔曲而進諫，並用「人造黃泉」，使得莊公母子相見而不違背誓言。解決難題有時候不一定要針鋒相對，婉轉的方式也許能達到更好的效果。

⊙鄭莊公即位

鄭國的國君鄭武公有兩個兒子，都是夫人姜氏所生，長子名寤生，次子名段。寤生出生時難產，害姜氏差點性命不保，因此姜氏心中始終排斥這個兒子。小兒子段不但出生順利，而且活潑伶俐，深得姜氏喜愛。姜氏總勸武公廢長立幼，立段為世子。但是武公以長幼有序為由沒有答應，還是立寤生為世子，而將共城賜給段作為食邑，由此段也稱共叔。對此，姜氏很是不滿。

《春秋》書影

鄭武公死後，寤生即位，也就是歷史上的鄭莊公。姜氏總向著喜愛的小兒子共叔，就對莊公說：「你繼承了父親的地位，整個鄭國數百里土地都是你的，可是你弟弟只有個小小的共城，你是不是可以把制邑封給弟弟呢？」

莊公說：「制邑地勢險要，是軍事重鎮，先王有遺命，不許分封。除此之外，其他地方都可以封給弟弟。」

姜氏說：「那就把京城（地名，非指國都）封給弟弟吧！」莊公一聽，低頭不語。姜氏把臉沉了下來：「如果這也不同意，那就乾脆把弟弟趕到別國，在別國做官吧！」莊公趕忙連聲說：「不敢，不敢！」

⊙圖謀不軌

第二天，莊公準備將京城封給共叔。大夫祭仲勸阻說：「天無二日，民無二君。京城土地肥沃，人口眾多，各方面都和國都不相上下。如果將這麼大的封邑給了共叔，國家會後患無窮啊！」

但莊公以母命難違為由，還是將京城封給了共叔。

姜氏則私下告訴共叔：「你兄長不念同胞之情，今日封給你京城，也是我再三懇求的結果。你兄長雖然同意了，但是心裡未必高興。你到了京城，要招兵買馬，暗中準備，如果有機會，我就通知你，你率兵來襲，我作內應，一定可以取代你哥哥，當上國君，我也就死而無憾了。」

共叔領命，搬到京城居住。所以也稱為「京城大叔」。從此以後，大叔以狩獵為名，每日招兵買馬，操練軍士，又私自攻占了幾座原屬鄭國的小城，京城儼然成了國中之國。

延伸知識

《春秋》開始記事

周平王四十九年（前七二二年）是《春秋》開始記事的第一年。《春秋》是現存的中國第一部編年體史書，它既是魯國史，也是當時的國際關係史，又是編年體史書的始祖。《春秋》記載的年代由周平王四十九年（前七二二年）至周敬王四十一年（前四七九年）。這種編年史，周王朝和諸侯各國都有，雖然內容不同，但都稱為「春秋」。

現今流傳的魯《春秋》是經過孔子修訂的。隨著周室衰落，戰亂迭起，孔子想藉《春秋》的謹嚴書法，表達尊王攘夷，維護周朝的最高統治權的政治主張。

《春秋》用字準確，選詞嚴謹，雖然記事簡單，看似純客觀的敘述，但實際上暗含褒貶，呈現著作者的思想傾向，能給讀者相當深刻的影響。於是後世便把這種文筆曲折、微言大義，帶有傾向性的文字表達方式稱為「春秋筆法」。

由於《春秋》記載史事過於簡單，因此後來有三傳加以解釋，一是《左傳》，側重從史事本末來記載，其他兩傳是《公羊傳》和《穀梁傳》，側重從義理來闡釋。

消息傳到都城，鄭莊公不予理睬。上卿公子呂進諫道：「如今大叔內依太夫人的寵愛，外有京城堅固的城池，日夜訓兵講武，以後必然要篡奪國君之位，必須除去。臣願率軍攻克京城，生擒大叔，以絕後患。」大臣子封也說：「大叔私自攻占城邑，先王的土地怎麼能讓臣子私自占有呢？」莊公卻笑著說：「段是太夫人的愛子，寡人的愛弟，寡人寧可失地，也不願傷兄弟之情，違背母親的意願。」

⊙欲擒故縱

其實，鄭莊公並非對大叔的所作所為放任不管，一直等待各方面的條件成熟。因此雖然表面上沒有接受公子呂和子封的意見，私下卻告訴公子呂：「寡人早已考慮過，段雖然有不臣之心，但是尚未有明顯的叛逆。如果我現在就殺了他，太夫人必然從中阻撓，而外人也會認為我不仁不孝。如今我表面上置之不理，任由胡作非為，段必然肆無忌憚，待到造反之時，一舉清除，也就無人為其鳴冤叫屈，太夫人也無話可說了。」

公子呂說：「主公遠見，非臣所及。但這樣日復一日，大叔羽翼豐滿，那時候想除掉也難了。不如主公對外聲稱要朝見周天子，大叔必然以為都城空虛，率兵前來攻打。臣先率軍埋伏於京城附近，趁其出城，一舉占領京城。主公再從正面攻擊，使其腹背受敵，太叔就插翅難逃了。」

鄭莊公用了公子呂的計策，大叔果然謀反，不幾日就被莊公和公子呂兩軍擊敗，大叔自刎而死。莊公搜出了大叔和姜氏的往來書信，送給姜氏，命姜氏搬到潁居住，更發誓說：「不到黃泉，母子永不相見。」

⊙潁考叔巧妙進諫

姜氏搬到潁地之後，莊公想念母親，有些後悔。但是君無戲言，莊公又不能輕易反悔，不覺為此憂慮。

鄭國有個叫潁考叔的人，為人正

直無私，見莊公將姜氏安置到潁，便抓了幾隻鳥，以獻禽鳥為名，求見莊公。莊公問所獻的是甚麼鳥，潁考叔說：「此鳥名鴞，小時候母鳥撫育幼鳥，待到幼鳥長大，便將母鳥吃掉，是不孝之鳥，因此抓來吃掉。」

莊公沉默不語，命人設宴招待潁考叔，將廚師獻上的蒸羊賜給潁考叔一條羊腿。潁考叔將羊腿上的好肉藏在袖子裡。莊公很奇怪，問他緣由，潁考叔回答說：「我家有老母，平日家裡從未吃過這樣的美味。國君賜我羊腿，但母親卻無緣品嘗，因此我難以下嚥。我把好肉留下，目的是帶回家送給母親。」

莊公把姜氏與太叔共謀造反，將姜氏安置到潁的事說了一遍，歎道：「你有母親可以盡孝，我雖然有母親，但已經立下不到黃泉不相見的誓言，現在後悔也晚了。」

潁考叔說：「太叔已死，如今太夫人只有主公一個兒子，您如果不奉養太夫人，與鴞鳥有甚麼不同？主公

曾侯乙編鐘　春秋

在銅木結構的曲尺形鐘架上，分三層懸掛著六十五件編鐘。鐘上均有字數不等的銘文，總計多達兩千八百字。各鐘都有標音銘文，中下層的五組四十五件甬鐘不僅有標音銘文，而且有較長的樂律銘文，無比珍貴。

可挖掘地道，直到泉水湧出，在水旁建一地室，請姜夫人搬到裡面。主公母子在地室中相見，這就是所謂黃泉相見，主公也就不必擔心違背誓言了。」

⊙黃泉下相見

莊公聽了很高興，於是就命潁考叔安排。潁考叔於是帶領工人挖掘地道，一直通到姜氏的居室下。地道挖得很深，連地下的水都冒出來了。

莊公大喜，急忙動身前往地道，與母親相會了。莊公高興念道：「大隧之中，其樂也融融。」姜氏和著說：「大隧之中，其樂也洩洩。」意思是說，雖然在黑暗的地道中，但母子得以相會，真是其樂融融。

國君的錯誤如果正面指責，常常性命難保，潁考叔旁敲側擊進諫，變通辦法使得莊公母子相見，又不違背鄭莊公立下的誓言。莊公母子從此言歸於好，而進諫有方的潁考叔也被莊公拜為了大夫，從此平步青雲。

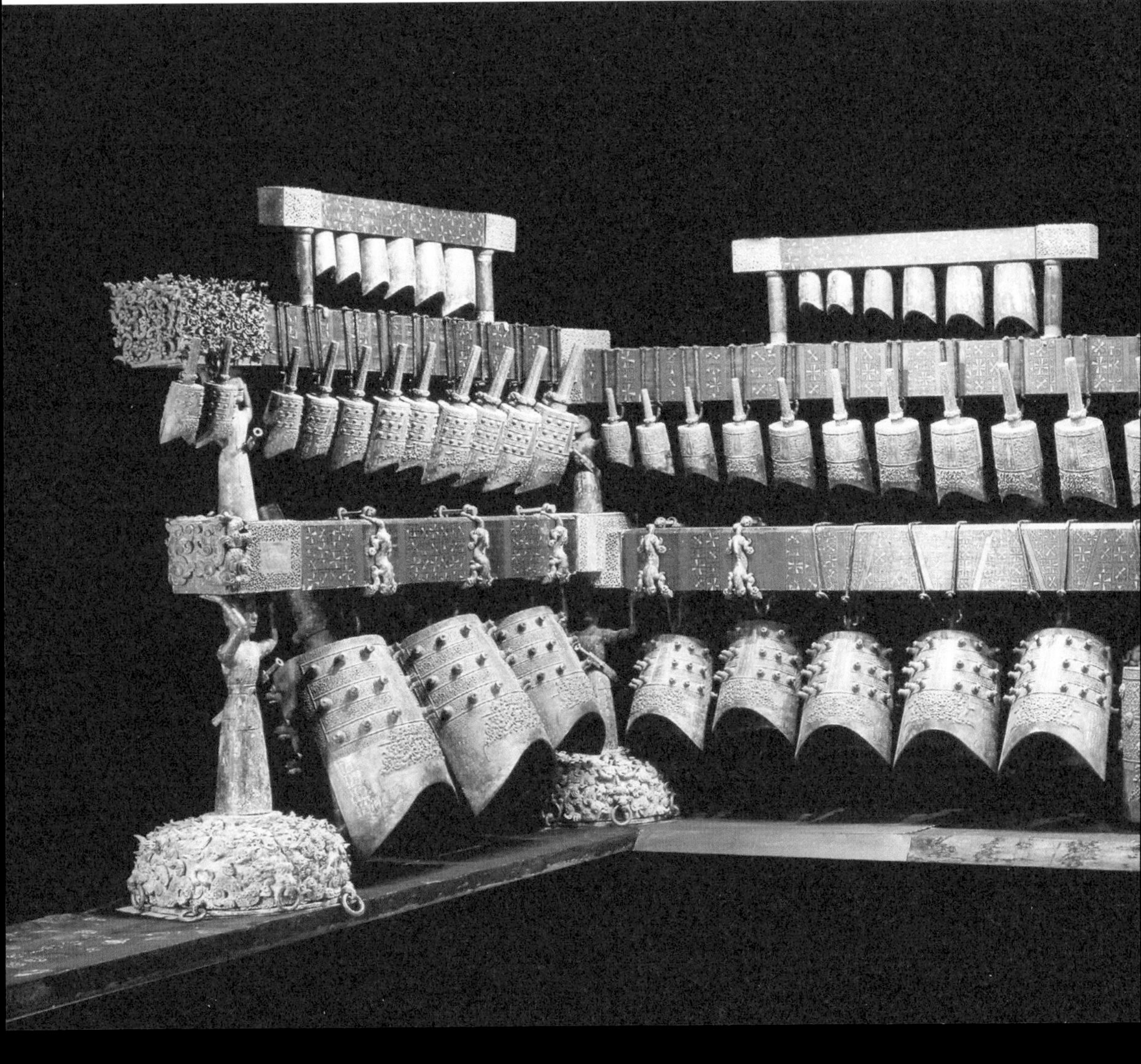

繻葛之戰

●時間：春秋早期
●人物：鄭莊公　周桓王

周、鄭繻葛之戰，是周與諸侯的第一次直接軍事衝突，周王的權威受到公然挑戰。此戰以周軍的大敗告終，從此，周王室威信掃地，一蹶不振。

⊙周鄭交惡

周平王時，鄭國的國君鄭武公有保駕之功，與衛武公同為周朝卿士。衛武公死後，鄭武公便獨攬了周的朝政。鄭武公死後，鄭莊公繼位，繼續輔佐周平王。

周平王在位五十一年，周桓王繼位。周桓王覺得無法指揮鄭莊公，就想解除鄭莊公的卿士職務。一天，周桓王對鄭莊公說：「您是先王的老臣，我對您很敬重，不敢總是勞駕您，您以後不必兩邊奔波了。」

鄭莊公見周桓王這麼說，知道不再受到重用，就回國了。然而，莊公心裡對周桓王非常不滿，不再朝拜周桓王。因宋國先前曾和衛等國侵伐過鄭國，鄭莊公就打著周桓王的旗號，聯合其他國家伐宋。

周桓王聽到鄭莊公打著周王旗號討伐宋國，十分生氣，於是免去鄭莊公的卿士職位。鄭莊公心裡更加生氣，決定不再向周朝納貢。周雖然已非昔日可比，但仍然是諸侯國名義上的共主，各國都有向周納貢的義務。

⊙繻葛交戰

鄭莊公不向周王納貢，周桓王非常生氣，就親自率領蔡、衛、陳三國討伐鄭國。軍隊到達繻葛，紮下營寨。鄭莊公與部下商議，決定抵抗周王，於是兵分三路，直抵繻葛。

周桓王以為大軍一到，鄭莊公便會賠罪認錯，沒想到鄭莊公居然欺君犯上，更加怒不可遏，堅持親自出戰。事前，桓王更準備了一篇長長的誓詞，打算在開戰前痛斥鄭莊公，但莊公根本就沒有露面，只是命令軍隊擺好陣勢，等待迎戰。

周桓王更加惱怒了，命人叫罵挑戰。可是無論如何挑釁，莊公就是不出面，也不發動軍隊。雙方一直對峙到午後，鄭莊公看到周的士兵已經顯出倦意，隊形開始渙散，正是進攻的好時機，便命令部下擊鼓衝鋒。

鄭國的軍隊突然像潮水一般衝殺過來，陳、蔡、衛三國本來就無意這場戰事，見到鄭軍來勢洶洶，不禁嚇得掉頭就跑，絲毫不顧周天子

銅鏃　春秋

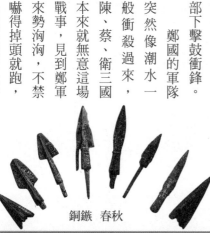

了，只剩下周軍孤軍奮戰。鄭軍如入無人之境，直殺得周軍人仰馬翻，潰不成軍。

⊙箭射周天子

這時候，鄭國的將軍祝聃遙遙望見周桓王，就拉弓搭箭，一箭射中了桓王。幸好距離太遠，箭只射中了左肩，卻已經讓桓王魂飛魄散了。祝聃眼見射中桓王，急駛戰車突出陣地，突然聽到己方響起收兵的鳴金號令，只好悻悻地停住了。

祝聃收兵之後往見鄭莊公，不滿說到：「天子被我射了一箭，已經嚇破膽了，我正要活捉他，您為甚麼下令收兵呢？」

莊公說：「無論如何，對方畢竟是周天子。我們與天子開戰，實在是不得已啊！兵刃加於天子，可是禮法中的不赦之罪。如果殺了天子，會落下口實。就算不殺，把他捉來了，我們又該怎麼辦呢？現在天子已經知道厲害，點到為止也就行了。」

一旁的大臣祭仲聽了，也點頭稱是說：「主公說得對，這下天子已經知道厲害了。我們自保的目的既然已經達到，也該借這個機會挽回天子的顏面。趕緊派人前去慰問，讓他知難而退，盡早收兵吧！」

鄭莊公聽了，覺得有理，便把任務分派給了祭仲。

⊙祭仲請罪

祭仲當晚動身，帶著禮物趕到了周桓王營。祭仲跪著，連連磕頭說：「我們主公無心得罪了天子，勞動天子親自征討。主公原本只想自保，沒約束好兵士，以致大膽冒犯了天子，實在是死罪！現在主公特命我前來請罪，請天子處置！」

周桓王本來滿腔怒火無處發洩，見到鄭國使者低聲下氣請罪，雖然仍是怒氣難平，卻也不便再說。周桓王既然保全了面子，便寬恕了莊公。

繻葛之戰就這樣收場了。箭射天子，在周的禮制中本是不赦之罪，而傷害天子的人也並未獲罪，這場戰役使得周王室名譽掃地，再無號令諸侯的威信，諸侯從此輕視周桓王了。

歷史詞典

指揮作戰的旗、鼓、金

春秋時期，諸侯作戰都注重軍禮，軍旗也就成了戰場上常用的信號物品，旗的分類也越來越細緻，《周禮》中就曾將旗分成九種（如常、旂、物等）。

在當時旗有特別的含義：一是君主的象徵，如周桓王八年（前七一二年）鄭將瑕叔盈登上許城，揮動軍旗大喊：「君登矣」，旗幟就直接代表了鄭王已占領了許城。二是旗立著不倒，表示戰鬥仍然繼續，如周莊王十二年（前六八五年），魯莊公被齊軍打敗，丟棄戎路（莊公所乘的車）而逃，同車的大夫梁子和秦子拿著莊公旗幟改行他路，誘使齊軍追錯了方向，魯莊公也得以逃生。

此外，軍鼓和金（一種發布信號的樂器）也在春秋時代廣泛應用在戰場上，軍隊出發前要殺死祭祀用的犧牲，將血塗在鼓上。鼓音還能夠激發戰士的勇氣，表示公示敵方之罪，應誅伐對方。戰場上擂鼓表示進攻，擂鼓者往往是國君或統帥。鼓還用於神祀、社祭等事務，也用於日食等場面。在戰場上，鳴金和擂鼓的意義剛好相反，鳴金表示退兵，停止戰鬥。

齊桓公慧眼識管仲

●時間：春秋早期
●人物：齊桓公 管仲 鮑叔牙

管仲輔佐齊桓公成就了霸業，令人敬佩管仲的才華。人們在佩服管仲那超人才華的同時，也相對敬佩齊桓公不計前嫌、虛懷若谷的博大胸襟。

⊙齊國內亂

周室初立之時，武王分封，把功臣姜太公封在臨淄，建立齊國，成為疆域遼闊的大諸侯國。自姜太公以來，齊國王位幾經更迭，倒也國泰民安。自從傳到齊襄公手中，齊國的國勢已經到了岌岌可危的地步。襄公自恃齊國強大，對外窮兵黷武，四處征討，對內橫徵暴斂，濫殺無辜，荒淫無度。

周莊王十一年（前六八六年），齊國大夫連稱趁襄公打獵受傷之機，起兵討伐昏君，將襄公斬殺於寢宮。齊國無君，一片混亂。

齊襄公有兩個兒子，都不在國內，公子糾在魯國，公子小白在莒國。聽到齊國國亂無君，立即動身回國，爭奪王位。

因為莒國離齊國近，不利於公子糾。於是公子糾的老師管仲帶三十名精兵，快馬先回齊國，想為公子糾搶得先機。來到半路，他們追上了公子小白的隊伍。

⊙管仲箭射小白

管仲見到小白一行，心中突然一動，便上前施禮道：「公子一向可好？您要去哪裡啊？」小白說：「我回齊國為父親奔喪。」管仲說：「公子糾是您的兄長，理應由他主持喪事，公子不應該越級做兄長的事情。」這時，小白的老師鮑叔牙說：「我們各為其主，你不必多說。」

管仲見護送小白的莒國士兵怒目相對，自知寡不敵眾，於是佯裝告退，走出幾步，突然轉身搭箭，像閃電般直竄小白心窩。小白大叫一聲，口吐鮮血，倒在車上。

鮑叔牙沒料到管仲箭射小白，竟然愣了片刻，等回過神來，管仲早不見蹤影了。鮑叔牙趕快回身搭救小白，誰知小白命不該絕，不偏不倚正射在衣鉤上。小白反應神速，怕管仲再補一箭，便咬破舌尖噴血詐死。鮑叔牙見小白安然無恙，也放下了心。

秦公簋　春秋

春秋時代的盛食器，圈形把手，腹部有獸首雙耳，器蓋均飾有蟠螭紋。蓋器上有銘文，蓋上有五十四字，器上有五十一字，字體與石鼓文相近。

延伸知識

管仲與《管子》

管仲死後，出現了一本名為《管子》的書，書中內容複雜，不是管仲的一家之言，但記述了管仲的不少言行。漢代的文學家劉向編訂《管子》一書，共保存了八十六篇，現今保存有七十六篇。

《管子》一書中的軍事思想十分豐富，全面反映了齊國法家學派對戰爭理論問題的理性認識。在戰爭觀、治軍理論、國防建設思想、作戰指導思想上，均有精闢的論述。該書強調了戰爭的重要作用，肯定戰爭在社會生活中的意義。認為戰爭直接決定君主地位的尊卑，國家處境的安危，是實現君主尊貴、國家安定的重要途徑。

象首龍紋銅方甗　春秋

這是春秋早期魯國的蒸飯器皿。甗在周代盛行，顯示了春秋早期周文化在此地區的巨大影響。

另一邊，管仲並不知道小白詐死，回報公子糾說：「小白已被我一箭射死了，齊國的王位非您莫屬。」於是，公子糾等人酌酒慶賀，卻不知小白早已到了齊國，登上王位，這就是齊桓公。

再說公子糾一行，緩慢進入齊國境內，突然得知小白已即位為王，知道事情有變，於是又匆匆忙忙回到了魯國。

⊙管仲被執

齊桓公登上王位後，擔心公子糾回到魯國，在管仲輔佐下，日後必有後患，於是找來鮑叔牙商量對策。鮑叔牙說：「臣可以領兵駐紮在魯、齊邊界的汶陽（今山東泰安西南），再派使者到魯國討還公子糾。公子糾在魯國沒有任何用處，魯君也不願意因他與齊結仇，必將公子糾的首級拱手送來。公子糾是您的兄弟，借他人之手剷除，既可以免除後患，您又不失仁義。」齊桓公一聽有理，便命鮑叔牙全權處理。

其實，齊桓公並不知道，殺掉公子糾固然是一個目的，鮑叔牙的真正目的卻是將好友管仲救回，因為自幼與管仲相識的鮑叔牙，最清楚管仲的能力。

齊國大軍在汶陽駐紮後，鮑叔牙就派大將隰朋出使魯國，帶給魯王一封信。魯君看罷，知道齊國來使的目的，果然如鮑叔牙所料，未曾猶豫便取了公子糾的首級，並縛住管仲，一併交給了隰朋。

隰朋帶著管仲回到齊國，鮑叔牙早已等候多時。鮑叔牙和管仲見面非

玉牌　春秋

常親切，兩人閒談一會，鮑叔牙就把推薦管仲的想法說出。管仲聽了歎氣道：「我本輔佐公子糾，卻無力讓公子糾繼承王位，又沒有勇氣隨公子糾而死，已失去了做臣子的氣節。現在我要是輔佐公子小白，公子糾定會恥笑我於地下。」

鮑叔牙說：「你過去不是常常說，想成就大事的人就不能計較小的恥辱，想建立功勳的人就不能拘泥於小節嗎？公子小白胸懷坦蕩，志向高遠，在你的輔佐下，必能大有作為，稱霸天下。你的功勞也將傳頌後世。」

管仲見鮑叔牙說出了心裡話，便同意讓鮑叔牙說情。

⊙鮑叔牙薦管仲

第二天，鮑叔牙拜見齊桓公，卻是先弔唁後恭賀。齊桓公奇怪，就問：「卿為何事弔唁？」鮑叔牙說：「公子糾是您的兄長，但為了國家社稷，不得不殺了他，所以我先弔唁。」齊桓公又問：「那賀的又是甚麼呢？」鮑叔牙說：「現在管仲回到了齊國，您得到了一個賢德的人，所以我祝賀您。」

齊桓公聽到管仲兩個字，頓時火冒三丈，咬牙切齒說：「管仲昔日拿箭射我，我恨不得殺了他，又怎麼會重用他？」鮑叔牙說：「做臣子的，各為其主。當初管仲箭射公子，就是盡作為公子糾臣子的責任。如果大王重用他，他則成為您的臣子，以後定當盡全力為您箭射天下。」齊桓公讓鮑叔牙暫且退下，靜心考慮。

後來齊桓公計畫拜鮑叔牙為上卿，處理朝政。鮑叔牙卻說：「大王對我的器重，我感激不盡。我雖然謹慎行事，遵禮守法，對您也忠心耿耿，但至多只能做為一個好臣子。我沒有管理朝政、治理國家的才能。」

齊桓公問：「那治理國家的才能是甚麼呢？」鮑叔牙接著說：「治國的才能，是外撫四夷，內穩軍心，能使國家安定，君享無疆之福，名垂青史。我沒有這樣的能力。」

齊桓公聽了又問道：「那國內現在有這樣的能人嗎？」鮑叔牙說：「有，此人就是管仲，無論對內對外，我都不如他。如果您連管仲這樣的人才都不能用，我便無臉擔當要職了。」

見到鮑叔牙鄭重其事的神態，齊桓公心中明白，一直忠心耿耿的鮑叔牙是不會故意欺騙的，管仲的確是個難得人才。鮑叔牙見齊桓公有些心動，接著就說：「您要用管仲，必須拜他為相，而拜他為相，必須舉行隆重的儀式，不能草率行事。因為宰相之位僅次於國君，如果只簡單宣布就算了事，我想大臣、百姓就會輕看了新宰相，而輕視宰相，就等於輕視您。」

⊙管仲拜相

齊桓公覺得有理，便採納鮑叔牙的建議。等到管仲到達齊國的時候，桓公挑選吉日，親自迎接管仲，同車入宮，在宮中正式拜管仲為相。

管仲鄭重其事，幫助齊桓公治國安邦。他對齊桓公說：「要想得到民心，必須使百姓富裕。只有百姓富裕了，國家才會富裕，國庫才會充盈。」

於是，管仲建議齊桓公興修水利，開墾荒地，使人民減少自然災害的侵害，安心耕種。鼓勵發展生產，減輕賦稅和傜役。管仲同時向齊桓公推薦了五個有才能的人，分別擔任負責禮儀的大司行、負責農業的大司農、負責軍事的大司法、負責法度的大司理和負責勸諫的大司諫，掌管這五個重要的國家部門。

在管仲的精心治理下，齊國漸漸恢復元氣，走向復興之路。齊桓公更加信任管仲，尊拜為「仲父」，並對文武大臣說：「今後無論甚麼國家大事，都要先稟報仲父，再稟報我，凡是大事皆由仲父全權作主。」

在軍事上，管仲提出了寓兵於民的方法，把百姓編成組，這些軍隊平時務農、耕種、收穫，閒時以圍獵代替操練，齊國開始走向尚武之風。人與人、家與家互相幫助。在政治上，管仲立號令，定刑罰，重祿賞，君臣百姓不分貧賤，都要遵守法規。如果犯了法度，一律追究。但是在處罰的程度上，管仲不提倡殘酷的刑罰，規定「死罪不殺，刑罰不罰，用盔甲兵器來贖罪」。臣民犯了罪，只要按犯罪程度繳納一定的財富，替代罪刑。

幾年光景，齊國在管仲的治理下，完成了從亂到治、從貧到富的重大改變，民心齊整，國家富強，一個強大的齊國已在中原悄然崛起。後來，經過多年的戰場殺伐和政治的縱橫捭闔，齊桓公終於成為「春秋五霸」中第一位稱霸的國君，管仲可以說是功不可沒。齊桓公不計前嫌，大膽起用人才的膽識與胸襟，的確令人欽佩。從敵對到赤誠相待的這兩個人，歷來被人們視為君臣相知的典範。

「克黃」鼎　春秋

曹劌論戰

●時間：西元前六八四年
●人物：曹劌

魯莊公取信於民，使得弱小的魯國可以與強大的齊國一戰，曹劌掌握有利時機，後發制人，使得魯軍贏得長勺之戰。面對強大的對手之時，盲目與其一決高下是莽夫所為，應當尋找對手弱點，利用機會，以求勝利。

⊙自告奮勇

齊桓公即位後，任用管仲作相國，政通人和，僅一年時間，齊國便漸漸強盛起來。為報復魯國一年以前支持公子糾復國的宿怨，同時也為了爭霸天下，齊桓公準備進攻魯國。管仲認為齊國剛剛安定不久，不宜妄動刀兵，但齊桓公認為魯國弱小，便不聽管仲所言，命鮑叔牙為大將，率軍進攻魯國。

魯莊公十年（前六八四年）春天，齊國大軍進入魯國境內，魯莊公準備迎戰。魯國人曹劌請求晉見魯莊公，有人勸曹劌：「國家大事自有國君和大臣決定，你何必多事。」曹劌說：「這些大人物目光短淺，不能深謀遠慮。如果魯國戰敗，我們這些百姓也要遭殃。」

於是曹劌入宮晉見魯莊公。曹劌問魯莊公：「齊強魯弱，您依靠甚麼和齊國作戰？」莊公說：「衣食我從不敢獨自享用，一定分給大家。」曹劌說：「這都是小恩小惠，而且您也僅僅是分給大臣，不能遍及百姓，這樣不會得到百姓的擁戴。」

莊公說：「祭祀用的牛羊、玉帛之類，我從不虛報，對神明一向敬重。」曹劌回答說：「這是小信用，還不能使神信任您，神是不會保佑您的。」

莊公說：「對於大小的訴訟案件，我雖不能一一明察，但一定誠心誠意盡力秉公處理。」曹劌回答說：「這是您作為國君忠於職守的一種表現，百姓也會因此為國君效命，我們魯國可以憑藉這個條件與齊國一爭高下。我雖然沒有甚麼才能，請作戰的時候也帶我一起出征。」

於是，曹劌跟隨魯國軍隊進至長勺，與齊軍對峙。

⊙決戰長勺

兩軍對壘，佈陣完畢，魯莊公準備傳令擂鼓，希望先發制人，擊敗齊軍。曹劌見狀趕忙勸止，建議較弱的魯軍堅守陣地，以逸待勞。魯莊公聽從了曹劌的建議，暫時按兵不動。

齊軍兵力占優勢，自然全力出擊，一連兩次擂鼓，憑藉優勢兵力向魯軍全線進攻，但是魯軍不為所動，嚴守陣地，使得齊軍無機可趁，兩次進攻都無功而返。

這時，曹劌認為時機已到，建議莊公果斷反擊。莊公於是下令擂鼓，魯軍士氣大振，全線反擊。此時齊軍經過前兩次徒勞無功的進攻，已經士氣低落，招架不住魯軍迅猛的衝擊，全線潰退。

魯莊公見齊軍敗退，急欲下令追擊，又被曹劌所勸阻。曹劌下車仔細察看齊軍後退留下的車轍，又登上車遠望齊軍的旗幟，之後才建議魯莊公可以全心追擊。於是魯軍一路追殺，將齊軍逐出了魯國邊境。

⊙一鼓作氣

戰爭結束後，魯莊公詢問曹劌戰場取勝的原因。曹劌回答說：「在兵力上齊強魯弱，因此我們只有憑藉高昂的士氣與齊軍對敵。作戰之時，第一次擂鼓衝鋒正是士兵士氣旺盛之時，此時與齊軍正面對決，我方吃虧。第一次進攻無功而返後，齊軍士氣受到打擊，等到第二次擂鼓進攻，齊軍士氣已大不如前。到了第三次擊鼓衝鋒，齊軍士氣便喪失殆盡。此時我軍擂鼓，正好士氣大振，再加上前兩次成功防禦了齊軍的進攻，也增強了將士的信心，這時反擊，自然就能夠一舉打敗齊軍。此外，齊國畢竟實力強大，兵力充足，難保不會在兩軍對陣的時候分兵埋伏。因此我才觀察齊軍，他們車轍紊亂，旌旗歪斜，如果是詐敗，不會有如此景象，因此才請主公大膽追擊。」

長勺之戰是齊桓公爭霸戰史上一次少有的挫折，也是魯、齊長期戰爭中魯國的一次罕見的勝利。魯國的獲勝，一方面由於魯莊公平日「取信於民」，深得民心，同時又能夠聽從曹劌這樣一個布衣百姓的正確意見。另一方面由於曹劌準確把握敵我雙方的優劣，先以積極的防禦遲滯疲憊敵軍，而後掌握有利時機，發動全力反攻，從而確保了戰爭的勝利。

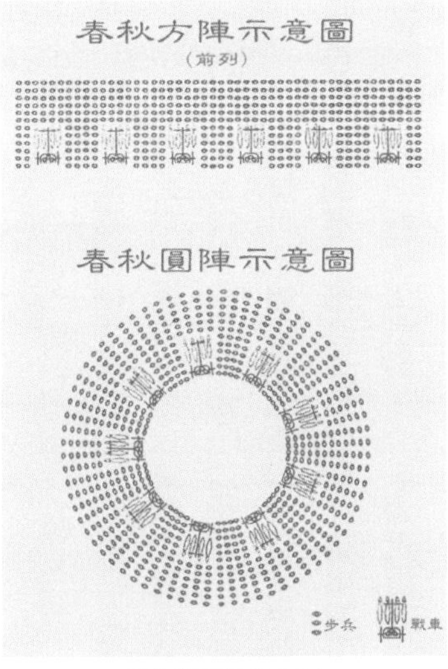

春秋陣列示意圖

歷史詞典

中國開始使用算籌

算籌是中國古代的計算工具，是橫截面為圓形、方形或三角形的小棍，一般長為十三~十四公分，徑粗〇．二~〇．三公分，多用竹子做成，也有用木頭、獸骨、象牙、金屬等物製成。春秋時，算籌已普遍採用作為專門的計算工具，籌的算法已趨成熟。按照當時的籌算記數的規則：個位用縱式，十位用橫式，百位再用縱式，千位再用橫式……這樣從右到左，縱橫相間，就可以用算籌表示出無限大的自然數，且每一位都有固定的擺法，不會混淆，也不會錯位。

這種算籌記數法便利簡潔，與世界古代各民族的記數法相比，顯示出極大的優越性，以其為基礎發展出一整套籌算算法，形成了中國傳統數學的獨特風格，取得了許多輝煌的數學成就。

愛鶴亡國的衛懿公

●時間：春秋早期
●人物：衛懿公

人都有喜歡的東西，這是天性，無可厚非，但是如果沉迷於個人愛好，不管本身職位，則與衛懿公好鶴亡國沒有甚麼區別了。

⊙懿公愛鶴

衛國是春秋時中原北部的一個大國，都城是朝歌（今河南淇縣）。朝歌曾經是商朝的都城，商紂王死後，周天子把商朝的遺民遷到宋國，把朝歌封給了衛國。

周惠王九年（前六六八年），衛懿公即位為衛國的國君。衛懿公在位的時候，國家大事全部不管，他只喜歡一件事——養鶴。平心而論，鶴這種鳥確實是討人喜歡，姿態優雅，能鳴善舞，作為一個國君，喜歡鶴就養幾隻，原本也沒有甚麼，可是這位衛懿公卻養出了心得。

衛懿公愛鶴出了名，而且凡是獻鶴的人都有重賞，於是衛國國內以及周邊國家，那些趨炎附勢的人就紛紛獻鶴給衛懿公，最後整個王宮到處是鶴。衛懿公並且將鶴分了三六九幾個等級，根據等級給與相應的品位俸祿，最好的鶴封為大夫，次一些的也有士的俸祿。

一個國家一下子多了這麼多吃俸祿的「鶴大夫」，養鶴的人也都得到很高的俸祿，百姓的賦稅也就越來越高。百姓中有凍餓貧窮的，衛懿公一概不管，錢都用來養鶴了，哪有錢體恤百姓呢？衛懿公要是出遊，這些鶴也都輪班跟隨。衛懿公準備了專門的車給隨著出巡的鶴，就在車前開道，還命名為「鶴將軍」。日子久了，衛國也就漸漸不像樣子了。

⊙兵臨城下

衛國的大夫石祁子、寧速都是賢臣，二人屢次向懿公進諫，衛懿公依舊我行我素。衛國的公子毀知道繼續這樣，衛國早晚亡國的，於是找個理由到了齊國。齊桓公在王族中找了個女子嫁給公子毀，公子毀就留在了齊國。

衛懿公在位的第九年，終於出事了，北狄大舉入侵衛國。懿公正帶著「鶴將軍」出遊，聽到消息大驚，趕忙回到都城，準備作戰。可是等到衛懿公集合軍隊的時候，發現城裡百姓都跑到城外的山裡了。

當時人民的職責之一就是隨軍打仗，可以說是軍隊的主力。百姓逃散，沒了對象可以徵兵，仗也就沒法打了。衛懿公派人到處抓百姓，過了好久，才找到百十來個人回來。衛懿公問為甚麼逃跑，這些人回答：「您用您的『鶴將軍』出馬，就一定能打敗北狄，何必要我們？」懿公一聽大怒：「鶴怎麼能打仗？」可是百姓也說：「鶴既不能打仗，那就是沒用的東西了，主公那麼愛惜，卻不愛惜百姓。狄寇來侵犯了，這才想起我們來！」

懿公此時愣住了，他長歎一聲，說：「唉！是寡人錯了！」回頭向石祁子說：「把所有的鶴都放了，寡人從此再也不養這種沒用的東西了。」

⊙戰死沙場

石祁子、寧速兩位大夫急忙跑到大街上，向百姓說明衛懿公悔過，放歸所有的鶴了，百姓才逐漸聚集。

寧速向懿公請命率領軍隊抵抗北狄，懿公說：「寡人不親自掛帥抗敵，軍士們能英勇嗎？」他解下身上佩玉，交給石祁子說：「卿替寡人暫理國政。」又抽出一支箭，交給寧速說：「寧卿負責守城。國中大事全靠二位了，寡人率兵前去，如不能戰勝狄兵，就不回來了！」

隨後懿公下令，大夫孔渠為將軍，于伯為副將，黃夷為先鋒，孔嬰齊為後隊，大軍立即迎擊北狄。

可是衛軍平時疏於操練，與狄兵接戰，立即潰不成軍。衛兵軍心渙散，大多丟棄武器逃跑，懿公被狄兵團團包圍著。孔渠說：「事情緊急！主公可微服下車，混在士兵中脫身！」懿公長歎道：「寡人今日只有一死，向全國百姓謝罪了！」

結果，黃夷戰死，孔嬰齊自刎而亡，于伯中箭身死，懿公和孔渠被狄人砍作肉泥，衛軍全軍覆沒，衛國也被狄人占領了。

後來齊桓公幫助衛國復興國家，立公子毀為衛國國君，也就是後來的衛宣公。衛懿公好鶴而荒廢政務，得罪百姓，最終導致亡國，成為玩物喪志的典型代表。

垂鱗紋銅彝　春秋

延伸知識

布幣產生

中國古代最古老的貨幣是貝幣，萌發於原始社會末期，盛行於商代。西周時代，貝幣仍然是主要貨幣，但隨著這一時期天然貝數量減少，而銅器鑄造業不斷發展，已開始出現較多的銅鑄貝幣。

春秋之際，貨幣經濟快速發展，出現了以黃金、銀、錫、銅等金屬鑄成的型制多樣的貨幣。其中，布幣是最先廣泛流通的金屬貨幣。布幣的形制是仿照春秋時期的生產工具「鏟」，早期的布幣上面沒有銘文，後期製作精良，開始在幣身上開孔，以便於繩穿提攜，易於流通。

布幣的出現，標誌著中國進入了以金屬貨幣為主要貨幣的時期。布幣是春秋戰國經濟發展的結果。

唇亡齒寒的教訓

●時間：西元前六五八年
●人物：晉獻公　虢公　虞公

唇齒相依，唇亡齒寒。人們往往目光短淺，只看到眼前的小利，而看不到背後隱藏的危險。唇亡齒寒的故事很多人都知曉，唇亡齒寒的教訓不見得每個人都懂得記取。

⊙麻痺敵人

虞國和虢國同姓且鄰近，兩國關係非常親密。虢國的國王叫醜，喜歡打仗，經常侵犯晉國的南部邊界。守衛邊界的晉國將士向朝廷告急。

晉獻公想好好教訓虢國，於是找來大夫荀息，對他說：「我們可以攻打虢國嗎？」荀息對獻公說：「虞國和虢國關係一向很好，我們攻打虢國，虞國必然相救，若攻打虞國，虢國也不會坐視不管。以單方力量和二國相爭，我們並無絕對取勝的把握。」

晉獻公說：「那就對虢國沒辦法了嗎？」荀息對獻公說：「臣聽說虢國的君王喜歡女色。您可在國內尋找一個美女，教她歌舞，獻給虢國的君王，並請求講和，他肯定會歡喜接受。我們靜觀動靜，等到他不理政事，排斥忠良時，我們再厚贈犬戎，讓他們時常騷擾虢國的邊境，我們就可乘機吞併它了。」

獻公採納了荀息的計策，把能歌善舞的美女獻給虢國國君。虢君見了美女，正思高興接受，大夫舟之僑勸諫說：「這是晉國設下的陷阱，您怎麼能往裡跳呢？」虢君不聽，且答應了晉國講和的要求。

從此以後，虢君整天沉迷於歌舞、酒肉之中，荒廢朝政，甚麼國家大事都不管了。大夫舟之僑再次勸諫，虢君很不高興，不聽舟之僑，舟之僑只能歎息而去。

⊙假道伐虢

晉獻公十九年（前六五八年），虢國國勢日漸衰落，晉獻公覺得時機成熟了，就問荀息可否攻打虢國。荀息說：「欲攻虢，必借道於虞。」晉獻公說：「虞國怎麼肯呢？」荀息說：「臣聽說虞國國君很貪心，尤其喜歡良馬和璧玉，您肯捨得把最好的良馬和璧玉送他嗎？」晉獻公說：「那可是我們的國寶啊！」荀息說：「我們只是暫時寄放那裡，讓他幫您看管。等您滅了虢，再回來滅虞，那兩件國寶還是您的。」

於是，晉獻公向虞國獻寶借道，以攻打虢國，並答應從虢國得到的財寶全都讓給虞國。

虞國大夫宮之奇勸諫虞公說：「虢國是虞國的屏障。我們兩國就像嘴唇和牙齒的關係，嘴唇沒有了，牙齒就會露在外面，所謂『唇亡齒寒』，正是說虞國和虢國相依相存的關係啊！如果虢國滅亡了，虞國能夠獨存嗎？因為我們兩國彼此相助，才沒有被晉國吞噬啊！我們不能助長晉國的貪心，不可以放鬆警惕。」

虞公說：「晉國比虢國強十倍，我們和晉國還是同一個宗室，我們和晉國結交沒甚麼不好的。再說，我們和晉國都是同根的，晉國難道會侵害我嗎？」

宮之奇說：「晉獻公愛虞國，還能比對待桓叔、莊伯的後代更親近嗎？他們可都是同一個家族的。桓、莊的後代有甚麼罪過，卻被晉獻公殺掉了，不就是因為他們族大、勢強，威脅到晉獻公嗎？至親因為形勢所逼，尚且自相殘殺，何況國家與國家呢？」

虞公說：「我所用的祭祀品既豐盛又潔淨，神一定會保護我。」

宮之奇說：「鬼神不親人，只依據德行，所以《周書》上說：『上天對人不分親疏，只是保佑有德行的人。』國君沒有德行，民眾就不會親睦，神也就不會享受他的祭物了。神所依靠的，當然就是人的德行了。假若晉國占取了虞國，而用他的德行向神薦獻祭物，那麼虞國山川社稷之神，難道還會不吃嗎？」

蓮鶴方壺　春秋

壺體方形垂腹，肩附一對獸龍形耳，壺體四面又凸飾怪獸，遍體飾相互糾纏的夔龍紋。圈足以兩隻圓雕的伏虎承托。壺蓋四周繞立透雕仰蓮瓣，中央佇立一展翅伸頸的銅鶴，體姿生動，是顯示春秋時期青銅藝術的佳作。

⊙晉軍滅虞

虞公不聽宮之奇的勸諫，答應了晉國使者借道的要求。宮之奇還想再諫，被大夫百里奚止住了，勸他不要再為糊塗人出主意，總之是於事無補。

宮之奇無奈，只好率領家族離開了虞國，並說道：「晉國一定會用滅虢的軍隊滅虞的。」

晉國出兵攻虢國，虞公也出兵幫助晉國攻擊虢國，虢公醜逃奔到京師。晉軍滅虢回來，將所獲財寶、美女分給虞國，虞國便放鬆了警惕。沒多久晉軍果然突襲了虞國，將虞國滅掉，並捉住了虞公，連當年獻給虞公的良馬和璧玉，也全被晉襄公收回了。

虞公貪圖眼前的小利，看不出晉國的用心，最後不但沒有獲得利益，國家也被滅亡了，唇亡齒寒的典故也就是由此而來的。

齊桓公伐楚

●時間：西元前六五六年
●人物：齊桓公　管仲　屈完

孫子曰：「上兵伐謀，其次伐交，再次伐兵。」齊國聯軍大兵壓境，卻不「伐兵」，而是「伐交」。當時孫武尚未出世，而管仲的策略已經契合孫武的兵法，可見管仲也非常諳熟兵法。

⊙齊國出師

齊桓公稱霸後，諸侯國紛紛歸附，但楚國卻不理不睬。其實，楚國的國君成王也是雄心勃勃，想要成就霸主事業。周惠王十九年（前六五八年），楚成王率軍攻打鄭國，鄭國著急，急忙向齊國求救。

田字空首布　春秋

管仲對齊桓公說：「您如果想救鄭國，不如直接攻打楚國。楚國實力強大，所以我們必須聯合各諸侯，共同伐之。自從您即位以來，對各諸侯廣施仁義，他們肯定會聽從您的調遣。」

齊桓公說：「我們聯合諸侯，楚國一定有所察覺，事先準備，我們不一定能取勝。」

管仲回答說：「蔡國得罪過您，又與楚國接壤，我們就以討伐蔡國為名，趁機攻打楚國。」

周惠王二十一年（前六五六年），齊桓公遍約宋、魯、陳、衛、曹、許等國君，拜管仲為大將，率六路諸侯浩浩蕩蕩奔赴蔡國。蔡侯連忙逃到楚國求救。

⊙屈完會管仲

七國之師不費吹灰之力就攻陷了蔡國，於是繼續向南進發，直達楚界。只見一個人停車擋住去路，居然是楚國的使者屈完。齊桓公說：「楚國人是怎麼知道我軍來了？」管仲說：「必定是有人洩密了。讓我去看看吧！」隨後，管仲驅車來見屈完。

屈完對管仲說：「齊國和楚國一個在北，一個在南，相距千里，不知貴國大兵壓境是為何事？」

管仲答道：「我的主公率大軍遠道而來，是向楚國興師問罪的。昔日周成王封我朝先王太公於齊，賜命征討大權，如果五侯九伯有對朝廷不忠的舉動，均可以代替天子征討侯伯。自周室東遷以來，諸侯不重視天子，恣意行事，不供王職。所以，我的主公奉周王之命監督各諸侯，恢復向周王進貢，修復先君的大業。楚國處於南荊，理應歲歲向周室進貢，以助周天子祭祀諸神。現在，周王的祭祀供應不上，我特來向你徵收這些貢物。因周王巡狩南方沒有回國，我特來質問你這件事。」

屈完說：「我國朝貢久廢是事

實，但那是因為周室失其綱常，無力統治天下。天下的諸侯又有幾家朝貢了？為甚麼單指責楚國呢？不進貢包茅（用來過濾酒的一種青茅），是我國君的過失，既然您來問罪，我們以後怎敢不供給呢？貴國的大軍到此，原來是為進貢一事啊！如沒有其他事，就請大王回朝，楚國也和你們相安無事。」於是屈完便駕車返回了。

⊙齊楚立盟

齊桓公見楚國不肯服罪，繼續向楚進軍。行進到離漢水不遠的地方，管仲命令部隊安營紮寨。各諸侯都不解問道：「我們的大軍已經深入楚地，為甚麼不渡過漢水與楚軍決一死戰，卻滯留在此呢？」

管仲說：「既然楚國派遣使者前來，一定早已準備好了，我軍經過長途行軍，早就已經人困馬乏，與他們交戰，恐怕也沒有利益。我們駐紮在此，遙張聲勢，楚國必怕我人多勢眾，一定還會派使者前來，此來必是向我們求和，那時就可以制服強楚。我們興師討伐楚國，不費一兵一卒而降伏楚國，那不是一件很好的事情嗎？」

果然，楚王見齊軍按兵不動，恐怕有詐，於是又派屈完二入齊營。

管仲對齊桓公說：「楚國使者來是和咱們定盟的，您應當以禮相待。」

屈完見到齊桓公說：「我的主公由於沒有及時進貢，讓您親自問罪，我們已知道錯了。您如果能退兵，我國君怎麼敢不惟命是從呢？」齊桓公說：「您能說服楚君恢復敬奉，我在周王那裡也有了交代，我們也就不用大動干戈了。」

於是，楚使屈完和齊桓公立了盟約，楚國恢復進貢，齊桓公也就撤軍了。

管仲在輔佐齊桓公伐楚一役中，又一次展現出過人的才華，使桀驁的楚王也不得不低頭與齊國締結盟約。

歷史詞典

葵丘之會

周惠王晚年，想廢太子鄭而改立王子帶，鄭求助於齊桓公。惠王二十四年（前六五三年），惠王死後，桓公率領諸侯與周之卿大夫結盟於洮（今山東鄄城西南），太子即位，是為襄王，然後發喪。

襄王元年（前六五一年）夏，桓公召集魯、宋、衛、鄭、許、曹等諸侯以及周王室的宰孔，在葵丘（今河南蘭考縣東）相會，訂立盟約。盟約的主要內容是：不要廢嫡立庶，以妾為妻；殺不孝之人；要尊重賢能，培育英才，表彰有德行之人；士無世官，不殺大夫；敬老慈幼，照顧賓客行旅；各國間有難互助，不要禁止鄰國採購糧食；不要堵塞河流，以鄰為壑。

此次會盟誓詞意在維護宗法制度嫡庶尊卑，發揚周文化尊賢崇德敬老慈幼的精神，阻止國與國之間的壟斷與競爭，緩和情勢，以謀合作。當時襄王並賜桓公胙肉，不必下拜。可見周天子的威嚴實在大不如前，雖然表面上看起來仍然顯赫，實在受到霸主的影響。

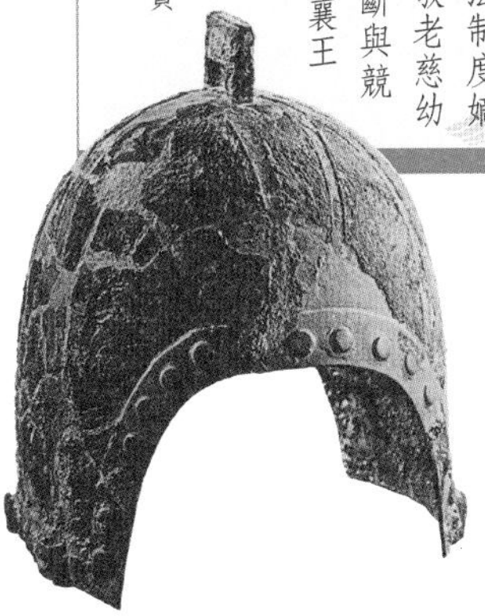

銅胄　春秋

甲胄是戰場自我保護手段之一，在冷兵器時代，作用明顯。甲胄的製造與使用，與生產、戰爭、藝術的發展有密切關係。

神醫扁鵲

●時間：春秋時期
●人物：扁鵲

無論是學醫，還是治病，扁鵲的故事都充滿了傳奇色彩。治病救人是最神聖的職業，也許這就是扁鵲的故事廣泛傳播的緣由吧！

⊙名字由來

春秋時鄭國有一個名醫，姓秦名緩，字越人，因住在齊國的盧村，所以人們也叫他盧醫。秦緩是一位神醫，為病人看病，任何疑難雜症都能治好，尤其診脈技術更是天下聞名。

照中國古代的傳說，醫生治病帶來安康和快樂，好比飛翔天際的喜鵲，為人們帶來喜訊。因此，古人把醫術高明、醫德卓著的醫生稱為扁鵲。秦緩長期從事醫療行為，刻苦鑽研，成為一個學識淵博、醫術高明的醫生。戰亂中仍然南北奔波，一心一意為人解除疾病的痛苦，所以人們也尊稱他為扁鵲。

⊙望切宗師

扁鵲善於運用望、聞、問、切四種診療方法來確定病情，尤其是用脈診和望診來診斷疾病。《史記．扁鵲倉公列傳》記述了與他有關的兩個醫案：一個是用脈診的方法診斷趙簡子的病，一個是用望診的方法診斷齊桓侯的病。

有一次，他到了晉國，正碰到了晉國卿相趙簡子突然昏倒，五天不省人事。晉國大夫急忙召來扁鵲診治。扁鵲隨意按了趙簡子的脈搏，就沉靜對眾人說：「病人的脈搏跳動正常，你們不用擔心。三天之內，病人就會醒來。」果然過了兩天半，趙簡子就醒來了。

扁鵲像　春秋

又一次，扁鵲路過齊國都城臨淄，見到了齊國的國君齊桓侯。扁鵲看齊桓侯的氣色不好，斷定他已經生病了，就直言不諱說：「大王有病在膚表，如不治療，就會病情加重。」桓侯聽了不以為然，說：「我沒病。」扁鵲見他不聽勸告就走了。

這時，桓侯對左右人說：「凡是醫生都是貪圖名利的。他們沒有本事，隨便誇大病情，以顯示本領，竊取功利。」

過了五天，扁鵲又來見齊桓侯，作了一番觀察之後，對齊桓侯說：「你的病到了血脈，不治會加重的。」桓侯聽了很不高興，沒有把扁鵲的話放在心上。

再過五天，扁鵲又來見齊桓侯，

經過細緻的觀察，嚴肅說：「你的病進入腸胃之間，再不治，就沒救了！」齊桓侯聽了很生氣，當然還是沒有理睬扁鵲的話。

等到扁鵲第四次來見桓侯，他只瞥了一眼，就慌忙跑開了。齊桓侯發覺扁鵲離開，就派人詢問。扁鵲說：「病在膚表，用湯熨可以治好。病進入血脈，用針灸可以治好。病到了腸胃，用酒劑也能治癒。如今桓侯的病已經深入骨髓，再也無法治了，我只好躲開。」

又五天，齊桓侯果然病重，急忙尋找扁鵲，扁鵲早已逃離齊國。齊桓侯因誤了治病時機，不久也就死了。在醫學並不很先進的春秋時代，扁鵲就能從齊桓侯的氣色中看出病之所在和病情的發展，這是很不簡單的。

⊙神醫之死

扁鵲不僅善於切脈和望診，而且善於運用針灸、按摩、湯藥等多種方法治療各種病症。扁鵲用一生的時間，認真總結前人經驗，結合醫療行動，在診斷、病理上對中國醫學有卓越的貢獻。扁鵲的醫學經驗在中國醫學史上占有承前啟後的重要地位，對中國醫學發展有較大影響。因此，醫學界歷來把扁鵲尊為中國古代醫學的祖師，稱扁鵲是「中國的醫聖」。

當時，秦王有病，召請扁鵲。秦國的太醫令李醯和一班文武大臣趕忙出來勸阻，說秦王的病處於耳朵之前，眼睛之下，萬一扁鵲出點差錯，武王很可能耳朵失聰，眼睛失明。

聽了這些話後，扁鵲氣得把治病用的砭石一摔，對秦王說：「大王讓我除病，卻又允許蠢人從中搗亂。假使大王也這樣治理國政，那秦國恐怕沒幾年了！」秦王見扁鵲這麼生氣，只好讓扁鵲治病。結果，扁鵲果然治好了秦王的病，受到了貴賓的待遇。

太醫令李醯見扁鵲不留情面，便找殺手殺了扁鵲。一代名醫，就這樣喪生在小人之手，可是扁鵲對中華醫學的貢獻卻在歷史上流傳下來，扁鵲也成了醫生崇敬的先賢。

歷史詞典

《萬物》與《黃帝內經》

春秋戰國時期，最著名的醫學作品要數《萬物》和《黃帝內經》。

《萬物》發現於安徽阜陽雙古堆西漢汝陰侯墓的竹簡抄本。據學者考證，撰寫時代應該是戰國初期或春秋時代，殘簡共計一百三十三支，共約一千一百字。《萬物》記載藥物治療的疾病有三十一種，包括內、外、五官、神經等各科，病症有寒熱、煩心、心痛、氣臾、鼓脹、瘻、痤、折、瘻、癰、耳、惑、睡、夢噩、失眠、健忘等，這些名稱皆流傳於後世，為後人沿用。

《黃帝內經》簡稱《內經》，是中醫學形成和發展奠基性的作品。託名黃帝，是中國現存最全面總結秦漢以前醫學成就的著作。《內經》的成書年代至今尚無定論。從內容看，主要反映的是戰國時期醫學理論水準，基本定稿時期應不晚於戰國時期，少數篇章可能出自秦漢和六朝人的手筆。當時，扁鵲就已運用「切、望結合」的方法診斷疾病，《內經》對這種方法加以繼承和發展。《內經》的診斷方法主要包括望、聞、問、切，這是後世中醫「四診法」的淵源。同時，《內經》記載的人體穴位有三百多處，幾乎所有的疾病都有針灸療法，並對針灸治療的規則、手法、禁忌均給予相應的論述。

空談仁義的宋襄公

●時間：？～西元前六三八年
●人物：宋襄公

仁義雖好，並不是做甚麼都管用的，過了頭，就成了迂腐。像中山國的東郭先生，和以下這段故事裡的宋襄公。

⊙自取其辱

周襄王九年（前六四三年），齊桓公死了。幾個兒子爭奪君位相互廝殺，一個兒子公子昭逃到了宋國。宋國國君宋襄公（？～前六三八年）聯合幾個國家出兵，幫助公子昭奪得齊國王位，就是後來的齊孝公。宋國本來是小國，沒有大的號召力。如今，宋襄公幫助齊孝公坐上了君位，其地位自然大大提高了。

齊桓公死了之後，中原就沒有一個名至實歸的霸主，宋襄公有意霸業，像齊桓公成就一番事業。他認為，齊國和楚國是大國，只要兩個國家沒有異議，霸主就當定了。齊孝公在他的幫助下當上君主，一定會幫助，若齊國在他一邊，楚國自然畏懼。於是宋襄公邀請楚成王和齊孝公到宋國會盟，商議與諸侯訂立盟約的事。二人都同意了，決定周襄王十三年（前六三九年）七月在宋國盂（今河南睢縣西北）會盟，並通知各諸侯國。

大會期間，楚成王提出當霸主的構想，宋襄公自然不同意，於是兩人爭執起來。楚成王其實早有準備，跟隨來的勇士蠭擁而上，將宋襄公綁了起來，押回了楚國。後來其他幾個諸侯國求情，讓楚成王做了盟主，宋襄公才被放回。

宋襄公霸主沒當成，反而讓楚成王羞辱了，怎麼也不服氣。尤其是鄭國國君和楚成王一起在會上侮辱他，宋襄公為血恥，決定出兵攻打鄭國。

⊙泓水之戰

周襄王十四年（前六三八年），宋襄公聽說鄭國要向楚國行朝禮，非常生氣，親自率領全國的精銳部隊攻打鄭國。鄭文公立即向楚國求援，楚國於是派兵攻打宋國。宋襄公得到消息後，帶兵趕回，兩軍在泓水相遇。

當時，宋軍在泓水北岸，據河而守，楚軍在南岸紮營，準備渡河攻打宋軍。當夜，楚將成得臣先派人向宋襄公下了一封戰書，宋國大臣公孫固對宋襄公說：「楚國的目的是為了解救鄭國，我們應當撤兵，並許諾不再攻打鄭國，這樣楚軍就不會再攻打我們了。我們國小兵弱，肯定不是楚國

嵌紅銅龍紋方豆 春秋

的對手，千萬不能和他們交手，否則我們便有亡國的危險。」

宋襄公不屑說道：「楚軍雖然比我們強大，他們不講仁義，我們的軍隊實力雖不及他們，但是我們講求仁義。當年武王三千勇士，勝了殷商數十萬大軍，這不就是因為武王尊仁義的緣故嗎？我們仁義之師一定能打敗他們不仁義的。」

公孫固暗暗叫苦，可是又無法勸說宋襄公，只好命令軍士提高警惕，嚴陣以待。

⊙宋襄公的「仁義之師」

第二天，雙方排開人馬準備開戰。楚國軍隊開始過河，準備進攻宋軍。公孫固急忙對宋襄公說：「楚人依仗人多兵強，不把咱們放在眼裡，竟敢大白天渡河。我們應趁其不備，迎頭攻擊，一定能獲勝。」

可是宋襄公卻指著身後的軍旗說：「不可！你沒看見旗子上的仁義二字嗎？咱們可是仁義的國家，怎能在渡河時候攻打他們呢？」

就在宋襄公商議未決時，楚軍已經全部渡河上岸，又亂哄哄排隊擺開陣勢。公孫固見敵方陣腳未穩，陣勢還未整齊，正是攻打的好時機，又對宋襄公說：「時機不能再失去了！趁楚軍還未佈好陣勢，咱們趕快攻擊，還能取勝，再不動手，可就來不及了。」

宋襄公責備說：「你這樣做太不仁義了，他們的陣勢還沒有排好，怎麼可以攻打呢？要是讓世人知道了，會恥笑我的。等他們排好陣勢，我們來個公平競爭。」公孫固氣得說不出話來。

此時，楚軍已排好陣勢，只聽一陣戰鼓響，楚軍潮水般湧來。宋軍抵擋不住，敗下陣來。慌亂之中，宋襄公身上中了一箭，在宋軍的保護下逃回國都睢陽。不久就去世了。

宋襄公眼高手低，雖有雄心而沒有能力，稱霸不成還落下了笑柄。宋襄公雖然迂腐，只知道空談行不通的「仁義」，在禮崩樂壞的戰亂年代，卻也顯得頗為單純可愛。也許正因如此，《左傳》才將他與齊桓公、晉文公、秦穆公和楚莊王放在一起，並稱為「春秋五霸」。

宋襄公像　春秋

宋襄公自以為宋軍是仁義之師，不願乘人之危，結果喪失良機，使宋軍被打得大敗。

亡命公子重耳

●時間：西元前六九七～前六二八年
●人物：重耳

古人說：讀萬卷書不如行萬里路。晉文公流亡了十九年，走過的何止萬里？也正是因此，鍛鍊了他的政治膽識，使得他在位不足十年，就將晉國治理成中原的霸主。

⊙公子流亡

春秋時候北方的大國要算晉國。晉國的國君也是姬姓，可以說是和周天子最近的親屬。春秋前期，晉國幾代國君都算賢明，晉國的國力也就越來越強，一直到晉獻公這一代。

晉獻公有八個兒子，太子申生和公子重耳（前六九七～前六二八年）、夷吾三人最受寵愛。晉獻公滅驪戎後，得到了一個名叫驪姬的美女。驪姬得到獻公的寵愛，申生、重耳、夷吾三人則逐漸受獻公疏遠了。後來驪姬生了個兒子，取名奚齊。和周幽王時代的褒姒一樣，驪姬也想辦法使晉獻公廢了太子申生，而立了奚齊為新太子。

為了斬草除根，驪姬又向獻公進讒言，最終申生被逼自盡，重耳和夷吾僥倖逃過追殺，跑到了別國。

周襄王元年（前六五一年），晉獻公去世了，十一歲的奚齊繼位。但只過了兩個月，大臣里克就發動政變，奚齊被殺。驪姬再立奚齊的弟弟卓子為國君，也只過了兩個月，里克發動第二次政變，卓子和驪姬同時被殺。

流亡在外的公子重耳最先投奔的是翟國。由於重耳平時禮賢下士，頗有賢名，所以即使在流亡過程中，跟隨他的人也很多。殺了驪姬和卓子的里克想要迎接重耳回國做國君。重耳認真分析了晉國國內的形勢，自知在國內還沒有根基，同時晉國兩次國君遇害，局勢混亂，所以拒絕了里克，沒有回國。

在外逃難的公子夷吾聽到國內大亂，連忙向妹夫——秦國的國君秦穆公求助，答應割晉國五座城池為酬勞，秦穆公才派出軍隊把他送回晉國，當上了國君，這就是晉惠公。沒想到，惠公即位後馬上毀約，並不交給秦國城池。

秦穆公憤而舉兵伐晉，晉惠公兵敗被俘。秦穆公準備殺掉晉惠公，但是秦國的大夫百里奚對秦穆公說：「殺掉他沒甚麼好處，反而樹了一個強敵，倒不如將他放回國去。」

晉惠公這才僥倖逃脫一死，但是

龍紋玉玦　春秋

延伸知識

秦晉韓原之戰

周襄王七年（前六四五年）秋，秦穆公率軍伐晉。出發前，卜徒父占筮，得大吉大利之兆。秦、晉雙方交戰，晉軍三次敗北，退到韓地（今山西河津市東南）。九月十四日，兩軍在韓原（今山西河津、稷山間），展開了決戰。戰爭中，秦軍一度處於劣勢，秦穆公也被圍困於晉軍之中。後來，秦軍反擊，晉軍節節敗退，晉惠公被俘。十一月，晉惠公返回晉國。經過韓原之戰，秦國的國威得到空前彰揚，秦國的國力得到大大加強，秦穆公的地位日益鞏固和提高，一個稱霸中原的秦國從此迅速崛起。

周襄王二十年（前六三二年），晉伐衛，分其地予宋。同年，晉伐曹，俘虜曹共公。二十二年（前六三〇年）九月，晉國聯合秦國，舉兵伐鄭，晉文公強迫鄭國立公子蘭為太子後退兵。二十四年（前六二八年），晉文公去世，享年七十歲。二十五年（前六二七年）四月，晉國與姜戎合攻秦師，戰於殽（今河南洛寧縣西北），秦師大敗。二十八年（前六二四年），秦軍渡河攻晉，取晉城邑，至殽山而還。

晉文公去世以後，晉國勢力已過鼎盛時期，而秦穆公勵精圖治，漸有壓倒晉國之勢。

卻付出了很大的代價，不但從前答應的五座城池要雙手奉上，還不得不把太子圉送到秦國當人質。

⊙割肉侍主

惠公歸國後，並沒有想到召回同樣流亡的重耳，反而害怕重耳爭奪國君的位子，便派人刺殺重耳。重耳預先得到消息，又逃往齊國。當時重耳在翟國已滯留了十二年，他逃離晉國的時候是四十三歲，這時已經五十五歲了。

一路上，重耳和跟隨的臣子餐風宿露，時常沒有飯吃。有一次半路斷糧，看到路邊有幾個農夫正在吃飯。重耳的門客對農夫說：「給我們一點吃的吧！」一個農夫鄙視地扔過一塊泥土，對門客笑著說：「你們吃這個吧！」惱羞成怒的重耳正要發作，門客狐偃卻接過了泥土，笑著對重耳說：「公子啊！這是上天假農夫之手賜給我們的土地，快快拜受才是！」於是重耳拜領了那塊泥土，一行人繼續趕路。

土塊被解釋得再神奇，也只是個土塊，解決不了餓肚子的問題。後來，重耳實在太餓了，手下的介子推悄悄從大腿上割下一塊肉，煮熟了給重耳吃，這才度過了難關。

⊙逗留齊楚

重耳來到齊國後，齊桓公對重耳厚加禮待，從宗族中找了個貴族女子嫁給重耳。第二年，齊桓公死了，齊國發生內亂。重耳貪圖安逸，不願離開齊國，又繼續住了三年。跟隨重耳的趙衰和狐偃等人設計灌醉了重耳，帶他離開了齊國，前往楚國，以尋找出路，伺機歸國。

「黃夫人」壺　春秋

銅矛　春秋

楚成王是個具有遠見的政治家，以諸侯國君之禮接待重耳。在宴會上，楚成王問重耳：「公子如果順利回國即位，將用甚麼報答我呢？」

重耳說：「美女嬌娃，玉石絲錦，您有的是；珍禽野味，象牙犀角，這是你們楚國的特產。這些東西也流散到晉國，但那只是您享用後的剩餘罷了，我還能用甚麼東西來報答您呢？」

楚成王說：「話雖如此，你總要有所報答吧？」

重耳回答說：「如果託您的福，我能回晉國執政，一旦晉國和楚國發生戰爭，戰場上相遇的時候，我願向後撤軍三舍（當時一舍爲三十里，三舍約合四十五公里），對您表示避讓。如果您還要進兵，那我就要左手執鞭握弓，右邊佩著弓囊箭袋，奉陪到底了。」

楚國大夫子玉覺得重耳志氣不小，請成王把他殺掉以絕後患。成王說：「重耳歷經艱險，大難不死。天意要他復興，誰能夠毀掉他呢？違背天意，一定會遭受大禍的。」

後來秦穆公邀請重耳前往秦國，楚成王便將他送去了。

⊙重耳即位

晉惠公十四年（前六三七年），惠公死了，公子圉偷偷跑回晉國即位，就是晉懷公。晉懷公同樣擔心在外的重耳，殺了許多跟隨重耳流亡的人的家屬。當時做官的都是幾個大宗族，相互沾親帶故，因此晉懷公此舉很不得人心。

晉國大臣紛紛要求迎重耳回國，秦穆公便派軍隊護送重耳歸國。重耳於第二年春天渡黃河入晉，晉國各地紛紛歸附。重耳即位，也就是晉文公，這時他已經六十二歲了。

晉文公即位不久，呂省、郤芮等人密謀叛亂。晉文公得知後，祕密會見了秦穆公，請求援助，秦穆公答應幫助平息叛亂。呂省、郤芮見事不成，便逃跑了。秦穆公將其誘至黃河誅殺，並給晉文公配了三千衛兵。

至此，混亂了幾十年的晉國終於安定下來，晉文公開始整頓和治理國家。

⊙專心治國

晉文公與手下在外流亡了十九年，深刻體會得到王位不易，因此倍加珍惜。文公即位後，便全力治理國家，採取許多治國善策。

一是尚賢，在周代原來的分封制下，只能以血緣親疏關係來確定政治地位，做官的都是宗族。晉文公效法齊桓公重用管仲的做法，身邊也聚集了一批有才能有德行的人。如趙衰、狐偃、賈佗、魏仇等，都是棟樑之材，曾跟隨流亡，後來並參與治國安邦以及晉文公稱霸的事業。

二是賞功，即賞賜有軍功的人，晉文公在流亡了十九年回國即位後，賞賜曾經跟隨流亡和支持有功的人，功勞大的賜給封地，功勞小的加官晉爵。

曾經有個跟隨晉文公四處顛沛流離、負責做飯的人嫌封賞小，晉文公說：「用道義禮儀來輔佐引導我的，我給他最高賞賜，譬如狐偃、趙衰；冒著矢石立下汗馬功勞的，我給他次一等賞賜，譬如魏仇；違逆我的意願，多次舉發我的過失，我給他末等賞賜。至於你這種勞力之人，要在末等的末等。」

周天子的史官聽到這件事，說：「晉文公大概會成就霸業吧！從前聖王把德行放在首位，而把力量放在其次，晉文公也是如此啊！」

晉文公平日禮賢下士，使得流亡的時候有很多能人跟隨。里克迎他的時候，重耳準確分析了國內形勢，沒有急於回國，避開了晉惠公的下場。流亡之中，重耳先後到了齊、楚、秦等大國，並和這幾國國君都保持了相對良好的關係，這也確保了晉文公即位之初晉國良好的外部環境。

歷史詞典

新式戟出現

戟是一種將戈的鉤、啄和矛的直刺功能結合的格鬥兵器，由戟頭和戟柄組成。戟頭在商周時期由青銅鑄製，戰國末年始有鋼鐵製品。戟柄為竹木質，長度以車兵所用為最長，騎兵所用稍短，步兵所用最短。

商代戟仍處於萌芽時期，西周時出現把啄頭、戈頭和矛頭聯體合鑄的十字形青銅戟，但實際效果不佳，所以春秋戰國時期又將戈頭和矛頭分鑄，然後用柄聯裝。這種聯裝戟在春秋戰國大量使用，是「車之五兵」之一。

春秋晚期步騎戰興起，聯裝戟又成為步、騎兵的利器。長江流域的楚、吳、越等國更出現了三公尺多長的柄上聯裝兩個或三個戈頭的新式戟，稱為「多戈戟」，其鉤割功能良好，是重要的車戰兵器。

戰國晚期，工匠將整塊鐵加熱滲碳，折疊鍛打，使通體呈「卜」字形，鋼鐵戟開始出現在歷史舞臺，但數量很少，主要裝備於楚國和燕國的軍隊。

龍首神獸　春秋

是徐家嶺九號墓的隨葬品，共有兩件，大小一樣，造型相同，本為一對。神獸造型奇異，龍首獸身，口吐長蛇，頭上還蟠伏著六條小龍。在背脊上又插飾曲身怪獸，獸口又吐出一昂首上浮的龍。是極具觀賞價值的古代青銅工藝品。

城濮之戰

●時間：西元前六三二年
●人物：晉文公　子玉

城濮之戰中，晉國在戰略上首先運用外交謀略，既改變了戰略形勢，又奪取了戰爭主動權。晉文公不但實現了先前「退避三舍」的誓言，而且還取得了決戰的勝利。

晉國國內安定以後，晉文公便開始了一系列的對外戰爭和外交活動，最著名的就是對晉文公稱霸有決定意義的晉楚城濮之戰。

⊙外交策略

周襄王十九年（前六三三年），楚成王率楚、鄭、陳、蔡、許等國軍隊圍攻宋國的商丘，宋國向晉國求援。晉文公掌握時機，立即進行戰前準備。鑑於楚聯軍實力強大，為避免正面交鋒，晉文公採納大夫狐偃之計，進攻依附楚國的曹、衛兩個小國，迫使楚軍北上援救，以解商丘之圍。

周襄王二十年（前六三二年）春，晉文公率軍南渡黃河，侵入曹國，接著又攻入衛國，取五鹿邑（今河南清豐西北）。同年三月，曹國都城陶丘被晉軍攻占。然而楚成王不為所動，反而加緊進攻商丘城。晉文公陷入進退兩難之境，如果置宋國於不顧，則晉國必然在諸侯面前威信掃地，如果南下救宋，又要直接面對強大的楚國軍團。

當時大國除了晉、楚兩國以外，還有秦國和齊國。晉軍中軍主帥先軫建議，先讓宋國用土地賄賂齊、秦兩個強國，請兩國出面勸楚撤兵。同時，晉國將占領的一部分曹、衛土地補償宋國。晉文公接受了先軫的建議。

可是楚國拒絕齊、秦兩國的調停，使得生氣的齊、秦兩國發兵，形成了晉、齊、秦三強聯合對抗楚國的局面。

⊙退避三舍

楚成王見中原局勢發生逆轉，擔心秦軍乘機南下，進攻楚國本土，就率部分軍隊從商丘回撤到楚國北部的申。同時，成王命令在宋國率領楚軍的大將子玉也主動解商丘之圍而回撤，以避免與三國聯軍決戰。

可是剛愎自用的子玉不甘心放棄

商丘古城

晉楚城濮之戰，起因於宋背楚從晉。周襄王十八年（前六三四年），楚成王佯派兵援魯攻齊，次年則親率大軍圍困宋都商丘。宋成公派人到晉國求救，實際上給了晉文公擊敗楚軍、稱霸中原的好機會。圖為宋都城商丘古城城牆遺址。

指日可下的商丘城，就派大夫宛春向晉國提出：晉使曹、衛復國，楚國才解除宋國商丘之圍。

這時強弱已經易位，已掌握戰爭主動權的晉文公決心一戰，建立晉國的霸權。為了誘使楚軍北上決戰，晉文公採納先軫之計，扣留楚國使臣宛春，私下應許曹、衛復國，使兩國背叛楚國，改為依附晉國。

子玉果然中計，不顧楚成王的告誡，忿然率楚軍北上，與晉軍決戰。

為了爭取主動，晉文公命令晉軍後撤九十里，既履行了當年流亡楚國時與楚成王達成的「退避三舍」的許諾，又避開了楚軍的鋒芒，向齊、秦兩軍靠近。子玉求戰心切，率軍窮追不捨，陷於孤軍深入的不利境地。

周襄王二十年（前六三二年）四月初一，晉軍與楚軍在城濮附近對峙。第二天早晨，兩軍相對列陣。戰鬥開始後，晉下軍副將胥臣命部下將戰馬蒙上虎皮，率先向相對較弱的陳、蔡聯軍組成的楚國右軍發起攻擊，戰鬥力薄弱的陳、蔡聯軍一觸即潰。隨後，晉上軍主將狐毛命令士兵用戰車拖曳樹枝奔馳，揚起塵土，製造晉軍逃跑的假象。求勝心切的子玉下令全軍出擊，結果把楚軍左軍的右側完全暴露。晉國大夫先軫趁機以中軍的精銳部隊對楚國左軍實施側擊，狐毛、狐偃也率上軍反擊。在兩路晉軍夾擊下，楚軍遭到了強烈的攻擊，最後，無顏面對楚成王的子玉上吊自殺。

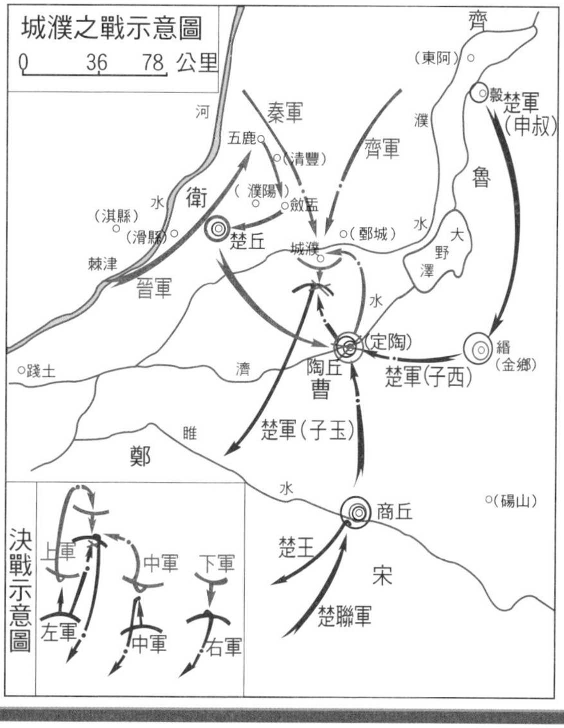

⊙晉文公稱霸

城濮之戰後，晉文公為周襄王在踐土（今河南原陽西南）建起一座行宮，舉行向周襄王獻俘的盛大儀式，正式搬出了「尊王攘夷」的大旗。

周襄王命大夫王子虎冊命晉文公為齊桓公以後的又一位侯伯，晉文公也成為了春秋時代的又一位霸主。周襄王賜給文公象徵霸主權威的禮器，及黃河以南大量土地，晉文公從此可以直接祭祀天神，自由征伐。晉文公隨即在踐土與各國諸侯舉行了盟會，史稱「踐土之盟」。

安定了黃河以南各國以後，晉文公率軍北渡黃河，回到了晉國。晉文公一共在位九年，於周襄王二十四年（前六二八年）逝世。

山戎青銅短劍　春秋

燭之武退秦師

●時間：西元前六三〇年
●人物：燭之武

晉、秦聯軍攻鄭，燭之武寥寥數語就說退秦師，迫退晉師，解了鄭國之圍。可見，做事如果能夠掌握關鍵，切中要害，往往會取得事半功倍的效果。

⊙晉秦伐鄭

晉文公稱霸諸侯後，也開始志得意滿。周襄王二十二年（前六三〇年），文公對群臣說：「上次討伐衛國，約同鄭國，誰知鄭君居然不去，現在又背著和楚國訂立盟約，不把晉國放在眼裡。我想聯合諸侯一同討伐鄭國，你們意見如何呢？」先軫說：「諸侯最近用兵頻繁，肯定不太願意。況且我軍已休整好長時間，兵強馬壯，何必求助於諸侯呢？」

晉文公說：「上次我和秦君約定相互幫助，這次一定要約秦國同往。」於是，文公把出兵的時間告訴了秦國的國君秦穆公。

出兵之日，晉、秦兩軍即攻入鄭境，直逼曲洧（今河南扶溝西南），晉軍駐紮在曲洧的西面，秦軍駐紮在曲洧的東面。

⊙推薦使臣

鄭文公因晉、秦出兵的消息嚇得手足無措，不知如何是好。大夫叔詹說：「晉、秦一起攻打，正面硬拚，我們肯定不是對手，但如果找一個善辯之士游說秦國，使之退兵，只剩晉國就好對付了。我認識一個叫佚之狐的能人，大王可派他前去。」

鄭文公於是召見佚之狐。佚之狐對鄭文公說：「臣擔當不了此等重任，臣願舉薦一人，此人才能在臣之上，只是歲數已大，還得不到重用。大王如果封官加爵，派他游說秦穆公，不怕秦穆公不聽。」

鄭文公忙問是誰，佚之狐回答說：「此人是燭之武。」

鄭文公馬上召燭之武入朝。一會，只見一白髮白眉的老翁佝僂著腰，蹣跚而來，左右官員不禁發笑。鄭文公說：「佚之狐說你才學過人，煩你游說秦穆公，使他退兵。如果事成，我將與你共享權利。」燭之武回答說：「臣才疏學淺，年輕時都得不到重用，現在老了，更沒用了。」鄭文公說：「那是我的錯，今天我封你為亞卿，代我去見秦君。」

佚之狐也在一旁對燭之武說道：「大王知道您的才華而重用您，您就不要再推辭了。」燭之武想了想，就領命出使了。

⊙燭之武見穆公

燭之武在黑夜縋下城牆，直接來到秦軍的營寨中求見秦穆公。守衛不許，燭之武就在營外放聲大哭。

秦穆公聽了大怒道：「是何人這樣大膽，敢在寡人帳外哀號？帶進來！」於是，守衛帶入燭之武。

秦穆公見是一個老頭，就問：「你是何人？為甚麼在我帳外哭嚎？」燭之武說：「我是鄭國的大夫燭之武。我在哭鄭國將要滅亡了。」

秦穆公又問：「既知鄭國要亡，為甚麼不在鄭國哭，而跑到我帳外哭呢？」燭之武說：「老臣哭鄭國，也在哭秦國，鄭國滅亡了不足惜，只可惜秦國了。」

秦穆公生氣說：「秦國有甚麼可惜的？說得不對，定斬不饒！」

燭之武說：「秦國和晉國合兵攻打鄭國，鄭國滅亡自不必說。如果鄭國的滅亡對秦國有好處，那我也沒說辭了，但是，鄭國的滅亡不但無益於秦國，而且秦國還會遭受損失。您為甚麼勞師傷財而被利用呢？」

⊙智退秦師

秦穆公聽了，當下就猶豫起來，覺得燭之武說得似乎有理，忍不住問道：「何以見得呢？」

燭之武說：「鄭國與晉國東部接壤，秦國與晉國西部接壤，東西相距千里之遙，秦國能隔著晉國而擁有鄭國嗎？鄭國滅亡，土地肯定都讓晉國占去了，秦國能得到甚麼呢？秦國和晉國實力不相上下，如果晉國強大了，秦國必然不如晉國。您現在的做法是幫著晉國擴張領土，增強它的實力而削弱自己的實力呀！昔日晉惠公曾許諾給您五座城池，但很快就後悔了，您肯定記得這件事。晉文公自復國以來，兼併國家變成現在這麼強大。倘若今日晉國吞併了東邊的鄭國土地，他日必往西邊擴張，豈不威脅到秦國了？」

秦穆公靜聽許久，點頭說：「大夫所言極是，我險些犯了大錯。」

燭之武又說：「您如果肯退兵，鄭國願意與秦國訂立盟約，日後秦國要求鄭國，鄭國必效犬馬之勞。」秦穆公大喜，遂與燭之武歃血為盟。

第二天，秦穆公留下兩千人馬助鄭戍守，帶著大隊人馬悄悄班師回國。晉國見秦軍已撤，也只好班師了。燭之武運用智慧，不費一兵一卒就使得秦軍退兵了，後來果然得到了鄭文公的重用。而秦國這次的不告而別，使得晉國舉棋不定，也為日後秦、晉交惡埋下了禍患。

延伸知識

青銅農具廣泛使用

青銅農具比較大量生產和使用是在春秋時期。黃河流域中游陝西、山西、河南等地發現的鏟、臿、钁、斤等青銅農具，數量比商和西周大大增加，鑄造技術也有很大進步。

長江流域使用青銅農具較為普遍，在江蘇、浙江等吳、越國地域內都出土了青銅臿、鋤、鐮、斤、耨等農具。安徽貴池也出土了一批青銅農具。這一地區出土的鋸鐮，製作十分科學，鈍了只要在背面刃部稍磨，便又鋒利。是近代江、浙、閩、鄂等地仍在使用的鐮刀的雛形。

當時，冶鑄業以農民家庭「人而能為鑄」的小手工業形式存在，反映出青銅農具使用的普及。

【羊皮換來的大夫】

●時間：春秋中期
●人物：秦穆公　百里奚

秦穆公用五張黑羊皮從楚國換來百里奚，百里奚於是被稱為「五羊皮大夫」，在他的輔佐下，秦國逐漸興盛，奠定了日後稱霸的基礎。

百里奚是虞國人，早年家裡貧窮，年長才娶妻，媳婦生了一個兒子，名叫孟明，一家人並不富裕，倒也其樂融融。

百里奚心懷大志，但是在虞國無法施展抱負。妻子瞭解他，就對他說：「好男兒志在四方，你不用惦記妻兒，我會照顧好兒子的。你放心前行吧！」百里奚含淚告別了妻兒，踏上了旅程。

⊙懷才不遇

百里奚首先來到齊國，但是沒人賞識，最後流落街頭，乞討度日。

百里奚又來到宋國，這次遇到了一個叫蹇叔的人，兩人相見恨晚，結拜為兄弟。蹇叔留百里奚住在家裡，一住就是十幾年。

蹇叔的朋友宮之奇在虞國當上了大夫，蹇叔聽說後，就想到虞國向宮之奇推薦百里奚，正好也可以讓百里奚回家看望多年未見的妻兒。但是到了虞國，百里奚才發現十幾年過去了，虞國發生了很大的變化，妻子早帶著兒子到外地逃荒去了，百里奚唏噓不已。

在宮之奇的幫助下，百里奚當上了虞國的「中大夫」（大夫分上、中、下三級，上大夫即是卿）。蹇叔一個人回到宋國。

⊙被俘不屈

後來，正趕上晉國向虞國借路，以討伐虢國。虞國大夫宮之奇以「唇亡齒寒」的道理勸諫虞君。但虞君貪婪，因曾經接受晉獻公的寶玉「垂棘之璧」與名馬「屈產之乘」，不好意思拒絕，就答應了晉國。百里奚深知虞君昏庸無能，不聽納諫，只好緘默不語。

宮之奇得知虞君答應晉國要求，又想入宮諫君，百里奚對他說：「為糊塗人出主意，就像把珍珠丟在路上。」宮之奇聽從了百里奚的建議。

結果晉軍在滅虢之後，返回時順道就滅了虞國，虞君及百里奚都被俘虜了。晉獻公聽說百里奚有才能，想重用他，但是不論晉獻公待遇優渥，百里奚都不答應做官。

當時秦、晉交好，晉獻公把女兒嫁給了秦穆公，秦穆公迎親的日子就要到了。晉獻公見百里奚不肯侍奉

鐵鏟　春秋
陝西鳳翔秦穆公墓出土，說明當時鐵器工具已經產生。

自己，一氣之下就當作媵人（陪嫁奴僕）送給了秦國。百里奚相當氣憤，這麼大歲數了，還被當作陪嫁奴僕，於是半路偷偷逃跑了。

百里奚跑到了楚國，結果又被楚國當作奸細抓了起來，發配到南海放馬了。

⊙羊皮換人

秦穆公聽說媵人少了一個叫百里奚的，又聽說他很有才學，就派人尋找。原先準備重金從楚國贖回百里奚，又怕楚國知道百里奚的價值，不肯放人，於是秦穆公派使者到了楚國，對楚王說：「我有一個媵人，名叫百里奚，私自逃到楚國。我願意按照市價用五張黑羊皮將其換回，嚴加懲處，以儆效尤。」

楚王原本就沒注意，不假思索就同意了秦國使者的要求，用百里奚換了五張黑羊皮。

百里奚到秦國的時候，已經是個白髮蒼蒼的老人，秦穆公有些失望，就問百里奚：「您今年高壽啊？」

百里奚知道秦穆公的意思，輕聲回答：「老朽今年七十歲了，您如果讓在下上戰場，我肯定是沒有力氣的老人。如果讓我為國家出謀劃策，我還是個年輕人。姜子牙八十歲幫助武王伐紂克商，我比他還小十歲呢！」

彩漆方壺　春秋

雲紋禁　春秋

這件形體巨大的青銅禁，長方形的禁面平素無紋，用以盛載其他器物。邊沿及側面鑄飾眾多相互糾纏的透雕微小雲紋，繁縟細密，用失蠟法鑄成。將中國古代掌握這種先進的鑄造青銅器的技藝的時間，上溯到春秋時代。禁下附有十虎形足，禁四側又附飾十二隻伏虎，更使銅禁華美壯觀。

秦穆公聽後，畢恭畢敬地向百里奚請教：「秦國地處邊陲，有甚麼辦法才能使秦國強大？」

百里奚回答道：「秦國四周都是山嶺，崎嶇密集，進可以攻，退可以守，是個好地方，所以叫做『關中之地』。秦國的國都雍城是周文王的興國所在，秦國應當安撫關中，集聚糧食，向西征戰，降服西邊的戎人，然後扼住山川之險，就可以獨霸西陲。接著，撫天下之背，雄視中原，一旦中原無主，就可以伺機長驅直進，恩威兼用，則霸業可成！」

秦穆公聽了，知道百里奚果然是個難得的人才，大喜過望，起身拉著百里奚的手說：「我今日有百里奚，就猶如齊桓公有了管仲啊！」

彩繪幾何紋漆豆　春秋

隨後，秦穆公將百里奚封為大夫，讓他主持國政。

⊙夫妻團圓，父子相認

百里奚當上了高官，一時意氣風發，便舉行宴會，特意從府外請來虞國的樂師，讓樂師彈奏虞國的歌曲。

這時，一個相府打雜的老婦人突然走來，對樂師說：「我是虞國人，小時候學過琴，會唱幾首虞國歌謠，能不能讓我彈唱一首啊？」

樂師看老婦人滿臉皺紋，就把琴給她，讓她彈唱。老婦人隨手一撥，琴聲清亮，歌聲悠揚，樂師很是驚奇。

老婦人說：「我想為相國彈唱一曲，不知可以向相國說明嗎？」百里奚想聽聽鄉音，就同意了。

老婦人彈著琴，慢慢唱道：「百里奚，百里奚，只值五羊皮。想當年，別離時，熬野菜，煮小米，燒了門門燉母雞，臨行惜別淚霑衣。今日得富貴，忘了苦妻兒。」

百里奚愣住了，忙召老婦人過來，果然是失散多年的妻子，兩人百感交集，抱頭痛哭。百里奚知道兒子孟明以打獵為生，連忙把兒子找回來，全家總算團圓，甚是高興。

⊙百里奚成就秦國霸業

百里奚在秦國主政期間，內修國政，教化天下，恩澤施於百姓。作為諸侯國的大臣，百里奚工作的時候不乘車馬，暑熱的時候不張傘蓋，在都城行走不用車馬隨從，不用甲兵護衛。這種平易的品行，不僅為百官樹立了榜樣，也受到百姓的愛戴。

蟠螭紋鏤空俎　春秋

延伸知識

古六曆

春秋戰國時期，各國分別實行黃帝、顓頊、夏、殷、周、魯六種曆法，合稱「古六曆」。但實質上，都是四分曆，只是「歲首」不同，也因此出現所謂的「三正」。

歲首是指每年的開始月份。黃河下游，與周室關係密切的諸侯國多採用周王室頒行的曆法，以含冬至的月份即子月（現農曆十一月）為歲首，稱作「周正」。南方和東方的殷民族以季冬月即丑月（冬至後一個月，現農曆十二月）為歲首，稱作「殷正」。黃河中游，古代夏民族居住的地區以孟春月即寅月（冬至後兩個月，現農曆正月）為歲首，稱作「夏曆」。「三正」反映出春秋戰國時期不同區域民俗對曆法的影響。

此外，春秋時期的曆法中普遍出現了「閏月」的設置。

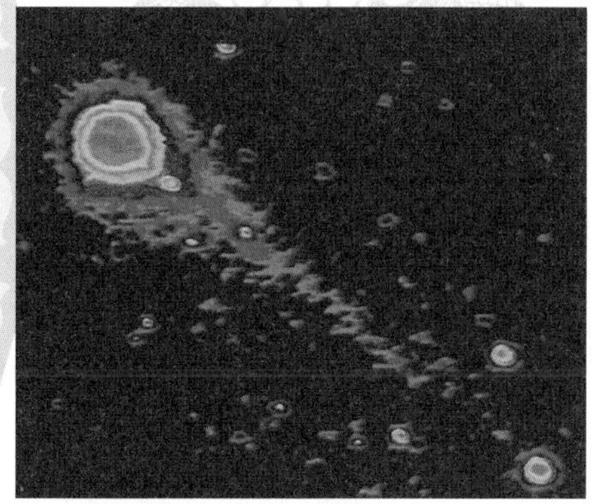

經十有四年春王正月公至自晉 邾人伐我
南鄙叔彭生帥師伐邾夏五月乙亥齊侯潘卒
六月公會宋公陳侯衛侯
鄭伯許男曹伯晉趙盾癸酉同盟于新城
秋七月有星孛入于北斗
公至自會 晉人納捷菑于邾弗
克納
九月甲申公孫敖卒于齊
齊公子商人弑其君舍
宋子哀來奔 冬單伯

《春秋》記載孛星的書頁

孛星即哈雷彗星，在古人心目中，它是凶禍之災，《春秋》記載：「秋七月，有星孛入于北斗。」

在用人方面，百里奚舉薦有才德的賢士。蹇叔受到他的推薦，秦穆公封為上大夫，和百里奚共同處理國事，成就秦國的富強與霸業。

在外交上，百里奚施德於諸侯，樹立秦國的威信，奠定秦穆公稱霸的基礎。

秦穆公十三年（前六四七年）晉國發生饑荒，向秦國求助糧食。秦穆公詢問群臣，有人認為應當藉機伐晉。百里奚不同意，認為應該撫恤晉國百姓，幫助度過難關。

最後，秦穆公採納了百里奚的意見，轉運糧食到晉國。秦國糧船從雍都到絳（今山西翼城東南），絡繹不絕，運糧船的白帆從秦都排到晉都，八百里首尾相連，蔚為壯觀，這就是歷史上著名的「泛舟之役」，是中國第一次有史記載的大型漕運。晉國百姓受到救助，無不感激秦國的恩德。

秦穆公三十三年（前六二七年），秦穆公趁晉文公去世的時候，企圖插足中原。百里奚和蹇叔勸諫，秦穆公不聽，派百里奚的兒子孟明、蹇叔的兒子西乞術和白乙丙帶兵偷襲鄭國。結果歸國途中在崤山被晉軍截擊，秦師全軍覆沒，三員秦將被俘。

後來三將釋放回國，秦穆公對他們說：「我沒有聽百里奚、蹇叔的話，造成如此大敗，三位將軍無罪。」

穆公追思百里奚等人的諫言，不勝懊悔。從此更加尊重百里奚，聽從百里奚的建議，向西發展，攻伐西邊戎族小國（部落），闢地千里。在百里奚的輔佐下，秦穆公終成霸業，成為春秋五霸之一。

崤山大戰

●時間：西元前六二八年
●人物：晉襄公　孟明　西乞術　白乙丙

秦軍想趁晉文公去世向東擴展勢力，卻在回師途中於崤山遇晉國埋伏，慘敗而歸。幸虧文嬴求情，三名大將才得以生還。

秦穆公三十二年（前六二八年），晉文公去世，秦穆公想趁此機會向東發展。這時秦人杞子掌管鄭國北城門的鑰匙，建議秦穆公偷襲鄭國，願意負責接應，鄭國唾手可得。

秦穆公和蹇叔商議伐鄭事宜，蹇叔強烈反對，認為長途跋涉不可能偷襲成功，何況鄭國距離秦國路途遙遠，行軍千里，士兵疲乏，哪裡還有戰鬥力呢？

秦穆公不聽蹇叔的意見，派百里奚的兒子孟明、蹇叔的兒子西乞術、白乙丙三人，率兵前去偷襲鄭國。

⊙固執出兵

秦軍出北城門向東出發，蹇叔和百里奚流著眼淚對兒子說：「我們只能看著你們出這個城門，卻不能看到你們再進這個城門了。」

秦穆公聽到後很生氣，隨口罵道：「這兩個老人懂甚麼，要是早死了，墳頭都長成大樹了。」

蹇叔知道再勸無用，就對三員大將說：「你們遠途討伐鄭國，回歸途中晉國必定會在崤山（今河南洛寧西北）埋伏。那裡有兩個險峻的峽谷，南邊的是夏代國君的墳墓，北邊是周文王曾躲避風雨的地方，我和百里奚會在那裡收斂你們的屍骨。」

但孟明三人年輕，認為蹇叔和百里奚杞人憂天，並沒有放在心上。

一路上風塵僕僕，秦軍才到了滑國。路上遇到了鄭國的商人弦高，弦高連忙派人通知鄭國國君，卻扮作鄭國的使節欺騙孟明。孟明以為鄭國已經有了準備，偷襲計畫只得作廢，於是下令回師。回秦的路上，秦軍順道把滑國滅掉了。

⊙崤山之戰

這時，晉文公重耳已經去世了，即位的是他的兒子晉襄公。秦國大軍東進的時候必須經過晉國，但是秦並沒有向晉提出借道的要求，這當然是對晉的蔑視。晉國在國喪期間遭此侮

龍首方壺　春秋

辱，晉國的大臣無不憤恨不平，總要藉機復仇。

秦軍從滑國班師回國，自然仍需經過晉國。於是晉國的大將先軫設計，在崤山山谷中設下埋伏，晉襄公身穿喪服親自掛帥，就等著秦軍自投羅網了。

秦軍快到崤山時，三員大將突然想起蹇叔的話，於是留心是否潛藏埋伏。崤山安靜，道路狹窄，前面有亂木擋住去路。他們未加思索，木頭搬開後繼續前進。突然鼓聲大作，峽谷兩邊衝出無數的晉國士兵，秦軍慌忙抵抗。又有一支晉軍從前面殺來，孟明命令原路撤退，可是後路已被絕斷，谷口燃起了大火。剎那間整個山谷一片火海，秦軍被火圍困，猶如甕中之鱉，孟明三人全都被活捉了。

執把獸頭盉　春秋

⊙文嬴求情

晉襄公的母親文嬴是秦穆公的女兒，她想救助來自故國的人，便極力勸告襄公把孟明三人送還秦國，以免傷了兩國感情。襄公聽從建議，就把孟明三人放了。

晉國大將先軫聽後，氣急敗壞跑來，連說襄公糊塗，放虎歸山，連禮儀都顧不得了。襄公頓時明白，連忙派將軍陽父隨後追趕。

陽父奔到黃河邊時，孟明三人已經到了河水中央。陽父解下拉車的馬，對孟明高喊道：「各位將軍，國君擔心各位沒有車馬，特讓在下送來了千里馬，請各位回頭接受。」

孟明在船中向陽父行禮道：「貴國國君沒有用我們的血祭祀你們的祖先，我們已經萬分感激了，怎麼還敢接受貴國的禮物呢？請您回去轉告貴國國君，今天我們受貴國的恩惠，得免於死，三年之後，一定會來拜謝貴國的厚意的。」這段話實際上是警告晉國，三年之後秦國定來報仇。

秦穆公身穿素服，親自到城外迎接孟明等人。穆公自責道：「這是我的過錯，後悔不聽蹇叔和百里奚的建議，你們沒有過錯。」穆公恢復了三人的原職，訓練軍隊，以圖報仇。

由於急躁冒進，崤山一戰，秦國銳氣大挫，清楚說明了驕兵必敗的道理。但晉襄公面對對手時優柔寡斷，雖然占到了優勢，卻白白放虎歸山，為日後埋下了極大的隱患。

三年後，秦軍依約前來復仇時，正是孟明帶領軍隊以銳不可當之勢掃蕩了晉國。

秦穆公稱霸

●時間：西元前六五九～前六二一年
●人物：秦穆公

秦穆公（前六五九～前六二一年）三用孟明，一雪崤山之恥。西戎紛紛臣服，秦稱霸西戎，最終成為春秋五霸之一。

⊙道謝之戰

崤山之戰後的第三年，孟明再次率軍攻打晉國，並且請求秦穆公親征，穆公毫不猶豫答應了。

秦軍渡過黃河後，孟明下令把船隻燒毀，以示決不生還的決心，激勵將士士氣。

秦軍上下齊心，一路勢如破竹，一舉攻下了晉國的郊和王官兩地，引起了晉人的恐慌。

崤山之戰結束後，孟明等人歸國，原以為等待的會是牢獄之災，沒有想到秦穆公不僅不怪罪，更讓他們官復原職，繼續掌握兵權。孟明十分感動，發誓復仇。於是極力招兵買馬，加強訓練。

一年之後，孟明請求攻打晉國，以雪前恥。秦穆公同意了，仍由孟明、白乙丙、西乞術帶兵出戰。

⊙彭衙之役

晉襄公這一年的日子也不好過，始終記得孟明在黃河小舟留下的「三年之後來道謝」。於是襄公也加緊訓練士兵，時刻警惕秦國來襲。秦國大軍剛離開秦國邊境，晉軍就做好了應戰的準備，晉襄公命先軫之子先且居統率三軍迎戰秦軍。

兩軍在彭衙相遇，晉將狼瞫首先率領所屬人馬衝進秦軍，擾亂了秦軍的隊形。隨後晉國大軍殺來，秦軍再次敗下陣來，狼狽逃回秦國。晉軍譏笑說：「這就是秦人送來的答謝厚禮啊！」

孟明沒想到又失敗了，但是秦穆公依然沒有怪罪他們，仍舊讓他們掌握兵權。兩次失敗，使孟明意識到不足，還需要鍛鍊和學習。他用心整頓內政，全力生產，更變賣了家產，撫恤陣亡士兵的家屬。一時和將士同吃同住，深入士兵的生活，與士兵同甘共苦。

石磬　春秋

這些石磬是陝西鳳翔秦穆公墓出土的。按古代規制，只有天子舉行的儀典上能用玉磬，諸侯只能用石磬。

趙衰對晉襄公說：「秦雖兩次失敗，此次誓報前仇，我們軍力不足，終是避讓為佳！」

先軫之子也說：「這次我們無法敵對，還是躲開其鋒吧！」

歷史詞典

歷史上黃河第一次改道

周定王五年（前六〇二年），黃河第一次大改道，這是黃河改道最早的記載。

以前，冀中地區少有人居住，黃河於國於民都沒甚麼大害。春秋以後，人口漸增，黃河氾濫之時對人危害極大，因此改道的意義很大。黃河原從今河南武陟東北流到浚縣西，折北流至河北平鄉北，向東北流，分為「九河」（意指多股河流），最北一支為幹流，在今天津南入海，即所謂「禹貢河」。

改道後，自今河南滑縣附近向東，至河南濮陽西，轉而北上，在山東冠縣北折向東流，到茌平以北折而北流，經德州，漸向東北，經河北滄州，東北流至原河口以南，在今黃驊以北入海。

黃河是中國第二大河，漢以前稱「河」，漢始稱「黃河」。黃河是中華民族的搖籃，南宋以前，黃河流域一直是中國政治、經濟、文化的中心。黃河的洪水災害聞名於世，中原地區受害最大，一年中的四個汛期常發生洪水氾濫，成為歷代河禍之始。

晉襄公下令退避秦軍鋒銳，堅守陣地，不可迎戰。結果，秦國的大軍在晉國境內如入無人之境，晉國竟無一人敢於應戰。

見到晉人畏縮不出，秦穆公知道晉襄公認輸了，下令將隊伍開向崤山，掩埋山谷中陣亡秦兵的屍骨。荒山野嶺中，白骨遍地，十分淒慘。秦穆公身穿喪服，祭奠死去的將士。孟明、白乙丙、西乞術親自收殮屍骨，祈禱將士的靈魂安息。

秦軍在崤山哭祭三天。秦穆公面對蒼山再次自責道：「古人做事多與長者商議，所以不容易失敗。我不聽蹇叔、百里奚的勸諫，造成如此沉重的後果，後人一定要牢記這次教訓啊！」

⊙稱霸西戎

秦軍這次大勝，凱旋而歸，秦國西邊的西戎各部落看到秦國打敗了中原的晉國，紛紛前來朝貢。秦穆公任用熟悉西戎的由余擔任謀士，聽從他的計畫，秦穆公滅掉了西戎二十多個部落，大大擴展了秦國的疆域，成為西戎霸主。

秦國接著又向東擴展，闢地千里，在諸侯國中成為舉足輕重的力量。周襄王也派人送來十二面鼓祝賀秦穆公，正式承認秦穆公西方霸主的地位。

秦穆公是一個英明的君主，不以成敗論英雄，知人善任，三用孟明，把錯誤都歸於自身，正是這種政治家的氣魄，成就了秦國的稱霸大業。秦穆公創下的基業，奠定了秦始皇統一六國最初的基礎。

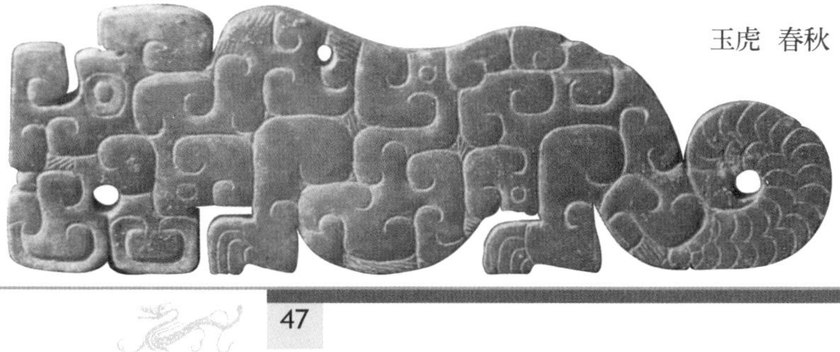

玉虎　春秋

一鳴驚人

●時間：春秋中期
●人物：楚莊王

三年不飛，一飛沖天；三年不鳴，一鳴驚人。楚莊王可謂後來居上。一個慧心巧諫的臣子，一個心領神會的君王，成就了一段「一鳴驚人」的佳話。

⊙伍舉的謎語

楚國在城濮之戰中敗給晉國後不久，楚成王就被兒子商臣害死了。商臣做了國君，就是楚穆王。楚穆王不情願敗給晉國，積極操練兵馬，發誓與晉國決一勝負。

周頃王六年（前六一三年），楚穆王正準備攻晉的時候，突然暴病而亡。穆王的兒子旅即位，就是赫赫有名的楚莊王。

然而，楚莊王剛剛繼位的時候，做風並不像是明主。即位三年，只知道打獵、喝酒，不理政事，並在宮門掛著一塊大牌子，寫著：「進諫者，殺無赦！」

這時候，晉國又重新會盟諸侯，訂定盟約，隨即將依附楚國的陳、鄭等國又收回勢力範圍之內。但是，楚莊王仍然無動於衷。

有一天，大夫伍舉晉見楚王。楚莊王問：「大夫今天來，是想喝酒呢，還是要看歌舞？」伍舉回答說：「有人讓我猜一個謎語，我怎麼也猜不出，特此來向大王請教。」

楚莊王問：「甚麼謎語，這麼難猜？你說來聽聽。」伍舉說：「楚國的都城有一隻大鳥，整天棲息在朝堂上，已經三年了，既不飛，也不鳴叫。敢問大王，這是甚麼鳥？」

楚莊王立刻明白了伍舉的意思，就笑著說：「我猜著了，這可不是一隻普通的鳥。這隻鳥，三年不飛，一飛沖天；三年不鳴，一鳴驚人。你等著瞧吧！」伍舉見楚莊王明白，便告退了。

⊙蘇從巧諫

過了幾個月，楚莊王這隻大鳥依然我行我素，既不「鳴」，也不「飛」，一切照舊。大夫蘇從又來見莊王，他一進宮門就大哭起來。楚莊王說：「大夫，為甚麼事這麼傷心？」蘇從回答說：「我因為就要死了而傷心，還為了楚國即將滅亡而傷心。」

楚莊王聽了非常吃驚，就問：「你怎麼會就要死了呢？楚國又怎麼會即將滅亡呢？」蘇從說：「我想勸您不要再荒廢朝政，您有命在先，肯定要殺我，所以我就要死了。您整天觀賞歌舞，遊玩打獵，不理朝政，楚國的滅亡也就在眼前了。」

楚莊王聽完大怒，斥責道：「我早已說過，若來勸諫，我便處死。如今你明知故犯，真是愚蠢之極！」

蘇從回答說：「我確實愚蠢，但是您比我還要愚蠢。如果您把我殺了，我死後將得到忠臣的美名。您若是再這樣下去，楚國早晚是要滅亡的，您就成了亡國之君。您不是比我還要愚蠢麼？我的話說完了，要殺便殺吧！」

楚莊王忽然站起來，大聲說：「大夫的話都是忠言，我肯定照你說的辦。」

隨即，莊王便傳令解散樂隊，遣散舞女，下決心在功業上。

⊙鬥越椒作亂

楚莊王首先整頓內政，起用有才能的人，將伍舉、蘇從提拔到重要的職位。當時楚國的令尹鬥越椒野心勃勃，懷具異圖。楚莊王便任命三位大臣分擔令尹的工作，削弱了鬥越椒的權力，防止作亂。

楚莊王一邊改革政治，一邊擴充軍隊，加強訓練，準備與晉國決戰，報城濮大敗之仇。即位的第三年，率兵滅了庸國（今湖北竹山縣一帶）。第六年，打敗宋國。第八年，又戰敗了陸渾（今河南嵩縣北部）的戎族。楚莊王並在周天子的邊界閱軍示威，顯示軍力。

周定王二年（前六〇五年），鬥越椒趁楚莊王出兵在外，在國內造反，占據了郢都，又發兵攔阻楚莊王，要在郢城之外消滅楚莊王。

楚莊王見鬥越椒以逸待勞，自己的兵剛剛打完仗，非常疲憊，知道局勢不利，便說：「鬥氏一家對楚國有功，寧肯讓越椒對不起我，也不能對不起越椒。」便派蘇從講和。

延伸知識

問鼎中原

楚莊王在周的邊境上耀武揚威閱軍時，周定王派大臣王孫滿慰勞莊王，想探聽莊王的意圖。

王孫滿勞軍以後，楚莊王忽然問王孫滿說：「聽說大禹鑄有九鼎，現在放在雒邑，我想問問這鼎有多重？」九鼎是國家政權的象徵，標誌著天子的尊嚴，楚莊王問鼎是有取周而代之的意思。

王孫滿正色回答說：「夏、商、周三代之所以能夠建立，是因為三代的開國國君以德服天下，和鼎沒有關係。現在周未失德，大王還是不要打探九鼎的事情了。」

楚莊王聽了王孫滿的話，知道沒有能力獲得天下，於是班師回朝。「問鼎中原」的典故從此流傳下來。

王子午鼎　春秋

鼎的頸、腹內壁及蓋上都有銘文，腹內銘文十四行，計八十四字，敘述王子午作器的始末。器形高大，立耳，獸面蹄足，器身附六個凸起的圓雕夔龍，口上蓋有環鈕平蓋，是春秋時期典型的青銅禮器。

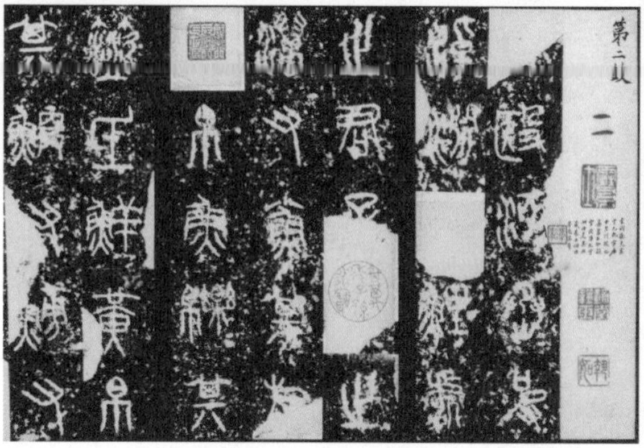

《石鼓文》拓片　春秋

鬥越椒以為楚莊王已是囊中之物，便對蘇從說：「回去告知熊旅（楚莊王的名字），有膽就決一死戰，不然就趕快投降！」

楚莊王假意退兵，到了夜間卻埋伏於漳水東岸，另外派一隊士兵在河岸活動，引誘鬥越椒渡河。莊王則率領少數士兵，躲藏在橋的下面。

第二日早晨，鬥越椒見對岸有楚兵活動，果然追過河來。鬥越椒的軍隊剛剛過河，岸邊的伏兵就一起殺出。鬥越椒察覺中計，想回軍撤退，橋已拆毀，鬥越椒急忙命令士兵涉水過河。

叛軍士兵剛要下水，埋伏在對岸的楚將樂伯殺了出來，士兵全力射箭。在雙方對峙之中，樂伯手下的神箭手養由基一箭射死了鬥越椒。鬥越椒的兵馬見主將身亡，四處逃散，楚軍剿滅了叛亂。

⊙晉楚爭雄

楚莊王平定了內亂後，開始準備揮軍北上，與晉國爭霸。

周定王九年（前五九八年），楚莊王趁陳國內亂，發兵占領陳國。第二年，楚莊王率領大軍進攻鄭國。陳國、鄭國全是依附晉國的小國，楚國進攻陳國、鄭國，就是向晉國權利挑戰，晉國自然不甘示弱。

同年夏天，晉景公命荀林父為大將，先軫的孫子先穀任副將，統領六百輛兵車，援救鄭國。

大隊人馬來到了黃河邊上，晉國的探子報告鄭國已經投降，楚國正在撤兵。荀林父聽了決定撤兵，先穀不同意，大叫說：「臨敵退兵，可恥之極！你們要是害怕楚軍，我一人前去迎敵！」

先穀仗著祖上的功勞，相當輕視荀林父，帶著自己的兵車，渡過黃河追趕楚軍。荀林父沒有辦法，只得下令全軍過河。

楚莊王聽說晉兵已經渡過黃河，

提梁虎形銅灶　春秋

這款春秋時期的行軍灶由灶體、釜、甑和四節煙筒組合而成。灶體的火門呈虎口狀，背上有圓形灶眼，尾端為煙道口。煙筒用子母口相套接。此器形體較大，但可拆卸，便於軍旅、游牧中使用。

便召集將領商議對策。令尹孫叔敖主張議和，然後收兵，而年輕的將士則主張迎戰，楚莊王一時無法抉擇。

大臣伍參說：「晉軍主將荀林父初掌兵權，未立威信，副將先縠倚仗祖上的功勞，輕視荀林父。三軍將領雖想主動出擊，又沒有權力作主，士兵更不知道聽誰的號令。晉軍上下不齊心，沒有戰鬥力。面對這樣的敵人，如果還不決心攻打，這不是有損楚國的尊嚴嗎？」

楚莊王聽伍參合理的分析，便命令楚軍擺開陣勢，準備和晉軍決戰。

⊙莊王稱霸

莊王先派樂伯挑戰。樂伯領命，跳上戰車，直奔晉軍大營。路上碰到十幾個巡邏的晉兵，樂伯一箭一個，接連射倒三個，下車活捉一人，然後跳上戰車，回頭便走。

晉軍見到楚將殺人，分兵三路追來。樂伯大叫：「晉軍小心，我左邊射人，右邊射馬。著箭！」說完便左一箭、右一箭射起來，果然箭無虛發，左邊射倒三四個人，右邊射傷三四匹馬。嚇得晉兵不敢再追，眼睜睜看著樂伯返回楚軍大營。

晉將趙蔭自認為勇力過人，當天晚上乘著夜色帶領部偷襲楚營，不料被楚兵發覺。楚兵發出警報，趙蔭只好撤回。楚莊王駕車前去追趕，楚軍將領見莊王親自出馬，紛紛跟了上來。

孫叔敖對莊王說：「兵法上說，寧可我追敵人，不能讓敵人追我。既然眾將追隨在後，乾脆乘其不備，衝殺過去！」

這時候，天還沒亮，楚莊王就下令攻擊，楚軍將士爭先朝晉國軍營衝出。晉軍將士絲毫沒有防備，倉促應戰，頓時潰不成軍。

有人勸楚莊王乘勝追擊，楚莊王說：「楚國自從城濮之戰敗給晉軍，一直不敢與晉國爭鋒。這回勝利，足以洗恥了，晉國、楚國都是大國，早晚總要議和，何必多殺人呢？」

因此，莊王令楚軍立即收兵，不再追趕，縱放晉國軍隊渡河回國。

擁有六百輛兵車的晉國人馬，一戰之間幾乎全部覆滅，楚莊王一鳴驚人。此後，楚莊王又陸續讓魯、宋、陳等國歸順，繼齊桓公、晉文公、秦穆公之後，也當上霸主。莊王前後統治楚國二十三年，使楚國強盛一時。

侯馬盟書　春秋

一九六五年山西侯馬晉國遺址出土了大批盟誓辭文玉石片，稱為「侯馬盟書」。盟書上的字跡筆鋒清麗，為毛筆所寫，是先秦時代的書法佳作。

桑下餓人

●時間：春秋中期
●人物：趙盾　靈輒

人們常說：一報還一報。桑下餓人的故事合理詮釋了這句話。

⊙趙盾諫靈公

晉靈公七歲為晉君，由趙盾等人輔佐。晉靈公長大後，荒淫暴虐，不理政事。靈公有一個叫屠岸賈的寵臣，極善阿諛奉承，深得晉靈公歡心。

靈公在晉都絳州城內建了一個花園，名叫桃園。園中築一高樓，靈公經常帶屠岸賈等侍臣登樓遊玩，或賭博，或用彈弓打鳥。

一天，靈公在此遊玩，園外的百姓看見靈公，就都停了下來。晉靈公看見，對屠岸賈說：「打鳥不如打人好玩，我們就用彈弓打他們，擊中眼睛的獲勝。」於是，兩個人拉開彈弓向圍觀的百姓射去，也讓手下一起射擊，彈丸如雨點般落下，園外哭聲一片。

一次，靈公想吃熊掌下酒，催促多次，廚師只得把半熟的熊掌端了上去。靈公一嘗，熊掌沒爛，就將廚師殺了。

趙盾看到靈公如此胡鬧，就與大臣士會商量：「我們應該勸諫靈公，這樣下去怎麼得了。」士會說：「今天我先勸，他要不聽，你隨後再去。」

靈公看見士會，知道他的來意，就說：「你不用說甚麼，我以後會改。」士會說：「誰都會犯錯，主公能改，乃社稷之福。」說完退了出去。

第二天，靈公沒上朝，又與內侍到桃園玩。趙盾說：「主公哪像改過的樣子，我今天一定要開口。」於是趙盾先一步趕到桃園門前等候靈公。

靈公來了，趙盾上前參拜。靈公說：「我沒找你，你怎麼來了。」趙盾說：「自古有道之君未有殺人為樂的，您這樣下去會讓國家陷入危亡的。」靈公有些羞愧，就說：「就這一天，明天就聽你的。」趙盾沒辦法，只得讓靈公進園。

⊙靈公殺趙盾

靈公對趙盾的苦勸相當厭煩，就與屠岸賈商量殺趙盾的決定。

屠岸賈派刺客鉏麑刺殺趙盾。天將拂曉時，鉏麑來到趙盾門前，躲在暗處窺看，只見趙盾朝衣朝冠，手拿玉笏，正襟危坐。原來，相國趙盾正要上朝，因見天色尚早，所以在家等待。

鉏麑非常感動，感歎道：「趙相國是位好官，我怎能殺他？」於是對著門大叫道：「我是鉏麑，奉君命刺殺相國，我寧可違背君王的命令，不忍殺害忠良。現在我將自殺，恐怕還

歷史詞典

董狐直書

趙盾逃過靈公和屠岸賈的暗殺後，知道國君不會放過，晉國是不能再居留了，就打算逃到國外。可是趙盾還沒逃出，他的弟弟趙穿就率人殺死了靈公，擁戴趙盾重新執掌大權。儘管這是一次嚴重的政變，可是趙盾在晉國一向忠心，深受百姓的愛戴，靈公不過是個荒淫的君主，百姓對他沒有好感，所以這次政變才能如此順利。

晉國的太史令董狐卻覺得不管以何名義，弒君終究還是弒君，就秉筆直書「趙盾弒其君」。趙盾覺得委屈，就找董狐理論說：「殺國君的是趙穿，您怎麼能歸罪於我呢？」董狐毫無懼色回答說：「你是國家重臣，叛亂之時你在國內，掌權之後不殺逆臣，你和叛亂脫得了干係嗎？」趙盾聽得啞口無言，只好無奈走開。

孔子聽到這件事後，讚揚董狐是忠直的史官。

青銅方壺　春秋

會有刺客，請相國小心！」說完，自殺而死。

趙盾安葬了鉏麑後，仍然上朝。靈公見趙盾沒死，又與屠岸賈商量。屠岸賈說：「您請趙盾喝酒，我讓甲士埋伏。喝酒的時候，您讓趙盾拿出寶劍來看。趙盾拔劍的時候，我喊趙盾刺殺國君，讓甲士將他殺了。」靈公覺得這個辦法不錯，就同意了。

第二天，靈公請趙盾喝酒，趙盾帶了家將提彌明一起。到了大殿，屠岸賈說：「國君宴請相國，餘人不得靠近。」提彌明只好留在殿下，看著趙盾與晉靈公喝酒。

過了一會，晉靈公對趙盾說：「我想看看你的寶劍。」趙盾隨手便要拔劍，提彌明看見趙盾的舉動，大喊：「臣子怎能在君王面前拔劍，大人不要妄動！」趙盾醒悟過來，立刻起身告辭。屠岸賈連忙命令埋伏的甲士刺殺趙盾。提彌明一面抵擋，一面催促趙盾。趙盾逃出大殿，跑回家了。提彌明抵擋不住，就被殺死了。

⊙桑下餓人報恩

趙盾正跑著，忽然見一個甲士飛奔追來，趙盾心想不妙。甲士跑到趙盾面前說：「我不是追殺您的，是來救您的，您還記得桑下餓人嗎？」

原來有一次趙盾外出，見一個人臥在桑樹下不能行動，就詢問原因。那人說：「我叫靈輒，出外游學，沒了錢財，已經三天沒吃飯了。」

趙盾就分給靈輒食物，靈輒先將一半食物包起來放進懷裡。趙盾問靈輒原因，靈輒說：「我離家已經不遠，不知家中老母是否吃過飯，我想把食物拿回家給老母吃。」趙盾很感動，就送了靈輒一些錢物，讓他孝敬母親。

現在靈輒當了晉靈公的衛士，選入刺殺趙盾的甲士之列。靈輒見趙盾有難，特意保護趙盾。靈輒保護著趙盾，與聞訊趕來的趙盾家將會合，趙盾倖免於難，桑下餓人報恩的故事就此流傳下來。

俞伯牙與鍾子期

●時間：春秋中期
●人物：俞伯牙　鍾子期

俞伯牙與鍾子期的故事千古流傳，正是說明古時人們就知道知音難覓。世世代代，很多人們都在尋找知音。

⊙伯牙學藝

俞瑞，字伯牙，是春秋時的音樂家，善於彈琴，當時極富盛名。他在晉國做上大夫，屬於晉國的貴族。

伯牙從小就酷愛音樂，拜當時著名音樂家成連為師。成連見伯牙音樂天賦極高，就悉心指導伯牙。成連並帶伯牙到各地遊歷，讓他領略大自然的壯美神奇，從大自然中汲取菁華，使伯牙悟出了音樂的真諦。

伯牙彈起琴來，琴聲優美動聽。雖然有許多人讚美他的琴藝，但他知道並沒有人聽懂琴中的真諦。伯牙不在意這些人的讚美與否，他需要真正能聽懂琴聲的人，需要與人坐而論道，伯牙一直在尋覓著自己的知音。

⊙高山流水

有一年，伯牙奉晉國之命出使楚國。八月十五那天，伯牙乘船來到漢陽江口。風大浪猛，伯牙便停泊在一座小山下。晚上，風浪漸漸平息，雲開月出，夜色朦朧。伯牙聽著江水拍打著江岸，望著遠處月光下幽幽的山影，心境無比純淨、清澈。於是拿出攜帶的琴，醉心彈了起來。

一曲未終，琴弦猛然崩斷。伯牙從未遇過此事，心中一驚。伯牙知道琴遇知音才會斷弦，難道此處得有知音？伯牙停手四望，果見不遠處岸邊

伯牙鼓琴圖

有人佇立。伯牙藉著月光仔細觀看，見青年眉目清秀，舉止不俗，卻一身平民打扮。

那人見俞伯牙看他，就微微笑著說：「我是個打柴的，回家晚了，路過此地，聽到您在彈琴，覺得美妙，不由得站在這裡傾聽。」

延伸知識

中國音樂十二律體系完成

周代樂律學有重大建樹，開始創立了完整的音階形態及理論，奠定中國樂律學的基礎。五聲音階、七聲音階和十二律理論都在此時期形成。

據《國語．周語》記載，周景王二十三年（前五二二年）曾問樂於樂官伶州鳩。伶州鳩講了許多樂律學的知識，按六陽六陰的順序列舉了黃鐘、大呂、太簇、夾鐘、姑洗、仲呂、蕤賓、林鐘、夷則、南呂、無射、應鐘等十二個律名。這是十二律出現於典籍最早而完備的記載。

同時，春秋時音樂發達，已經提出「和」的範疇，本來指音樂的音符去其音質而組成玄妙的旋律性，後來發展為指個別性質的事物去其本性而成為一個本體論的旋律性的和，後來成為戰國美學的本質特徵，與希臘人追求幾何結構的清晰性是完全不同的。

伯牙心想：一個打柴的樵夫，怎麼可能聽得懂我的琴呢？於是他就問：「你既然懂得琴聲，那就請你說說剛剛的曲子吧！」

打柴人笑著回答：「先生剛才彈的是孔子讚歎弟子顏回的曲譜。」

⊙相見恨晚

伯牙大喜，他彈的正是此曲，於是忙請打柴人上船。俞伯牙換上琴弦重新彈奏，請打柴人辨識。

當琴聲雄壯高亢的時候，打柴人說：「這琴聲表達了高山的雄偉氣勢。」當琴聲變得婉轉流暢時，打柴人說：「這琴聲表達的是潺潺的流水。」

伯牙聽了，不禁驚喜萬分。琴聲表達的心意，過去從沒人能聽得懂，而眼前的樵夫，竟能明白琴意。沒想到，在荒郊竟遇到尋覓不到的知音。

伯牙於是請教打柴人的姓名，打柴人自言鍾子期。兩人坐下談論音樂的理解，談論琴法與樂理，認識竟出奇一致。兩人越談越投機，相見恨晚，於是結拜為兄弟。因為公務，伯牙依依不捨與子期告別，相約來年中秋再在此地相會。

⊙摔琴謝知音

第二年中秋，俞伯牙如約來到了漢陽江口，可是不見鍾子期的身影。第二天，俞伯牙打聽到鍾子期已不幸染病去世了。臨終前，留下遺言，把墳墓修在江邊，八月十五相會時，好聽伯牙的琴聲。

俞伯牙無比傷感與失落，來到子期的墳前，淒楚地彈起了古曲《高山流水》。彈罷，對著鍾子期的墳墓幽幽地說：「你是我唯一的知音，知音已逝，琴聲誰知！」說完，將心愛的琴摔向大石。從此，伯牙再也不肯彈琴了。

「知音」的友誼感動了後人，在他們相遇的地方，人們築起了一座古琴臺。直至今天，人們還常用「知音」來形容朋友之間的理解和情誼。

機智的矮子使者

●時間：？～西元前五〇〇年
●人物：晏嬰

人不可貌相，海水不可斗量，但人們很難不以貌取人。晏嬰只因個頭矮小，處處受到考驗，可是他憑藉機敏善辯，免遭屈辱，贏得了尊重。

晏嬰（？～前五〇〇年），字平仲，齊國人。晏嬰雖然身材矮小，其貌不揚，但卻是個非常有才華的人，賢比管仲，人盡皆知。齊景公相當器重晏嬰，拜為上大夫。

⊙奉命使楚

當時，楚國在各諸侯國中實力最強，小諸侯國多來朝覲，大諸侯國也派遣使節向楚王問安，晏嬰也奉齊景公的命令出使楚國。

楚靈王得知晏嬰將來，對文武官員說：「晏嬰身高不足五尺，但賢德的名聲早已聞名於諸侯國。我想羞辱晏嬰以長楚國威風，眾卿有甚麼妙計嗎？」

太宰薳起彊密奏道：「晏嬰善於應對，反應敏捷，恐怕難以羞辱，必須慎重其事……」

靈王聽了，連夜在城門邊開鑿一個小洞，僅有五尺高，吩咐守門軍士：「如果齊國使臣到來，把城門關了，讓他從小門進來。」

不多時，晏嬰一身破舊大衣，獨自駕車來到城門下。招呼守門軍士開門。守門軍士手指城門邊的小門說：「大夫從此進城，綽綽有餘，用不著打開城門。」晏嬰說：「這是狗門，不是人進出的。我如果出使狗國，就從這個門走；如果我出使人國，還須從大門進入。」

守門軍士把晏嬰所說的話飛報靈王，靈王哭笑不得說道：「我想戲弄，不想反被嘲笑了。」只好命人打開城門，讓晏嬰進城。

⊙晏嬰會靈王

晏嬰入朝見靈王，靈王就問：「齊國沒有人了嗎？」晏嬰說：「齊國人多得呵氣成雲，揮汗成雨，行者摩肩。大王說無人是甚麼意思？」

靈王說：「那為甚麼派你這個小人來呢？」晏嬰說：「我們齊國有個習慣，賢德的人出使賢德的國家，不賢德的人出使不賢德的國家。大人出使大國，小人出使小國。我個子最小，又最無賢德，只好出使楚國了。」靈王無語，暗暗佩服晏嬰的機智。

這時，有人進獻橘子，靈王隨意賜給晏嬰，晏嬰連皮帶瓤一起吃了。靈王拍

玉璜　春秋

著手大笑道：「齊國人沒吃過橘子啊！不知道吃橘子要剝皮。」晏嬰神情自若地說：「受君王賞賜的東西，瓜桃不能削皮，橘子不能剝皮。今承蒙大王賞賜，就好像是君主賞賜一樣，大王沒令剝橘皮，我怎敢留下些許呢？」靈王聽了不禁肅然起敬，下令賜座，命左右上酒。

⊙橘與枳的比喻

有兩個武士綁著囚犯，從宮殿前走過。靈王傳他們上殿，問道：「綁的是甚麼人？」武士回答說：「是個齊國人。」楚王看了一眼晏嬰，問：「他犯了甚麼罪？」小吏回答說：「這小子是個盜賊。」靈王不懷好意笑著說：「難道齊國人生來就是盜賊嗎？」

晏嬰明白其意，回答說：「江南有橘樹，移到江北就變成了枳樹，這是地域不同發生了變化。這個囚犯在齊國安分守己，到了楚國就犯盜竊罪，這大概是楚國的習俗影響的吧！」

楚王只好再次解嘲說：「晏嬰這樣的賢人，怎麼可以戲弄，戲弄不成，反而自討沒趣。」

晏嬰機智應對，維護了齊國的尊嚴，齊景公更加信任晏嬰，委以重任。在晏嬰的治理下，齊國蒸蒸日上。

歷史詞典

輔佐三君的晏嬰

晏嬰，字平仲，東萊（今山東高密）人，是春秋時期傑出的政治家。侍奉過齊靈公、莊公、景公。

周靈王二十四年（前五四八年），齊莊公因與崔杼之妻私通，被崔杼在家宅殺害，晏嬰聞訊，來到崔宅，頭枕在屍體的大腿號哭，往上跳三次才出去。

晏嬰善於進諫。周景王二十三年（前五二二年），景公病了一年，要殺醫生。晏嬰乘機進諫，認為最重要的是國君修德勤政，可是齊國有許多社會問題應當解決。景公採納其言，指示大臣寬政、毀關、去禁、薄斂。同年，他又進諫，說明和、同之別，和是聽取多方面不同的意見，要分析意見，不可囫圇吞棗。

另外，晏嬰注重節儉，不願更換大的房子居住，總是坐著破舊的馬車，「以節儉力行重於齊」。晏嬰也重視人才，強調國君與社稷國家不同，認為臣下應忠於國家。晏嬰死後的十幾年，景公仍然懷念著他。

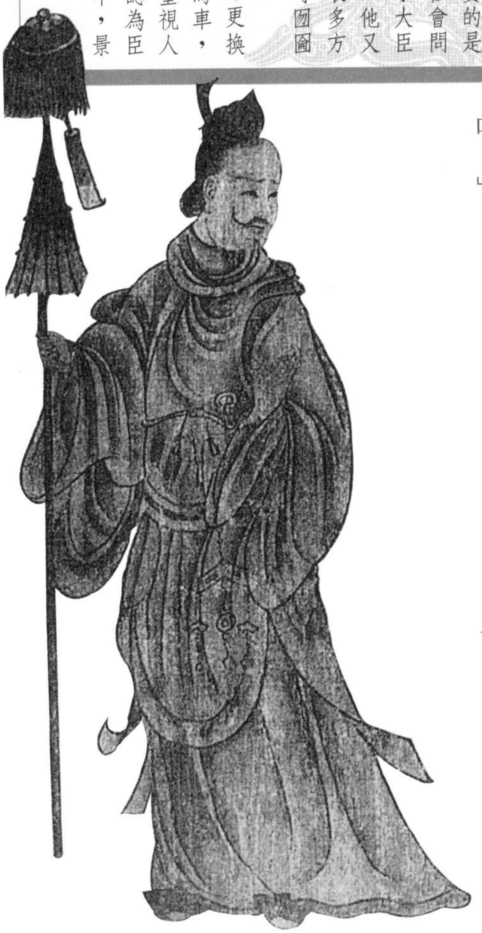

春秋時期節符圖

春秋時期許國使者手持節符的情景。春秋時的「節」現在還未發現實物，這幅東晉時的書中描繪的節，已是非常珍貴的資料。

【魚腹中的利器】

●時間：西元前五一五年
●人物：專諸　吳王僚　公子光

一把藏在魚腹中的利刃，結束了吳王僚的性命。專諸雖然也以身相殉，但魚腹藏劍的故事卻永遠流傳。

⊙物色人選

楚國到了平王的時候，國勢開始衰微。平王貪圖美色，把太子的未婚妃子據為己有，又殺了大臣伍奢和伍奢的兒子伍尚。伍奢的另一個兒子伍員（伍子胥）則趁亂逃到了吳國。

吳國與楚國向來不和，伍子胥想利用吳國為父兄報仇。吳王僚也覺得伍子胥相貌不凡，談吐高雅，便重用伍子胥，任命為大夫。

伍子胥躲在吳國，也感到宮廷裡充滿險惡。公子光一心想奪占王位，四處招兵買馬，想要取代吳王僚。公子光把伍子胥當做協助奪取王位的重要人物，一心拉攏。伍子胥覺得公子光較吳王僚更有作為，便推薦了好友專諸。公子光覺得專諸正合心意，便同意專諸執行刺殺任務。

專諸是個孝子，公子光就時常為專諸家送去錢糧。公子光想任專諸為刺客，刺殺吳王僚。專諸擔心母親無人照看，很是為難。專諸的母親看出兒子的顧慮，假意口渴，要專諸取水。專諸取來清水，發現母親已經在後堂上吊身亡。專諸的母親終於免除了兒子的後顧之憂。

青銅短劍　春秋

⊙公子光的籌備

母親死後，專諸一心準備刺殺吳王僚。他問公子光：「吳王僚有甚麼嗜好？」公子光回答：「吳王僚喜歡美食。」專諸又問：「最喜歡甚麼？」公子光回答是魚。於是專諸有了主意，學會了很好的做魚手藝。

吳王僚十二年（前五一五年），吳國乘楚平王去世，楚國內亂之機，派兵攻打楚國。但是戰事並不順利，吳國的軍隊困在楚國。公子光就向吳王僚建議，把全國的兵馬調去與楚國作戰。吳王僚依計而行，國內兵力空虛，給了公子光下手的機會。

不久，公子光實際行動了。先暗地埋伏大批武士，然後告訴吳王僚，最近新招了一名廚師，善於做魚，請吳王僚來家中品嘗。吳王僚一直有所戒備，但又抵抗不了佳餚的誘惑，就

歷史詞典

鐵器出現

根據考古發現，商代晚期已具備一定的鍛鐵技術，人工冶煉鐵器技術的出現應在西周中晚期。

最近考古發掘中春秋鐵器不斷出土，尤其是春秋早中期人工冶煉鐵器的出現，證明了春秋時已開始跨入鐵器時代。其中河南三門峽上村嶺虢國二〇〇一號墓出土一件玉莖銅芯鐵劍，二〇〇九號墓出土一件鐵刃銅戈和三件鐵工具，時代定為西周晚期到春秋初期。

其他地方出土春秋早期鐵器的有：陝西隴縣邊家莊秦墓出土銅柄鐵劍一件，陝西長武秦墓出土鐵匕首一件，甘肅靈臺景家莊出土銅柄鐵劍一件，甘肅永昌三角城出土鐵鍤一件。至於春秋中晚期的鐵器出土更多。

從出土的鐵器品種看，早期以武器為主，中晚期品種、數量大大增加，有農器、工具、武器、禮器和日常用品，表明鐵器的應用範圍日益廣泛，也說明春秋時期冶鐵技術不斷發展，並且遍及中原和南方各地。

山戎飲酒器　春秋

這件酒器既表明了山戎民族的豪飲習性，也展現了華夏文化對北方民族的影響。

帶了衛士前去。公子光住宅前後全站滿了吳王僚帶來的士兵，手執兵器，虎視眈眈，嚴格檢查靠近吳王僚的人。

公子光一面為吳王僚敬酒，一面談笑風生。酒席之間，公子光假藉腳疼，退下治療，便起身告退。吳王僚意料不到公子光居然敢在嚴密的防備下出手。

⊙魚腹中的利器

這時，專諸端著魚來到大廳。士兵上前仔細搜查之後，才讓他上前。士兵不知道，專諸確實沒有攜帶武器，但是在魚肚中藏了一把鋒利的短劍。專諸的手藝確實不錯，魚香氣襲人，吳王僚禁不住誘惑，探身上前。專諸眼明手快，從魚腹中拔出短劍，向吳王僚刺去，刺中了吳王僚的胸膛，因此結束了性命。

士兵見吳王被刺，上前將專諸亂刀殺死。公子光則趁機帶領伏兵殺出，殺散了吳王僚的兵士。

公子光因此奪取了王位，也就是吳王闔閭。為了感謝專諸捨身相助，封專諸的兒子為上卿。

專諸刺殺吳王僚，先是投其所好，苦心學會烹飪，藉機接近吳王僚。又跳脫一般人的思維方式，將短劍藏在魚肚中，一擊成功。人闇於小利，往往會犯錯誤，這個時候就是出手的最好時機。

彩繪動物紋漆俎　春秋

要離行刺

●時間：西元前五一五年
●人物：要離　慶忌

以妻子、兒女的性命和自己的身體，為一個毫無關係的人效命，只為獲取勇士的名聲，無論從哪個角度看，這都是一場悲劇。

⊙子胥薦要離

周敬王五年（前五一五年），公子光在伍子胥的幫助下，成功登上王位，是為吳王闔閭。吳王僚的兒子公子慶忌則逃到艾城，招納亡命之士，邀請周圍的國家相助，準備攻打吳國，以報殺父之仇。

吳王闔閭聽到慶忌的計畫後，坐臥不寧，食不甘味。闔閭召見伍子胥說：「慶忌有攻打吳國的想法，他在世一天，我一天也不得安寧。我想找個勇士刺殺他，以絕心頭之患，你有這樣的人選嗎？」伍子胥說：「我有一個名叫要離的門客，大概可以辦成這件事。」闔閭說：「慶忌有萬夫不當之勇，一個門客怎麼行呢？」伍子胥說：「他雖然只是一個門客，實際也有萬夫不當之勇。」闔閭便讓伍子胥安排要離見面。

闔閭聽伍子胥誇獎要離之勇，心想定是個身形魁梧、力大無窮的人。等到見了要離，闔閭大失所望。原來要離身材矮小，相貌也很難看，感覺不出一點英雄氣概。

⊙苦肉計

吳王看著要離，心裡很不高興，說：「伍子胥說的勇士是你嗎？」要離說：「我人小力小，大風都能把我吹倒，哪是甚麼勇士。但如果大王有甚麼吩咐，我會盡力而為。」

吳王不以為然，不再說話。伍子胥明白了吳王的意思，連忙說：「人不可貌相，要離雖然面相不佳，但智力超群，定能完成大王的使命。」

吳王沒有其他選擇，就讓要離參與商議。要離說：「大王是擔心慶忌嗎？我可以殺了他。」吳王笑著說：「慶忌身形矯健，你恐怕不行吧？」要離說：「真正的勇士在於頭腦，我只要能接近，就能殺了他。」

吳王說：「慶忌聰明，不輕易讓人接近。」要離說：「我故意得罪大王，投奔慶忌，慶忌一定相信。您只要殺了我的妻子、兒女，砍斷我的右手，慶忌便不會疑心了。」

幾個人依計行事，伍子胥帶要離

「齊侯」鑑　春秋

上朝，要離假意請吳王出兵伐楚，吳王斥責要離，要離強爭，吳王大怒，命左右砍掉要離右臂，關進監獄。伍子胥吩咐獄卒放走要離，吳王便殺了要離的妻子和兒女。

⊙要離刺慶忌

　要離逃出吳國後，直接投奔慶忌。慶忌雖然聰明，卻難以想像有如此殘忍的苦肉計，非常信任要離。不久，慶忌的密探回報說：「要離的妻子、兒女已被吳王殺死。」於是慶忌完全相信要離。

𤖯父匜　春秋
銅匜流較長，大口，飾蟠螭紋。腹上飾蟠螭紋帶，下作瓦紋。獸首鋬，底附四足。内底有銘文二十餘字。

　慶忌和要離商量說：「吳王任用伍子胥，國中大治，我兵微將少，怎能抗衡？」要離說：「吳王只靠伍子胥一人，現在和伍子胥也有嫌隙了。」

　慶忌說：「伍子胥乃是吳王的恩人，二人一向親密，怎麼說有嫌隙呢？」

　要離說：「伍子胥之所以盡心輔佐吳王，是想讓吳王替他報仇。現在吳王即位，安於富貴，不想出兵伐楚了。因此，伍子胥抱怨吳王。我為伍子胥說話，才落得如此下場。我能夠脫難，也全靠伍子胥的幫助。公子不乘此時發兵，一旦吳王君臣消除了隔閡，我們倆的仇就都沒得報了。」

　說完後要離嚎啕大哭，激奮異常。慶忌不疑有詐，決定出兵伐吳。

⊙一死以酬

　三個月後，準備妥當，慶忌正式出兵伐吳。慶忌與要離同船而行，行至中途，後面的船跟不上，要離勸慶忌到船後催促。慶忌坐下後，要離左手持短矛站在一旁。忽然江上起了大風，慶忌轉臉避風，要離迅速借風力挺矛，刺入慶忌心窩，矛尖穿胸而出。

　慶忌忍著巨痛，一把抓住要離，將他提離地面說：「敢行刺我的，也算是個勇士了。我死後，不要殺他。」說完，慶忌便氣絕身亡了。慶忌的手下不敢違背命令，放了要離。

　要離見慶忌如此對待自己，心生悔恨，悲痛不已。回到吳國後，吳王闔閭興高采烈要為要離慶功，要離卻淚流滿面拒絕說：「我因為貪圖一時之名，使妻子、兒女被殺，自己身殘，還殺了信任我的人，我還有何面目活著呢？」說完，要離也橫劍自刎。

孫武斬妃

●時間：春秋晚期
●人物：孫武　闔閭　伍子胥

孫武斬殺吳王闔閭的寵妃，嚴明軍紀，把三百宮女訓練成合格士兵，證明沒有帶不好的軍隊，只有帶不好軍隊的領導。

⊙保薦孫武

闔閭憑藉伍子胥推薦的專諸刺殺了吳王僚，自己做了吳王，又用要離刺殺了慶忌，自此吳國內部安定，闔閭開始進攻楚國的計畫。這個時候，伍子胥又推薦了一個人做大將，這個人就是孫武。

孫武就是全世界軍事家都大為推崇的孫子，所著的《孫子兵法》也是世界軍事著作的開山之作。千軍易得，一將難求，闔閭也懂得這個道理，派伍子胥帶著十鎰黃金、一對白璧邀請孫武。

孫武把《孫子兵法》獻給闔閭，並在一旁講解，每說一篇，闔閭就不住點頭稱讚，心花怒放。但是闔閭還是擔心吳國的實力與楚國不能相比，國力相差懸殊，僅僅依靠戰略戰術很難勝過楚國。

⊙訓練宮女

孫武對闔閭說：「兵不在多，在於如何指揮運用，我的兵法不但可以指揮軍隊，就是用來指揮婦女，也能達到同樣的效果！」闔閭不信，孫武當場要以後宮侍女試驗。闔閭也想見識孫武的本領，於是從後宮選了三百名宮女，分成兩隊，又應孫武的要求，派了兩個寵愛的妃子做了隊長。孫武又向闔閭請求執法官以及擂鼓的士兵，就開始操練。

操練前，孫武宣布三條軍法：一隊伍中不許隨意走動，二不許任意說話喧嘩，三要令行禁止。

宮女平日住在深宮內院，何時見過戰陣？穿上盔甲，拿著刀槍，笑鬧成一片。孫武耐著性子站在臺上下令：「一通鼓，兩隊集合站好。二通鼓，左隊向左轉，右隊向右轉。三通鼓，兩隊舉起刀槍，做對戰的姿態。聽見鳴金，兩隊各自後退收回。」臺

西漢竹簡《孫子兵法》
山東臨沂銀雀山出土。

下宮女依舊說笑打鬧，沒有聽從孫武的命令。

第一通鼓響起，宮女三三兩兩站起來，部分仍然坐著說笑。孫武說：「第一次是沒有說明清楚，這是為將者的責任。」孫武命令執法官把將令又向宮女說了一遍。

第二次擂鼓，宮女還是有說有笑。孫武稍微憤怒，親自擂鼓，可是宮女笑鬧依然，尤其兩個隊長，笑得盔歪甲斜。

這下孫武真的發怒了，大喝：「執法官何在？」執法官上前。孫武說：「前次將令不明，罪責在我。現在已經三令五申，士卒不聽號令，這是士卒之罪，按軍法當如何處置？」執法官說：「軍法當斬。」孫武道：「隊長帶頭抗命，將兩隊隊長斬首示眾！」

⊙斬妃明法紀

左右看孫武生氣了，不敢不從，就把兩個隊長綁了起來。闔閭在大殿上看著孫武操練，看到愛妃性命不保了，趕快派大臣伯嚭帶著吳王的符節來見孫武，向孫武傳話：「將軍用兵的本領，我已經知道了。兩個妃子侍奉左右，是我最鍾愛的，請將軍千萬看在寡人的面上，饒了她們的性命。」

孫武說：「軍中無戲言。臣已受命為將，將在外，君命有所不受。如果饒恕了違反軍法的隊長，也就無法訓練了。」孫武命令處決兩個隊長，將頭顱放在軍前，全軍肅敬！

孫武又選了兩個宮女做隊長，繼續操練，一通鼓起立，二通鼓繞圈，三通鼓對戰，鳴金收兵。宮女做得和真正的士兵沒甚麼差別，並且自始至終都寂靜無聲。

孫武又讓執法官向吳王稟報：「女兵已經訓練好，請大王檢閱，現在她們完全聽從大王的號令，真正赴湯蹈火，在所不辭。」

闔閭欣喜，封孫武為上將軍，指揮吳國全軍。孫武不負吳王厚望，率領吳軍進攻楚國，屢戰屢勝，直到攻占了楚國的郢都，奠定了吳國的霸業。

延伸知識

孫武與《孫子兵法》

孫武，字長卿，齊國樂安（今山東惠民縣）人。春秋末期著名的軍事理論家，被譽為「兵學鼻祖」。

周敬王八年（前五一二年），伍子胥的竭力推薦下，孫武得以晉見吳王闔閭，並呈上所著兵法「十三篇」，得到吳王賞識，任為吳國的將軍。此後，孫武輔佐吳王闔閭，經國整軍，促使吳國國力強盛。

《孫子兵法》有計、作戰、謀攻、形、勢、虛實、軍爭、九變、行軍、地形、九地、火攻、用間十三篇內容，五千多字，軍事家視為指導戰爭的金科玉律，在整個冷兵器為主的漫長歷史時期，《孫子兵法》一直是軍事家必讀的教科書。

早至唐代，《孫子兵法》便傳入日本，後又相繼傳入朝鮮、越南等國，並出現了不少註疏之作。清乾隆三十七年（一七七二年），法文版《孫子兵法》在巴黎出版，開始了《孫子兵法》在西方的傳播。時至今日，《孫子》一書已以近三十種文字在世界廣泛流傳。

伍子胥鞭屍

●時間：西元前五〇六年
●人物：伍子胥

伍子胥在吳國輔佐吳王闔閭治國強軍，吳王伐楚，占領楚國都，伍子胥鞭屍楚平王，終於為父兄報仇雪恨。

⊙扶植吳王

伍子胥逃到吳國後，為了生存，不得不裝瘋賣傻，把臉塗黑，靠著吹簫乞討過活。

一天，伍子胥來到梅里，看著街上人來人往，卻舉目無親，衣食無著，不禁悲從中來，唱起了「父仇不報，何以為生」的曲子。歌聲淒涼，引起了一個人的注意。這個人是公子光的謀士被離，被離打聽伍子胥的身世，伍子胥以實相告。被離喜出望外，把伍子胥帶回府中，贈以米粟布帛，並向公子光推薦伍子胥。公子光此時正謀奪王位，暗中招賢納士，早就聽說伍子胥大名，知道伍子胥來到，更是高興不已，就把伍子胥帶在身邊。伍子胥為了報公子光的知遇之恩，為公子光四處結交人才和亡命之徒。

周敬王五年（前五一五年），吳王僚趁楚平王去世之際，派兵圍攻楚國。但是楚國早有準備，吳軍反中了埋伏，進退不得。

伍子胥認為這是一個絕佳的時機，就讓公子光宴請吳王僚。筵席中，伍子胥命壯士專諸呈上腹藏寶劍的炙魚，魚上劍出，專諸迅速殺死了吳王僚，公子光在伍子胥的幫助下終於篡奪了王位。

⊙推薦孫武

吳王闔閭封伍子胥為大夫，幫助處理國家大事。伍子胥把深仇大恨告訴了闔閭，希望闔閭幫忙報仇。可是吳國的軍事力量遠遜楚國，不是楚人的對手。伍子胥知道要使吳國強大才能報仇，於是盡心協助吳王治國強軍，廣招人才，又成功指揮了要離對慶忌的暗殺，鞏固了吳王闔閭的王位。

隨後，伍子胥向吳王推薦孫武，在孫武的幫助下，吳國的軍事力量逐漸強大。孫武和伍子胥制定了一個長期的戰略方針，即「三師以肄」，經常出動一支軍隊騷擾敵方，同時數支軍隊聲東擊西，主力選擇適當的時機

伍子胥畫像鏡　春秋

出動，一舉殲滅對方。這個方針十分有效，吳國先後兼併了鄰近的幾個小國。

⊙伍子胥鞭屍

周敬王十四年（前五〇六年），吳王闔閭拜孫武為大將，伍子胥為副將，親率三萬大軍，以唐、蔡兩國軍隊為先導，向楚國進軍。三萬吳軍在柏舉（今湖北麻城東北）和楚國令尹囊瓦率領的二十萬楚軍展開決戰，楚軍慘敗，吳軍趁勝追擊，連戰連勝，一直逼近楚國郢都城下。

這時楚平王已經死了，他的兒子楚昭王棄城而逃。伍子胥恨透了楚平王，找到楚平王的墳墓，挖出屍體，痛打三百鞭，仰天長笑道：「父親，哥哥，我終於為你們報仇雪恨了。」

昔日在楚國時，伍子胥與大臣申包胥是好友，申包胥聽說了伍子胥鞭屍的事，請人轉告伍子胥說：「你報仇的方式未免太過分了。我聽人說，人多了是可以勝天，但是天道也會破壞人的計畫。你從前是楚王的臣子，現在卻如此污辱一個去世的國君，難道這不是喪盡天良的極至嗎？」伍子胥回道：「我已經像下山的太陽，但是路途仍然遙遠，所以只得倒行逆施。」

⊙造福於民

申包胥跑到秦國，請求秦國出兵。秦哀公認為楚王無道，不應該出兵救援。申包胥就在秦宮門外夜夜痛哭，哭了七天七夜，秦哀公憐憫他，只好答應派兵救援楚國。

當時秦國是北方的強國，吳王闔閭見秦國出兵，知道不是對手，也就下令撤兵回國了。

回國後，伍子胥因功封於申地，所以人們又稱他為申胥。周敬王二十五年（前四九五年），伍子胥在吳國大興水利，修建了連接惠高、鼓港、處士等河流的運河，後人稱之為「胥浦」。這些水利工程減少了水患，造福了廣大百姓。

吳王闔閭去世後，伍子胥繼續輔佐闔閭的兒子夫差，但是夫差不像父親，不聽諫言，伍子胥因為勸諫夫差不要答應越國的求和，又主張停止討伐齊國，致使夫差疏遠。

周敬王三十六年（前四八四年），忠直的伍子胥被夫差賜死，拋屍江中。吳國百姓為了紀念，在江邊修建了祠堂，世代紀念他造福吳國百姓的恩德。

玉雕人頭 春秋

夫差伐越

●時間：西元前四九四年
●人物：夫差　伍子胥　伯嚭

夫差為報父仇，勵精圖治，終於將越國擊敗。可是夫差缺乏基本的判斷能力，受到女色和諂言所蒙蔽，沒有計畫永遠征服越國，為亡國埋下了禍根。

⊙夫差復仇

周敬王二十四年（前四九六年），吳王闔閭率領軍隊進攻越國，越王句踐發兵抵抗。原本吳國兵力占優勢，但吳王闔閭大意輕敵，結果被越國打敗。闔閭也受了傷，在退兵途中傷重不治。

臨死前，闔閭對兒子夫差說：「不要忘記這深仇大恨，一定要報仇。」

闔閭死後，夫差即位，為了不忘記父親臨終前的遺囑，夫差每天都要讓殿堂前的人大聲喊道：「夫差，你忘了越王殺了父親嗎？」夫差含著眼淚回答說：「我絕不忘記。」

夫差命伍子胥、伯嚭在太湖上訓練水軍，又在靈巖山設圍場練習射箭。等待三年守孝之後，再報大仇。

轉眼三年過去，夫差祭祀過先王，拜伍子胥為大將，從太湖藉水道向越國進發。越王句踐接到消息，率軍迎擊吳軍，結果在夫椒山大敗。

⊙越王求和

句踐逃到固城，被夫差的大軍團團圍住。句踐留大夫范蠡堅守，帶著五千名殘兵敗將暗地逃到會稽山。

大夫文種建議說：「吳國的太宰伯嚭是個貪財好色的人，他與伍子胥同朝，面和心不和。吳王寵信伯嚭，我們如果私下饋遺伯嚭，他一定能勸吳王退兵。」

句踐說：「我們用甚麼賄賂伯嚭呢？」文種說：「吳軍中缺乏女色，我們就送幾個美女過去。」

一切準備妥當，文種半夜來到伯嚭的大營中。伯嚭起初不見，但聽到文種有禮物，就讓文種進來。文種跪著說：「我國國君句踐觸犯了吳國，我君知道錯了，願意聽任吳王調遣，可是擔心吳王不接受。知道您勞苦功高，是吳王的左右手，所以越王派我來拜訪您，請您在吳王面前美言幾句。」

伯嚭假裝不同意，文種指著禮品單說：「這八個美女都出自越國，如

吳王夫差矛
春秋

果我君能夠再回到越國的話，一定奉上加倍的禮物。」伯嚭故作為難而說：「那好吧，明天我試著帶你去見大王。」於是伯嚭收下禮物，留文種在大營中。

歷史詞典

水師和水戰

春秋時期舟兵有了較大的進步。舟船在商周時就已用於軍事行動，到了春秋晚期，隨著戰爭的擴大，舟兵得到迅速的發展。楚、吳、越、齊等國都擁有強大的舟師，在戰爭中頻頻出擊。

當時的舟船，據《越絕書》引《伍子胥水戰法》所說的情況來看，已經頗具規模：大船一艘，寬一丈六尺，長十二丈，可容二十六名戰士。余皇是吳王夫差所用的船，尤為巨大。

吳、越、齊諸國的地理條件適合於開展水戰，因此，舟師的發展比較迅速。這幾個國家之間頻繁發生戰爭，水戰是重要的作戰形式，舟師因而成為這些國家的主力兵種。

當時水兵已是正式編制，越王句踐攻打吳國就發動熟練水戰的士兵兩千人，又派左右軍渡江攻打，可見當時水師至少分成左右兩軍。句踐稱霸中原時，派戰船三百艘，敢死士兵八千人，隨同參加中原會盟。可見，春秋晚期越國的水師已具有相當規模。

⊙夫差留後患

第二天，伯嚭來見夫差，把句踐求和的事告訴夫差。夫差聽了，勃然大怒道：「我與越人有不共戴天之仇，怎麼能和他們議和！」

伯嚭說：「您不記得孫武曾經說過，兵乃凶器，只可暫時使用。越國得罪我國，但越國已經表示願意臣服，願意獻上越國的奇珍異寶，所要求的只是保留性命而已。倘若我們一定要消滅越國，句踐必定全力抗拒，我們也會損失慘重的。」

於是夫差宣文種進來。文種又把求和之意說了一遍，並說：「我王句踐願意到吳國來服侍大王，越雖然名為越，其實已是吳國的土地了。」夫差於是答應了請和。

伍子胥聽說，急忙趕來，求見夫差，問：「您同意議和了嗎？」夫差說：「同意了。」伍子胥大聲說道：「不可！越與吳誓不兩立，吳不滅越，越必滅吳。」

夫差聽了沒回應。伯嚭急忙插話道：「句踐願意親自服侍大王，可見他是真心歸順我王啊！我們為甚麼非要趕盡殺絕呢？」

夫差聽了也說：「是啊，我主意已定，你就不必再說了。」伍子胥氣得面如土色，回營去了。

夫差和越國定盟，夫差退兵，句踐夫妻擇期到吳國。夫差一時聽信讒言，留給句踐生路，無異自掘墳墓。句踐後來嘗膽發憤，滅了吳國。

提梁壺　春秋

臥薪嘗膽

●時間：春秋晚期
●人物：句踐　夫差

句踐嘗膽的故事廣為流傳，正是由於句踐甘於忍辱負重，最後終於擊敗了強大的吳國。此外，和歷史上其他成功的君王一樣，句踐也把握了最好的時機。

⊙忍辱負重

夫差伐越，越國敗給了吳國，越王句踐想盡了辦法，保住性命，但條件卻是要到吳國為奴。

句踐到了吳國，夫差讓他們夫婦住在闔閭陵墓旁的石屋裡，命句踐餵馬，越國大臣范蠡陪同做奴僕的工作。夫差每次坐車，句踐就在前拉馬。苦役期間，不得溫飽，處處受人鄙視，卻不敢露出絲毫怨懟，惟恐惹來殺身之禍。

過了一段時間，句踐實在無法承受這種屈辱，絕望地說：「難道我就要這樣終老一生了嗎？」

一旁的范蠡聽了，連忙勸道：「主公不要有這樣的心思。從前，商湯曾經被夏桀囚禁在夏臺，周文王被紂王囚禁在羑里，公子重耳被迫在國外過了十九年流亡生活，公子小白也曾經滯留在莒國。他們都沒有灰心喪氣，雖然飽經磨難，最後都成就了霸業。主公您現在被囚禁在這裡，焉知不是上天的考驗呢？」

句踐聽罷，不禁潸然淚下，下定決心，忍一時之辱，誓報此仇。

於是，句踐把仇恨隱藏，表面上對吳王十分恭順，又經常賄賂伯嚭，請他幫忙照顧。過了兩年，夫差認為句踐真心歸順了，就放句踐回國。

⊙臥薪嘗膽

句踐回到國內，盡心治國。整天憂心苦思，為國操勞，食不甘味，睡不安席，一心致力於復國大業。句踐睡不安穩，將一枚苦膽掛在坐位旁邊，睡的時候看著，閒暇的時候也打量著，吃飯之前，也先嘗著苦膽。

句踐常常自我提醒：「忘掉了在吳國所受到的恥辱嗎？」

句踐親自紡織，親自種田，不吃肉食，只吃蔬菜，不穿華麗的衣服，和百姓一樣，只穿粗衣粗衫。放下國王的姿態，謙虛待人，熱情接待四方賓客。所以在短短的幾年時間裡，就有大量人才投奔越國。

經過了七年，越國國力大增，句踐覺得時機已經成熟，準備向吳國進兵。大夫逢同認為吳國實力仍舊強大，越國目前依然無法獲勝。越國可以聯合楚、晉、齊三個強國，吳國的野心不小，三國和吳國時常衝突，讓三個國家先和吳國交戰，利用吳國疲憊時，再一舉消滅吳國。句踐覺得計策不錯，依計而行。

⊙伍子胥自盡

又過了兩年，果然不出逢同所料，吳國預備征討齊國。伍子胥哭著進諫：「我聽說句踐能和百姓同甘共苦，這個人不除，一定是我國的心腹大患。而齊國之事，只是像身上的膿包。大王真是挑錯了對象，您應該先攻打越國。」

可是這時的夫差根本聽不進去，執意攻打齊國，並且得勝而歸。

夫差從戰場回來後，諷刺伍子胥：「我要是聽你的，哪裡會有今天的勝利？」但是，伍子胥非常冷靜，他說：「大王不要高興得太早了。」

夫差氣得勃然大怒，伍子胥性子急，見夫差剛愎自用，也氣得渾身發抖，拔出劍就要自盡，終於還是被阻止了，但他與夫差的關係卻已經不可挽回了。

越國人注意這些事情，文種說：「夫差驕縱過度，時機就快成熟。我們可以試著向他借糧食，觀察他對越國的態度。」

句踐認為文種的辦法不錯，就派文種到吳國。文種來到夫差面前，以越國天災為名，向吳國借糧食。夫差以為小事，準備答應，伍子胥卻不同意，但是夫差早已不再信任伍子胥，不聽他的勸告，借了糧食給越國。

伍子胥慨歎道：「三年後，吳國將會變為一堆廢墟。」

伯嚭聽到這話，就告訴了夫差，說：「伍子胥看來很忠誠，其實卻很狡猾。他連親人都能拋棄，何況是大王您呢？」夫差從此更加痛恨伍子胥。

後來，夫差派伍子胥出使齊國。

延伸知識

「春秋無義戰」

《孟子．盡心下》說「春秋無義戰」。的確，據史書記載，春秋近三百年的時間內，被滅掉的諸侯國達五十多個，戰事近五百起，諸侯的朝聘和盟會四百五十餘次。諸侯爭霸使得兵連禍接，百姓的生活帶來深重的災難，也引起大多弱國的厭倦。因此，「春秋無義戰」是有道理的。

但同時也應該注意，這些戰爭客觀上有利於促進各地區社會經濟的發展，和不同族屬間的接觸與融合，推動統一國家的形成。歷史上經常有這樣的戰爭，不可避免地帶來暴行和災難，但仍然具有進步的意義。

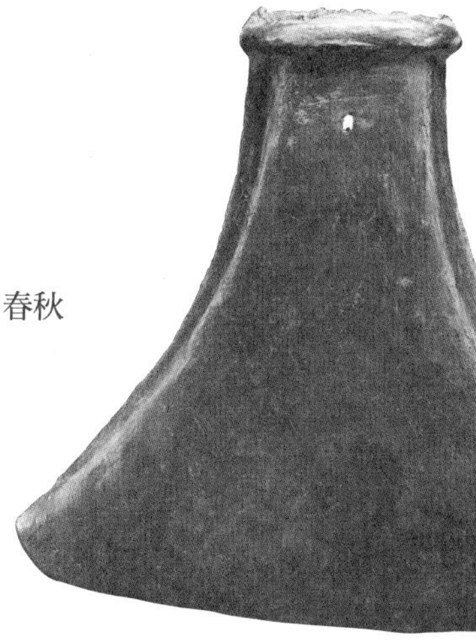
大銅斧　春秋

越王句踐劍　春秋

原為春秋時越王句踐所作，製工精美。劍體窄長，凸起的脊棱縱分成對稱的兩部分。從脊棱向兩側減薄，最後成銳利的側刃，橫剖面呈規整的菱形。劍體表面平整光滑，側刃呈兩度弧曲的曲線，最後弧曲內收形成銳利的尖鋒，這種造型本是因為當時劍以刺擊為主的緣故，從而自然構成極均衡對稱、輪廓線平滑流暢又富於變化的優美造型。劍格嵌飾藍色琉璃，劍體滿佈菱形紋，並在近劍格處有錯金銘文八字，為「越王鳩淺自作用劍」，「鳩淺」即歷史上臥薪嘗膽終滅吳國的越王句踐。

伍子胥知道在吳國的處境艱難，性命朝不保夕，便把兒子託付給朋友，讓兒子隱姓埋名，以便能延續一脈香火。

但是，伯嚭早就在暗中盯著伍子胥，這件事反而成了不忠的舉動，伯嚭添油加醋，告訴了吳王夫差，攻擊伍子胥心向外人。

夫差深信不疑，伍子胥回國後，甚至不願再見一面，就派人送去一把名為「屬鏤」的劍，命他自盡。

伍子胥接到劍，悲憤地仰天長嘯說：「我令你的父親成就霸業，又扶植了你。你們當初想分一半的國家給我，我沒有接受，現在反而要誣陷我賣國！」說罷，伍子胥提起劍，轉頭對家人說：「我死後，把我的眼睛挖下來，掛在都城的東門上，我要親眼看著越國滅亡吳國」說完伍子胥就自殺了。

⊙越王稱霸

伍子胥死了之後，句踐便想立即攻打吳國，范蠡認為時機尚未成熟。

又過了四年，趁著吳王夫差再次北上進攻齊國，句踐動員了全國的兵力，進攻吳國。夫差猝不及防，回師途中被越軍擊敗，越軍長驅直入，將吳王夫差一直趕到姑蘇山上。

夫差無路可逃，便拔劍自刎。臨死前夫差大聲說道：「我對不起伍子胥，沒臉見他於地下。我死之後，把我的臉用布遮起來吧！」

到此，吳國滅亡，越國成為春秋最後的強國。

句踐忍辱負重，終於戰勝了強大的吳國，清代蒲松齡有一副對聯：「有志者，事竟成，破釜沉舟，百里秦關終歸楚；苦心人，天不負，臥薪嘗膽，三千越甲可吞吳。」下聯就是對句踐臥薪嘗膽，終成大業的稱頌。

歷史詞典

〈禹貢〉篇成

〈禹貢〉是中國古代最完整、最有系統、最具科學性的地理著作之一，一直奉為地理學之祖。〈禹貢〉大約成書於春秋末期和戰國初期，以地理為經，全篇共一千一百多字，約為四部分：第一部分是最主要的部分，把中國東部按自然條件的河流、山脈和大海等分界，劃分為九州。之後簡述各州境內的山、水、澤、地，然後詳細敘述土壤，三等九則的田賦，動、植、礦的物產和手工業，及其轉運的貢道。

〈禹貢〉所說的九州，包括冀、兗、青、徐、揚、荊、豫、梁、雍。冀州相當於今山西省和河北省的西部、北部以及太行山南河南省的一部分土地。兗州與冀州當時以黃河為界，包括今河北省東南部、山東省西北部和河南省的東北部。青州在今山東省東部。徐州相當於今山東省東南部和江蘇省北部。揚州在淮海之間，是今江蘇和安徽兩省淮水以南，兼有浙江、江西兩省的土地。梁州大概包括今陝西南部和四川省，或者還包括四川省以南的一些地方。雍州的具體範圍和梁州一樣，現在不能十分確定，大約在今陝西省的北部和中部、甘肅省（除東南部）和青海省的東部。

〈禹貢〉在中國地理學歷史發展過程中具有重要地位，關於九州區劃、山嶽關聯、水道體系、交通網路，以及土壤、物產、景色的描述，呈現出明確的地理觀念，所以對中國後世地理學的發展產生了深遠的影響。

惜金喪弟

●時間：春秋晚期
●人物：范蠡長子　莊生

陶朱公范蠡富甲天下，卻因為長子自作聰明，致使失去了另一個兒子。人的眼光應該放得遠一些，不要因小失大。

范蠡協助越王滅了吳國以後，知道越王句踐不是「有福同享」的人，便悄然引退，輾轉來到陶地，開始了經商生涯。他將政治上的智慧運用於商業領域，不出幾年竟然富甲一方。范蠡因居住在陶地，又自稱朱公，因此人稱為陶朱公。

⊙家遭不測

天有不測風雲，正當范蠡財運亨通的時候，突然接到次子在楚國殺人入獄的消息。范蠡聞訊後，立即把小兒子叫到身邊，說：「殺人者抵命，這是常理。可是我們應有其他的抵償辦法。」

於是范蠡讓小兒子到楚國處理。準備了一千鎰（古代重量單位，合二十兩，一說二十四兩）黃金，讓小兒子帶著。

范蠡的長子堅決要求前去，范蠡不同意。長子說：「我是長子，理應操持家中的事情，現在弟弟犯了罪，這麼大的事不讓我處理，卻派小弟前去，我不就是不肖之子了。」說完便要自殺。

范蠡的妻子也央求說：「現在派小兒子去，未必能救二兒子的命，卻先失去了大兒子，怎麼辦？」

范蠡不得已派了長子，並寫了一封信送給舊日的好友莊生。並對長子說：「到楚國後，要把錢送到莊生家，一切聽從辦理，千萬不要與他爭執。」長子帶著黃金出發了，臨走時又額外攜帶了幾百鎰黃金。

⊙長子惜金

范蠡的長子到楚國後，看見莊生住在楚都郊外，居住條件不佳，可是長子還是按照父親囑咐，將信和千鎰黃金交給了莊生。莊生要他趕快離開楚國，等弟弟釋放後，不要追問原因。長子離開了莊生家，但私自留在楚國，把攜帶的黃金送給了楚國主事的官員。

莊生雖然住在窮鄉陋巷，卻以廉潔正直聞名，從楚王以下，無不尊奉為老師。范蠡獻上的黃金，莊生表面收下，預備事成之後再歸還范蠡，以示信用。

莊生便入宮會見楚王，說：「某星宿移到某處，這將危害楚王。」楚王平時信任莊生，就問：「那該怎麼辦？」莊生說：「只有實行仁政，才可以免除危害。」於是楚王準備大赦，釋放囚犯。

楚國的官員收了范蠡長子的黃金，將「楚王將要實行大赦」的消息

獸紋犧尊　春秋

尊體作牛形，腹內空可以容水。背有三孔，中間一孔容一鍋形器，前後二孔原有蓋，今已不存。牛頭飾以蜷曲的螭龍和虎、犀等動物浮雕，紋飾華美。

告訴了長子。范蠡長子認為既然大赦，弟弟自然就可以釋放了，一千鎰黃金白給了莊生，覺得可惜，於是又去見莊生。

莊生驚奇地問：「你沒離開嗎？」長子說：「是的。當初我為弟弟一事來，今天楚將要大赦，弟弟自然會釋放，所以特意來向您告辭。」莊生知道他的意思是要取回黃金，就說：「你自己到房間取黃金吧！」長子便將黃金取了回來，暗自慶幸黃金失而復得。

莊生受小兒輩戲弄，深感羞恥，就又入宮見楚王說：「現在百姓都說，范蠡的兒子在楚殺人被囚，他拿錢賄賂大王身邊的人，所以大王大赦並非體恤楚國人，而是因為范蠡的兒子。」

楚王大怒，說：「我雖然無德，怎麼會因為一人而大赦呢！」就下令先殺掉范蠡的兒子，第二天才下達大赦的命令。范蠡長子只能帶著弟弟的屍體回家了。

⊙結局早知

回到家後，家裡人都十分悲傷，只有范蠡搖了搖頭，說：「我本來就知道長子一定救不了弟弟！他不是不愛弟弟，只是有不忍心放棄的東西。他從小就在我身邊，知道生活的艱難，所以把錢財看得很重，不肯輕易花費。至於小弟呢，生下來就看到十分富有，哪裡知道錢財從何處來，所以錢財看得極輕，棄之也毫不吝惜。原本打算讓小兒子去，就因為他捨得棄財。長子不能棄財，所以終於害了弟弟，這並不意外，我既然同意他，也早就料到會有這一天了。我日日夜夜盼的，就是把二兒子的屍首帶回來啊！」

人有時會因為貪圖小利而付出巨大的代價，長子並非愛財的吝嗇之人，卻因為自作聰明而失去了弟弟，這個教訓相當深刻。

哲學大師老子

●時間：春秋晚期
●人物：老子

孔子是半人半聖，老子是半人半仙。中國的傳統文化主要有兩大來源：一個是孔孟之道，一個是老莊思想。

⊙老子其人

老子，姓李名耳，字聃，楚國苦縣厲鄉曲仁里人，被尊為道家學派的始祖。老子年輕的時候曾擔任周王室守藏室的官職，掌管國家圖籍。晚年西出函谷關退隱，著《老子》一書。《老子》亦稱《道德經》，成書略晚於《論語》，共八十一章。《道德經》是道家學派的經典著作，書中以「道」來說明宇宙萬物演變生息的規律，包含著樸素的思想，主張「絕聖棄智」、「無為而治」的政治觀點，和「忘情寡欲」的修身方式，哲學思想對後世產生了深遠的影響。

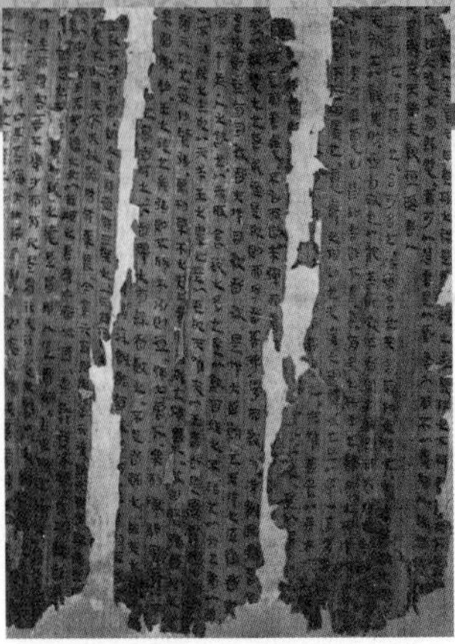

帛書《老子》　西漢

一九七三年湖南長沙馬王堆三號漢墓出土，對於研究秦漢時期漢字書法的發展、隸書字體的逐步成熟，有獨特的價值。

⊙哲學大師

老子是有極大智慧的古代哲學家，他深入觀察自然萬物變化的情狀，以及古往今來社會發展的關係與因果，廣泛和深刻發現事物的本質。

老子提出「道」是萬物的本源，先於天地而生，最終歸於靜止，無聲無形無味，「道可道，非常道；名可名，非常名」。他將「道」說成是「無」，「天下萬物生於有，有生於無」。老子認為「道」是混沌原始未分化的物質，有物、有象、有精，循環往復地運動。

老子的認識論基本屬於先驗論的範疇。他說「不出戶，知天下；不窺牖，見天道」，相反「其出彌遠，其知彌少」。所以他主張「塞其兌，閉其門」，完全與實際脫離，只要「致虛極，守靜篤」，就能獲得認識，並且「為學日益，為道日損」。

老子認為有無、難易、長短、美醜、剛柔、強弱、禍福、生死、智愚等都是互相依存的，「有無相生，難易相成，長短相較，高下相傾，聲音相和，前後相隨」。這些對比在條件成熟的情況下可以相互轉化，「禍兮福之所倚，福兮禍之所伏」。他認為「物極必反」，提出「反者道之動」

老子騎牛出關（雕塑）

的著名命題，這是對《易經》思想的繼承和發展。

但是作為沒落貴族的代表，老子學說的精神，不是解決衝突，向前推進，而是要阻止發展，保持原狀，甚至向後倒退。他消極地防止事物的充分發展，保持柔弱的地位，避免轉化到反面。「堅強者死之徒，柔弱者生之徒」，這就是老子以柔弱勝剛強的理論，也反映出他所代表階層日趨沒落和畏懼的心理。

⊙無為而治

老子主張「無為而治」和小國寡民的政治理想。認為「民之難治，以其上之有為」，因此要採取「無為」的策略來治理國民。具體內容包括：反對「法治」，反對「尚賢」，反對「禮治」，反對戰爭，反對徵稅。

春秋戰國時期社會動盪劇烈，人民迫切希望安靜休息，老子的「無為」、「清虛」和「靜止」思想，也反映出人民渴望和平的願望。

為達到「無為而治」，老子提出「小國寡民」的設想。他要「使民無知無欲」，「復歸於嬰兒」狀態，企圖回復到「小國寡民」的遠古時代。有器械不用，有舟車不乘，有甲兵不戰，廢除文字，結繩記事，「鄰國相望，雞犬之聲相聞，民至老死不相往來」。

歷史詞典

莊周與《莊子》

莊周，宋國蒙（今河南商丘縣東北）人，戰國時期著名的哲學家，也是道家思想的主要代表人物，與老子並稱「老莊」。莊子鄙夷權貴，崇尚自由自在的鄉間生活，他以旁觀者的身分觀察當時社會的各種現象，以其深刻的洞察力和複雜的人生體驗為基礎，藉汪洋恣肆的文風表達他的思想。

莊子學識淵博，思維敏捷，想像豐富。他與當時的學者來往不多，其中惠施是他的辯友，《莊子》中記載二人河上辯魚之樂的故事。惠施死後，莊子甚覺惋惜，因為從此無人再能與他辯論。

對現實人生，莊子採取順生樂死、樂天安命的態度。莊子的性格特徵、思想旨趣與人生態度，對歷代知識分子有很深遠的影響。

莊子的著作收在《莊子》一書中，既是先秦時期著名的哲學著作，也是一部優秀的文學作品。明末清初的著名文學評論家金聖歎曾評點出了六部才子書，分別是《莊子》、《離騷》、《史記》、《杜詩》、《水滸傳》、《西廂記》，其中《莊子》列為第一才子書，可見其在文學史上的地位。

莊子的哲學思想對魏晉南北朝時期的玄學和般若學思潮產生影響，其哲學著作以〈逍遙遊〉為主，構成了道家的重要理論，〈逍遙遊〉也成為道家主要經典，影響深遠。

老子授經圖

老子後來被道教徒奉為教主，本圖繪出了老子在松樹下坐於榻上授經的場面。仙風道骨的老子，頗具「天尊」氣度。

儒學宗師孔子

●時間：西元前五五二～前四七九年
●人物：孔子

孔子創造的儒學是中國傳統文化的核心。孔子在中國文化史上享有崇高的地位，西漢開始，孔子學說適應統治者的需要，隨時調整變化，總是處於顯學獨尊的地位。孔子在世的時候，已有人尊奉為「聖人」，死後更為人所景仰，將其視為萬世師表。孔子是傳統社會集大成的「聖人」，是中國古代文化的偉大代表。

⊙早年孔子

孔子（前五五二～前四七九年），名丘，字仲尼，魯國人，周靈王二十一年生於魯國昌平鄉陬邑（今山東曲阜東南），父叔梁紇。孔子三歲時，父親病逝，母親帶回娘家，遷居闕里。

孔子十六七歲，母親去世，他受到當地貴族社會的排擠。困苦的境遇激勵孔子奮發向上，一面謀生，一面刻苦自學，困知勉行，不恥下問，謙恭知禮，處世深沉。於是，在社會上，包括在貴族中間，迅速獲得了聲譽。

二十歲以後，曾經當過季氏的「季吏」，負責管理倉庫，又當過「乘田」，負責管理牛羊，都做的不錯。

⊙三月不知肉味

周敬王三年（前五一七年），孔子赴齊國，成為大夫高昭子的家臣，並參見齊景公。孔子與齊太師談論樂，學《韶樂》，欣賞音樂後，三月不知肉味。

齊景公向孔子詢問政道，孔子回答說：「君君，臣臣，父父，子子。」景公稱善。後來，景公又問同一問題，孔子說「政在節財」，景公大悅。

孔子的出現是時代的象徵，他將以同族結合為基礎的禮樂，轉換為較具普遍社會性的禮樂——社會制度，進而提出「仁」，作為禮樂實現之目標。「仁」一方面是指個人的人格，另一方面則指人際關係。個人人格沒有貧富貴賤之別，人際關係以彼此承認對方的人格為關鍵。要實現「仁」，必須靠教育和教養，而禮樂則是實現「仁」的手段，因此要從禮樂的學習與研究著手。

孔子以身作則，從事教育工作，所收學生不限資格，可謂「有教無類」，其精神是可敬佩的。

春秋戰國時代，中國的音樂發展到了一個高峰，孔子「聞韶不知肉

孔子像

延伸知識

詩經裡的世界

中國最早的詩歌總集《詩經》，共收入自西周初年至春秋中葉大約五百多年的詩歌三百零五篇。

《詩經》按所配樂曲的性質，可分成風、雅、頌三類。「風」包括周南、召南、邶、衛、王、鄭、齊、魏、唐、秦等十五國風，多是黃河流域的民歌，共一百六十篇。「雅」基本上是貴族的作品，包括小雅和大雅，共一百零五篇。「頌」是宮廷用於宗廟祭祀的樂歌，包括「周頌」、「魯頌」、「商頌」，有詩四十篇。

總體說來，這些作品產生於黃河流域（僅有少數產生於漢水流域）。其中既有宮廷、官府的創作，也有經官方音樂機構收集整理的民間創作。

《詩經》是周初至春秋中葉社會生活面貌的形象描繪，其中有先祖創業的頌歌，祭祀鬼神的樂章，也有貴族間宴飲交往的紀錄，更有反映工作、打獵、戀愛、婚姻和社會習俗方面的動人篇章。

《詩經》是中國詩史輝煌的起點，以抒情詩為主流。與《詩經》約略同時代的古希臘荷馬史詩，則完全是敘事詩。正如荷馬史詩奠定西方文學以敘事傳統為主的發展方向，《詩經》也開啓了中國文學以抒情傳統為主的發展方向。

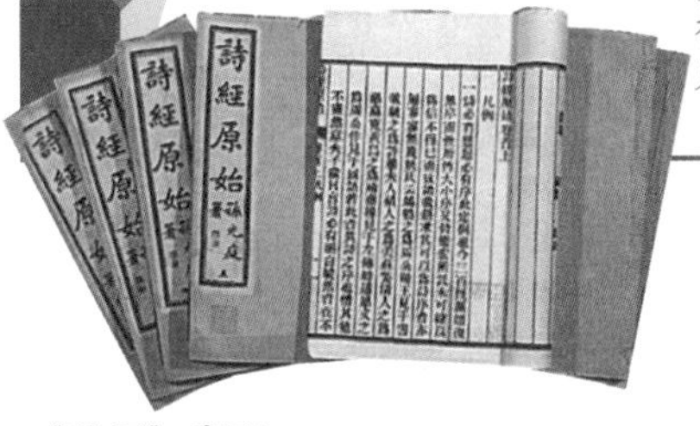

《詩經》書影

《詩經》所反映的時代上自西周，下迄春秋中葉；所包含的地域，以黃河流域為主。

味」的故事，表達了當時音樂藝術和音樂欣賞的水準，文人和士大夫把音樂修養作為教養的一部分。孔子由此又引申出禮樂精神，成為戰國儒家的一個核心觀念。

⊙孔子仕魯，周遊列國

魯定公八年（前五〇二年），季氏家臣公山不狃在費（今山東費縣西北）反叛季氏，派人召孔子，孔子準備應召，然而弟子子路勸阻了孔子。

不久之後，聲名遠播的孔子終被魯定公所用，先任孔子為中都主管，為時不過一年，政績顯著，四方效仿，孔子遂升遷為司空，後又升為大司寇。

孔子前半生用心於政治，力圖復禮，在魯國任官的一段時間，曾全力施展抱負和才能，著力於司法和教育，雖然效果不大，但也顯示了他的政治能力。

後來因與魯國君臣意見不合，孔子於五十五歲時離開魯國，開始了周遊列國的階段。孔子周遊了十四年，先後到了衛、陳、曹、宋、鄭、蔡六個諸侯國，始終沒有找到一個可以推行「仁政德治」主張的理想國君。

孔子不仕退修詩書圖

⊙孔子歸魯，開始著述

魯哀公十一年（前四八四年），孔子應魯大夫季康之召，返回魯國。孔子雖滿懷改良時政、復興周禮的政治抱負，然而終不獲任用。孔子初歸魯時，魯哀公、季康曾先後問政於孔子，但終究沒有重新起用他。

孔子眼見政治理想無以施展，於是轉而致力於講學與著述，以求得理想、思想、學識流播於後世。孔子有感於當時周室衰微，禮樂皆廢，說「為國以禮」，又說「不學禮，無以立」。「禮」指周禮，包括宗法世襲制度、道德標準和儀節。孔子又強調「禮」必須以「仁」的思想感情為基礎，「仁」與「禮」相輔相成。

孔子又相當重視「樂」的陶冶情感作用，樂指音樂，因「詩」為歌詞，合而言之，「樂」也包含詩。孔子主張「禮」以修外，「樂」以修內。以為「移風易俗，莫善於樂；安上治民，莫善於禮」（《孝經．廣要道》）。

從西周至春秋中期，傳下古詩三千篇，孔子去其重複，取可施於禮義者，刪定為三百零五篇，並分為「風」、「雅」、「頌」三類，即流傳下來的《詩經》。孔子說「詩」的作用有四：激發道德情感，觀察風俗盛衰，增進相互情誼，批評政治得失。

與此同時，孔子開辦私學，弟子先後達三千餘人，其中精通六藝的就有七十餘人。

孔子見老子
畫像磚　漢

⊙孔子逝世

周敬王四十一年（前四七九年）四月十一日，孔子逝世，享年七十三歲。魯哀公作誄文悼念孔子，開後世誄文之先河。

孔子的門徒服喪三年，而子貢則在孔子墓塚旁建房而居，六年之後才離去。因為孔子弟子及魯國人在孔子墓附近聚居，所以墓地一帶就叫孔里。

孔子晚年自稱「不怨天，不尤人，下學而上達」，閉門治學，潛心研究禮義。他與弟子整理古籍，評論時事人物。傳說他作《書傳》、《禮傳》，為《易》，作〈彖辭〉、〈象辭〉、〈繫辭〉、〈序卦〉、〈說卦〉、〈雜卦〉、〈文言〉，人稱《十翼》。刪減《詩》三千多篇為三百零五篇。整理《春秋》，使文辭簡約而內寓褒貶。正樂，成六藝以備王道。

孔子的主張雖然不被當時的君主所採用，影響卻很深遠。孔子是中國傳統文化的巨人，正是他揭開了中國系統思想的序幕。他以道德作為政治、行為的規範，從個人角度規範了仁、義、忠、信，完善了春秋道德思想，他的大同精神、日新精神和存而不問但求進取的精神，成為了戰國文明的主導精神。

曲阜孔府

孔府的廳堂裡還保持著傳統的擺設，古色古香，富有古典文化氣息。

⊙仁政為先

孔子的學說就是士階層思想的結晶。孔子生活的時代正值公室卑弱，宗族制度逐漸瓦解，社會正醞釀著巨變。當時「士」處在社會的中間，是統治階層的最下層。但士階層是軍事上的作戰主力，政治上的下級官吏，文化上的知識群體，經濟上也擁有私有田宅產業。應當說士的社會作用非常重要，但地位不高，必須依附把持國政的世卿貴族。當「士」想求仕聞達時，便表現出迎合上層貴族的保守思想，而窮困不得志的情況，就表現出同情庶民的觀念。

孔子政治主張的主要內容是「禮樂」，「道之以德，齊之以禮」是孔子最高的政治思想。「德」指仁義，「禮」指統治階層規定的秩序。「樂」是從感情上求得人與人相互間的妥協中和。「禮」用以辨異，分別貴賤的等級；「樂」用以求同，緩和上下的問題。禮樂的基礎是「仁」，「仁」是孔子倫理思想的核心。「仁者愛人」、「克己復禮為仁」就是他給「仁」所下的兩個最主要的定義。

孔子主張仁政，反對橫徵暴斂，認為「苛政猛於虎」。《論語．先進》載，弟子冉求替季氏聚斂，孔子憤怒，將其逐出師門。他主張舉賢才，慎刑罰，薄賦斂，重教化，認為「天下有道，則禮樂征伐自天子出；天下無道，則禮樂征伐自諸侯出」，「天下有道，則政不在大夫；天下有道，則庶人不議」。這裡已經反映出孔子的思想，呈現當時社會要求消滅混亂局面，形成有序社會思想。可是他的思想並不符合春秋末期的實際狀況。但是後來統一政權出現後，這種思想頗能迎合統治者的心理，所以受到後世的極力提倡。從西漢「罷黜百家，獨尊儒術」開始，各個王朝都積極利用孔子的這種思想，維護現行政權的穩固。

私學興起

春秋戰國時期，社會的大動盪引起文化學術領域的創新。原先藏在官學中的典籍散落民間，掌握知識的新士人階層興起，種種因素，造成學術的下移。在這個新舊交替的時代，對中華民族以後的文化發展軌跡產生重大影響的一批思想巨人先後出現。

西周教育

西周是中國歷史上早期社會的鼎盛時期，在教育方面，建立起中國最早的官學制度。當時的學校由國家興辦，西周王室和諸侯各國在京畿和諸侯國都設立的學校稱為國學，設在郊區鄉里的叫做鄉學。

國學是貴族學校，又分為小學和大學兩級。小學是初等學校，國學學生念完小學，可升入大學進一步深造。一旦完成大學學業，經過官方考覈，成績優秀者可以擔任國家高級官吏。

與國學相比，鄉學則地位相對低下，它是招收郊區國人子弟入學的平民學校，只相當於國學的小學程度。學生完成學業後，經過層層篩選，只有少數成績特別優異者可進入大學，一般成績優秀的，可出任地方政府的官員。至於比較偏遠地區的居民——「野人」，是沒有機會接受教育的。

國學中講授的內容由官方規定，主要是六藝。小學階段學習書、數等課程，大學學習禮、樂、射、御等課程。

國學中沒有專職教師，老師由有學識的國家官員兼任。由於西周實行世襲官制，學官由官員兼任，所以也是世代相襲的。

西周時期，天子控制著教育大權，也壟斷學術。京畿不但是全國最

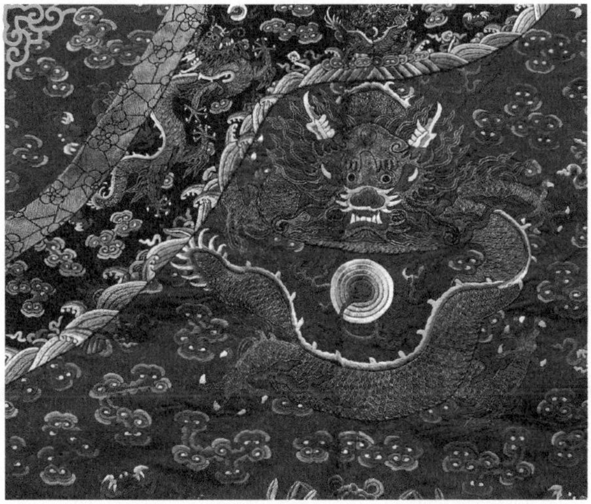

高學府所在地，也是全國文化教育中心，集中了大量的圖書典籍和人才。

進入東周時代，王室衰微，失去了政治上的權威，直接控制的領地很小，地方諸侯不再依照制度經常性向中央納貢，王室財力枯竭，學校維持困難，再加上王室內部爭奪權力，造成學員四下離散。因此，官學賴以生存的政治經濟基礎日漸瓦解。

隨著政治、經濟權力的下移，學術也隨之下移。從周室逃離到諸侯國的官員，在出走的同時也帶走了自身掌握的文化學術。昔日由政府掌握的學術，逐漸向民間傳播，從前的官府之學也成為春秋戰國諸子百家學說的淵源。

私學興起

春秋末期，諸侯國之間的競爭更趨激烈，各國為了謀求霸權或求得生存，招納賢才不遺餘力。在舊官學體制瓦解，而諸侯國又忙於攻戰無暇顧及教育的時候，對一種能夠承擔起培養人才的新教育模式的急切需求產生了，私學由此應運而生。

所謂私學，是個人進行的辦學活動，與官學相對，完全從國家機構中獨立出來，擺脫了政教合一、官教合一的體制。私學是一種相當自由的辦學方式。各國對私學沒有甚麼條款的限制，甚至講授的內容也不干預。

私學的創立者中，多是當世聲望高隆的學術大師，是獨立的自由職業者，官府不負擔薪水和日常教學開支。教師根據學識和見解安排課程，例如儒者講解六經，宣揚仁義之學，陰陽家講授天文曆象，而法家則傳播刑名之術等等。

當然，為了維持教學活動的進行，學生就學時要交納學費，同時負擔自己的開銷。學生選擇老師也完全依照個人意願，如果對老師傳授的課程不感興趣，或者認為老師水準不

高，都可以自行離去，轉投他門。

在私學中，師生之間不再是西周官學中的上下級關係，轉為學業上的師徒關係，師生之間的情感也是從學業上建立起來的。老師對學生言傳身教，關心學習和進步，而學生接受老師學業教導，尊重老師。

私學的老師往往也是抱有政治理想的十人，他們聚徒講學，宣揚學說，私學也因此成為各家學派的論壇和基地。這些思想家兼教授，為了使自己的學術能在現實政治中實現，游說於諸侯國之間，所以他們講學也沒有固定的時間和場所，叫做「游學」。這樣一方面可以招收更多的學生，另一方面也可以擴大學說的影響力。一般來說，某家學派的理論越具特色，社會聲望越大，吸引的學生也越多。

游學是私學的一個特點，也是一個獨特功能。游學活動的展開，活躍了學術空氣，擴大了學術影響，拓寬了弟子的視野，在一定程度上並促進了學術交流。例如墨子本是魯國人，曾經游學到宋國，還做了官。

孔子創辦私學

春秋戰國時期各家各派的私學林立，一般認為孔子是創辦私學的第一人，現在看來，孔子辦的私學，無論從形式到內容，都已經相當成熟，應該是吸收了前人開辦私學的經驗。據零散的古籍記載，孔子之前或同時期，已經有私學的存在。例如周室的老聃，楚國的老萊子，都曾經授徒講學。

由於關於孔子辦學的歷史記載最多，同時孔子辦學的成績也最卓著，培養的人才也最多，把私學提高到了一個新境界，所以我們還是尊孔子為先師，推他為私學的首創者。

孔子作為儒學的創立者，同時也是一位著名的教育家。他在魯國三次辦學，又曾經兩度外出游說諸國，這期間也招收了很多學徒。他一生潦倒，學說不被接受，但是培養了大批衣缽繼承者。孔子第一次公然提出了「有教無類」的教學原則，學生若虔誠求教，只需「自行束脩以上」（就是繳交學費），不論他的出身、性格、志趣。

孔子招收的學生，沒有年齡、貧富的限制。從年齡上說，弟子老少參差不齊，其中顏元繇只比孔子小六歲，較年輕的公孫龍則差孔子五十三歲。

學生貧富差別也很大，孔子最喜愛的學生顏回，吃喝是「一簞食，一瓢飲」，住在「陋巷」，人不堪其苦。而另一個著名弟子端木賜（子貢），出生在春秋時期的著名富商家庭。

在社會地位上，孔門弟子也是貴賤有別。例如公冶長，曾經因犯罪判刑入獄，顏涿聚曾是一位大盜，而孟懿子、南宮敬叔則是貴族子弟。

孔子授徒也不受地域的限制，門

人很多來自諸夏之外的蠻夷之邦，而孔子也多次希望到開化未足的東夷，去施行禮義教化。

孔子「有教無類」的主張，開展了中國古代從未曾有的普及教育觀念，對中國兩千多年的教育觀念產生了深遠影響。

孔子以淵博的學識和高尚的人格贏得了學生的愛戴。死後，弟子悲痛之極，守墓三年方才各自散去，而學生子貢緬懷老師未已，在墓旁結廬又生活了三年。孔門弟子對於孔子的感情，代表著春秋戰國時期學生對私學老師的普遍尊崇。

到了戰國時期，隨著社會局勢的巨變，和民間學術文化的發展，又有許多哲人、學者投入教育行列之中，以一家之言立教。其中最突出的有墨子、孟子、荀子等人，他們以所學傳習天下，私學門戶紛呈而又不拘於私見，與百家爭鳴的學術文化繁榮局面珠聯璧合，相映生輝。

中國社會科學院考古研究所 ■殷瑋璋教授

西元前四七五～前二二一年

戰國

戰國時代的形勢是：楚在南，趙在北，燕在東北，齊在東，秦在西，韓、魏在中間。這七個大國中，沿著黃河流域從西到東的三個大國——秦、魏、齊，在前期具有左右局勢的力量。

從魏文侯起至西元前四世紀中葉，是魏國獨霸中原的時期。魏的強大，引起韓、趙、秦的疑慮，之間摩擦不斷。

周顯王十五年（前三五四年），趙國攻衛，魏視衛為屬國，於是出兵攻打趙都邯鄲。趙向齊求援，齊派田忌救趙，用孫臏之計，襲擊魏都大梁。魏軍雖已攻下邯鄲，不得不撤軍回救本國，在桂陵被齊軍打敗。次年，魏、韓聯合，又打敗齊軍。

周顯王二十七年（前三四二年）魏攻韓，韓向齊求救，齊仍派田忌為將，孫臏為軍師，設計將魏軍誘入馬陵埋伏圈，齊軍萬箭齊發，魏國大將龐涓自殺，魏太子申被俘。這就是著名的馬陵之戰。由此造成了齊、魏在東方的均勢。

秦國自商鞅變法後，一躍成為七國中實力最強的國家，於是向東擴展勢力。先是打敗了三晉，割取魏在河西的全部土地，之後又向西、南、北擴充疆土。到西元前四世紀末，其疆土之大與楚國接近。

在秦與三晉爭鬥之時，齊國在東方發展勢力。周慎靚王六年（前三一五年），齊國利用燕王噲將王位「禪讓」給相國子之而引起的內亂，一度攻下燕國。後因燕人強烈反對，齊軍才從燕國撤出。當時能與秦國抗爭的唯有齊國，焦點則集中在爭取楚國。

楚國的改革不徹底，國力不強，但幅員廣大，人口眾多。楚結齊抗秦，使秦國的發展大受影響。於是秦派張儀入楚，勸楚絕齊從秦，許以商於之地六百里為代價。楚懷王貪圖利益，遂與齊國破裂。當楚國索取土地時，秦國拒不交付。楚懷王興兵伐秦，大敗而回。

楚國勢孤力弱，秦便東向進圖中原。先與韓、魏爭鬥，後與齊國爭鬥。周赧王二十九年（前二八六年），齊滅宋，各國感到不安。秦國便

約韓、趙、魏、燕國攻齊，大敗齊軍。燕國以樂毅為將，趁勢攻下齊都臨淄，攻占七十餘城。齊王逃至國外，為楚所殺。齊國的強國地位從此不再。由此，秦國開始了東向發展。

西元前二四六年，秦王政（即後來的秦始皇帝）即位。任用尉繚、李斯等人，用金錢收買六國權臣，打亂六國的部署，連年發兵東征。經過多年的爭戰，秦王十七年（前二三〇年）秦國滅韓，至二十六年（前二二一年）滅齊，東方六國先後為秦吞併。從此，中國歷史上第一個統一的、多民族的、專制主義的中央集權王朝誕生。

秦的統一是春秋以來社會發展的必然趨勢。比起西周，東周在春秋、戰國時期的生產力又有新的發展，採礦、冶煉、鑄造業中出現了許多新工藝，如豎井中採用垛盤支護，使採掘深處的銅礦成為可能；硫化礦冶煉技術的出現，拓寬了銅礦資源的利用；焊接、嵌錯、鎏金和失蠟法鑄造工藝等，使中國的青銅時代進入又一個繁榮期。

鐵器的出現，特別是戰國中葉以後鐵工具在農業和手工行業中逐漸普及，大力推動了社會生產的發展。社會分工更細，各行各業的興盛，促進了商品的生產和流通，使商業活動空前活躍。新興地主及相應生產關係的出現，對舊有生產方式是個沉重打擊。這是生產力的一次變革。

可是分封制導致割據與混戰，讓社會經濟產生巨大的損失，造成人員的大量傷亡。各國之間設關立禁，也不利於社會生產的發展和文化的交流。因此，為了促使社會更快速發展和進步，農民、工商業者和新興地主都盼望政治安定。雖然長時間戰爭的困境，人民付出了巨大的代價，但畢竟換來了歷史的進步，使一種新的制度得以確立。

秦始皇統一六國，在古代史上是一件大事，對中國歷史的發展具有重大的意義。秦始皇廢除了古代的封國建藩制度，推行郡縣制，從中央到地方建立層層控制的統治體系，並採取書同文、車同軌、統一度量衡等措施，對中國的傳統社會產生了極為深遠的影響。秦的統一，為中國歷史翻開了新的一頁。

三家分晉

●時間：西元前三七六年
●人物：趙襄子　智伯

戰國初期，晉室衰微，晉的卿大夫韓、趙、魏三家作為新興勢力，瓜分晉國，最終取晉而代之，成為諸侯，晉國滅亡。

⊙六卿霸晉國

晉獻公時，晉國公族內部嫡系與旁支之間就展開了激烈的爭鬥，晉獻公曾大批屠殺公族內的公子，規定以後晉國不許立公子、公孫為貴族，公子、公孫只好離晉到其他國家做官，這就是所謂的「晉無公族」。由於排斥公族，導致了異姓或國姓中較遠的卿大夫得勢，逐漸掌握政權。

春秋中期以後，十餘個卿大夫家族控制了晉國的政局。不斷進行爭鬥兼併，到了春秋晚期，只剩下韓、魏、趙、范、智、中行六家最大的宗族，稱為六卿。

周靈王二十二年（前五五〇年），六卿以范氏為首，聯合攻擊當權的大夫欒盈，將欒盈趕出晉國。欒盈逃到了齊國，齊國又私下把欒盈送回晉國的曲沃。欒盈在曲沃暗中聯合舊貴族的勢力，發兵進攻晉國的國都。

范氏發布命令：自晉文公以來，為國家作戰立功而沒有得到官職的人，其子孫可以做官。大大提高了士氣，很快就把欒盈打敗了。

這次勝利，晉國原先不多的公族都消滅了，當權的舊貴族降為奴隸或平民。晉國的政權完全受六卿掌控。

⊙六卿改革

六卿一方面與舊貴族爭奪權力，另一方面內部也進行了激烈的爭鬥，互相兼併，戰爭不斷。為了取勝，六卿全都實行了一些有利於生產、籠絡民心的改革。相比之下，范氏、中行氏的改革較不徹底。而趙氏在趙襄子的帶領下，爭取民眾，減少農民負擔，獎勵軍功，釋放有功奴隸，任人唯賢。

六卿所控制的地域逐漸成為晉國的國中之國，有獨立的政治體系。六卿之間發生了多次戰爭，互相爭奪屬地。這一時期，范氏和中行氏在爭鬥中被消滅了，土地也被另外四家瓜分，智、韓、趙、魏四家成為晉國最強大的勢力。四家的當權者分別為智伯瑤、趙襄子毋卹、韓康子虎、魏桓子駒。智伯勢力最大，晉國的政事都由智伯決斷。

⊙智伯慘敗

智伯野心大，想吞併全晉，但是沒有足夠的力量消滅其他三家。智伯就借晉君的名義，讓其他三家各出一百里土地和戶口給晉君，協助晉君攻打越國，實際上智伯是想乘機占據其他三家的土地。韓和魏答應了，但是趙襄子斷然拒絕。智伯就聯合韓、魏出兵攻打趙，答應事成之後，趙的土地和戶口由三家平分。

延伸知識

戰國七雄

司馬遷在《史記．六國年表》中把周元王元年（前四七五年）作為戰國時期的開始。當時大國主要有秦、齊、楚、燕、韓、趙、魏七國，這就是歷史上的戰國七雄。

這七大強國各有特點，秦國地處西陲，秦人樸實、堅強，自商鞅變法之後，秦人力耕好武，國力漸強，秦在對外戰爭中屢屢取得勝利，最後統一中國。

楚國地處南方，到春秋晚期，勢力伸向西南巴蜀和東南吳越，足足占領了半個中國，經濟文化已趕上中原。可惜由於楚王大多昏庸，楚國逐漸走向衰落。

齊國地處海濱，文化比較開放，與秦、楚並為超級大國。魏國幅員包括今山西的西南、陝西東部，及山東的東南、黃河以南部分土地。魏文侯、武侯推行改革，國力強盛，惠王時走向衰落。韓國地處山西東南和河南中部及山西南部，國力一直比較弱小。趙國在韓、魏的西北，與林胡等部落接壤。趙武靈王推行改革，國力強大，成為戰國晚期足以與秦對抗的國家。燕國地在河北一帶，是七國中實力最弱的國家。

周貞定王十四年（前四五五年），韓軍從右路，魏軍為左路，智伯率中路軍，包圍了趙地。趙襄子看見敵人眾多，只好撤退到根據地晉陽（今山西太原）堅守。晉陽是趙家經營多年的地方，城垣堅固，倉廩充實，百姓擁護，雙方在晉陽僵持了三年之久。

到了第三年，智伯居然引晉水淹晉陽，晉陽城內人心惶惶，形勢危急。趙襄子派相國張孟連夜出城，游說韓、魏，陳述唇亡齒寒的道理，趙一旦被消滅，智伯的下一個目標就是韓、魏了。

韓、魏本來就懾於智伯的威脅，現在趙將要攻下，自己的末日也快到了，為了自身利益，決定背叛智伯，與趙軍聯合，引水反攻智伯，把智伯的軍營淹了。智伯被趙襄子活捉，韓、趙、魏三家平分了智伯的土地和人口。

周考王三年（前四三八年），晉幽公即位，反而得向韓、趙、魏三家行朝拜之禮，晉公室只保有宗廟所在地曲沃，完全成了三家的附庸，晉國名存實亡。

周威烈王二十三年（前四〇三年），周威烈王正式冊封韓、趙、魏為諸侯。

周安王二十六年（前三七六年），韓、趙、魏廢除晉國的最後國君——晉靜公，最終完成三家分晉的歷程。

三家分晉，是以新舊勢力交替為表現形式的晉國社會變革的結果，是中國古代歷史從春秋時代進入戰國時代的標誌。

戰國時期形勢圖

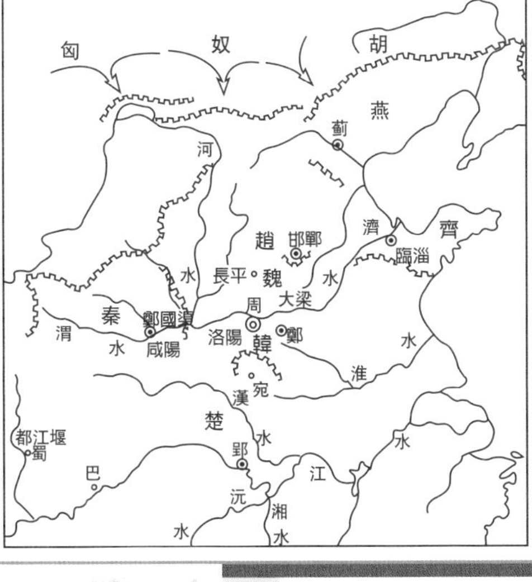

最堅韌的刺客

●時間：戰國初期
●人物：豫讓　趙襄子

豫讓為了報答智伯的知遇之恩，屢次行刺趙襄子，甚至不惜毀損自身，製造機會。雖然最終沒能成功，卻贏得了仇人的尊重。

⊙漆身吞炭

晉國的智伯被趙襄子殺了之後，智伯的門客大多散了，但其中卻有一個名叫豫讓的人，格外忠心，決心刺殺趙襄子，替主公報仇。

第一次，豫讓穿上囚徒的衣服，懷揣匕首，裝作僕役，藏進趙襄子的廁所。趙襄子入廁時，忽覺不對，命人搜查，把豫讓抓住了。

趙襄子問：「你懷揣匕首，是要刺殺我嗎？你到底是誰？」豫讓回答說：「我是智伯的門客，要為智伯報仇。」

趙襄子的手下要殺豫讓，趙襄子說：「能為主人報仇，也是忠義之士，放了他吧！」於是釋放豫讓。

豫讓回到家中，整天想著為智伯報仇，但總想不出好的辦法。想再回晉陽，又怕被人認出，於是豫讓刮去眉毛和鬍子，用漆往身上點了許多點兒，就好像長了癩瘡一樣，拿個破碗在街頭乞討。

豫讓的妻子來尋找他，突然聽到酷似豫讓的聲音，循著聲音看去，說：「聲音像是我丈夫，但人不是。」於是就離開了。

豫讓知道聲音無法改變，於是吞炭，讓嗓子變啞了，仍在街頭乞討。

⊙復仇之心，矢志不移

豫讓的朋友知道他是具有韌性的人，見到乞丐，暗自懷疑，低聲喊了豫讓的名字，果然正確。

於是朋友請豫讓回到家中，好酒好菜款待豫讓。席間，朋友對豫讓說：「你報仇的決心值得敬佩，但報仇的方法不對。以你的才能，若假意投奔趙襄子，必然得到重用。這個時候乘機行事，唾手可得。何苦改變相貌裝成乞丐呢？」

豫讓對朋友說：「感謝你的好意。如果我做了趙襄子的家臣，卻又行刺他，不是君子所為。今日我漆身吞炭為智伯報仇，正是想讓心懷貳心的臣子知道，內心感到慚愧。我要告辭了，以後請別來找我。」

隨後豫讓奔向晉陽城而去，像往常在街頭乞討。

聯禁龍紋壺　戰國

湖北隨州出土。兩壺並列座上，壺口及腹部加飾細密蟠螭紋。兩耳呈伏龍形，座下有四獸形足。

⊙失敗被俘

一日，趙襄子驅車視察一座剛修建的橋。豫讓知道趙襄子將來，便懷藏利刃，詐死伏在橋下。當馬車到了橋頭，馬突然長嘯不止，再也不肯往前走。車夫連抽幾鞭，就是不走。

張孟談說：「我聽說良馬不陷害主人，今日馬不肯過橋，想必刺客埋伏，應該檢查清楚。」

於是趙襄子下車，命左右搜查。一會兒，回報道：「橋下並無奸細，只有一個死人。」趙襄子說：「剛修建橋，怎麼會有死人呢？一定是豫讓。」於是命令把人抓來。趙襄子一看，雖然模樣不同，但還是能認出豫讓的身分。

⊙刺袍遺恨

趙襄子大罵道：「我先前已放過你，今天又來行刺，可是上天保佑我，這次一定要殺了你！」命左右把豫讓斬了。

豫讓呼天搶地，淚與血一起流下來。左右喝道：「你怕死了嗎？」豫讓說：「我豈是怕死之輩，只是痛恨就這樣死了，再也沒有報仇的人了。」

趙襄子聽到他的話，又問：「你本是侍奉范氏的，但范氏被智伯殺死，你忍辱偷生服侍智伯，卻不為范氏報仇，為甚麼？」

豫讓說：「這要看君臣之間的情誼了。如君待臣如同對待手足，臣對待君如同對待腹心；如君對待臣如犬馬一樣，那麼臣也不把君當人看。我服侍范氏，只以一般人對待我，我當以一般人回報，但智伯以國士待我，我當然以國士對待他。怎麼可以相比呢？」

趙襄子說：「你的心如鐵石一般，我再也不會饒恕你了。」當即解下佩劍讓豫讓自盡。

豫讓說：「我聽說忠臣不怕死，英明的主人不掩蓋他的仁義。承蒙您曾經饒恕我，對我已經足夠了。今日我怎麼能指望再活呢？但刺殺您兩次都不成功，請您脫下袍子，讓我用劍砍之，就算我報仇了，我死也瞑目。」

趙襄子敬佩他的志氣，於是脫下袍子遞給豫讓。豫讓提劍在手，怒視袍子，就像面對趙襄子，狠狠砍了三劍，說：「我今天終於可以報答九泉之下的智伯了。」隨後自刎而死。

趙襄子見豫讓自刎，心裡也很悲傷，厚葬了他。從此，豫讓忠心報主的美名也遠遠傳播各地。

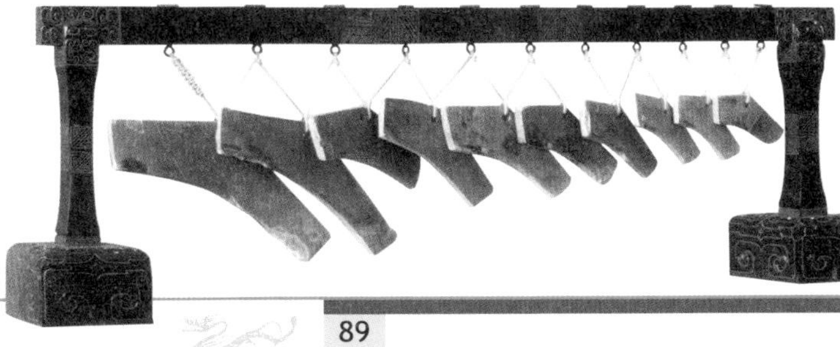

編磬　戰國

編磬是成組懸掛在磬架上按譜敲擊的成套樂器。編磬出土於魏國墓，從該組編磬可看出墓主人地位崇高。

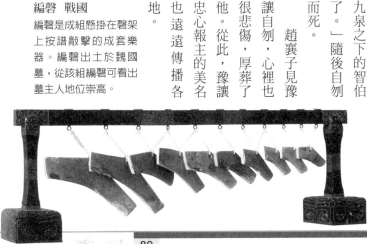

西門豹治鄴

●時間：戰國初期
●人物：西門豹

生活在西門豹做官的地區，是巫師的不幸，卻是魏國百姓的福氣，無論是洶湧的洪水，還是卑鄙的巫師，西門豹都能有效治理。

⊙西門豹上任

戰國初年，魏國的鄴城（今河北臨漳）是一座重鎮，但卻長年治理不當，令國君魏文侯非常煩惱。大臣翟璜向國君推薦了西門豹，文侯聽取翟璜的意見，任命西門豹為鄴令。

西門豹來到鄴城後，一不拜訪地方三老、廷掾（一種管理地方文書和鄉事的小吏）、里長、豪戶，二不接受賄賂，三不禱告河伯尊神。隨時喬裝改扮，暗查私訪。

經過瞭解，西門豹知鄴城有兩大禍害：一是巫師利用神權，愚弄百姓，為害最大的是為河伯娶婦，不知枉死多少民女。二是漳河沿岸十年九淹，致使鄴城田園荒蕪，民不聊生。

⊙河伯娶親

由於漳河年久失修，每年雨季氾濫成災。當地的三老、廷掾與巫師狼狽為奸，謊稱漳河氾濫是「河伯顯神」，只要每年挑選美女送給河伯為妻，就可免除水患，他們則藉此橫加分派，從中取財。

鄴城的百姓指出：「鄴地的三老、廷掾，每年向百姓徵收錢財，一年幾百萬錢，以其中二三十萬錢為河伯娶妻，餘下的錢和巫祝分享。每年此時，巫人走街串巷，搜尋民家女兒美好的，任意指為河伯之妻。選中的女孩要在河岸建造的齋宮住十幾天，然後，女孩坐在華美裝飾的嫁女床席上，投入河中。百姓家有女兒的，大多都攜女逃亡了，無力逃亡的，只好東躲西藏。巫人說，若不為河神娶妻，河神就會發怒，讓洪水淹死百姓。」

西門豹說：「河神娶妻時，煩請你們通知我，我也要為新娘子送行。」

⊙治巫有術

到了河神娶妻的日子，西門豹前去河邊參加盛會。三老、官屬、豪長、百姓都來與會，觀看的有二三千人。大巫是個老婦人，七十多歲，有十多個弟子，都穿著綢衣，站在身

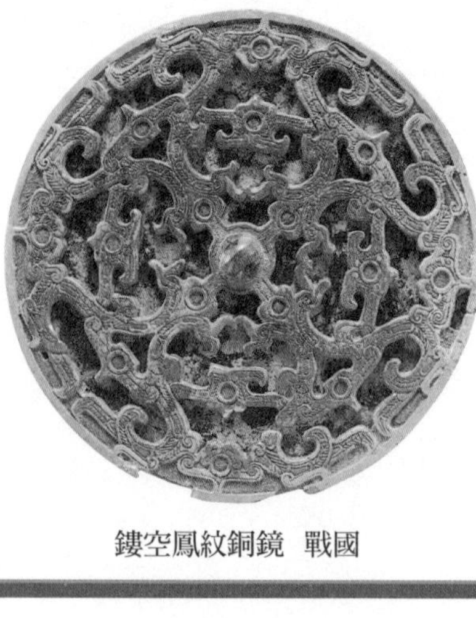

鏤空鳳紋銅鏡　戰國

後。

儀式開始，巫婆嘴裡念念有詞，從棚子裡送出女孩。西門豹突然說：「這個女孩不漂亮，煩請大巫婆前去告訴河伯，就說過幾天找個更漂亮的女子送去。」不等巫婆回答，西門豹就命吏卒抬起大巫婆投入河中。

過了一會兒，西門豹說：「巫婆怎麼去了這麼久，請弟子催促吧！」又令人把一名弟子投入河中。

又過了一會，西門豹說：「弟子怎麼也去了這樣久呀！再派人催促催促。」又把一名弟子投入河中。一連把三名弟子投入河中。西門豹說：「巫婆和弟子都是女的，不能把事情說清楚，現在請三老稟告河神。」又把三老投入河中。

西門豹畢恭畢敬，認真嚴肅對河水躬立良久。

此時旁觀者都緊張不安，西門豹看著廷掾、豪長說：「巫婆、三老不回來，下一步怎麼辦呢？」這些人嚇得跪下叩頭不止。

西門豹說：「廷掾起來吧，看樣子河神留客時間較長，你們先回去吧！」

從此以後，無人再提為河伯取妻的事了。

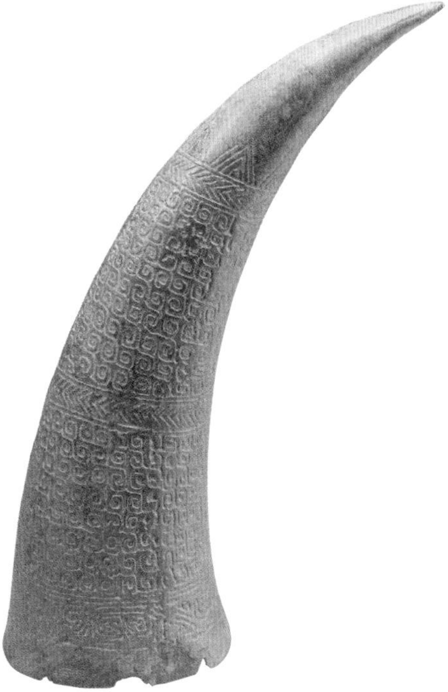

角形銅器　戰國

⊙西門豹治河

西門豹為使百姓早脫苦難，並在當地進行了大膽的改革。責罰奸商，穩定物價，進而嚴訓鄉紳，為百姓平冤昭雪。在民心安定之後，引導百姓在漳河之側築了十二條水渠，引漳水灌田。

引漳十二渠是以漳水為源的大型引水灌溉渠系，也是中國著名的水利工程。灌溉區在漳河以南（今河南省安陽北）。第一渠首在鄴西十八里，相延十二里內有攔河低溢流堰十二道，各堰都在上游右岸開引水口，設引水閘，共成十二渠道。灌溉區近十萬畝。漳水渾濁多泥沙，可以落淤肥田，提高產量，鄴地因此逐漸富庶。

西門豹死後，鄴地百姓在治水的地方興建了西門豹大夫廟，宋、明、清三朝並為西門豹樹立了碑碣。直到現在，河北臨漳地區還有一條渠道叫西門子渠。

魏文侯選相

●時間：戰國初期
●人物：魏文侯　李克　魏成

用人問題，從古代開始就是一件大事，現在也是大事，將來也不會改變。古人說：「選賢與能。」實際上是把「賢」排在了「能」的前面，這也可以讓現代人有所借鑑。

⊙魏文侯守約

晉哀公去世後，韓康子、魏桓子和趙襄子合謀，瓜分了晉國。魏桓子的孫子魏斯，就是後來的魏文侯，在三家中，他最為賢德，最能虛心下士，最想把國家治理好。

一天早朝，天氣寒冷，魏文侯就賞賜群臣飲酒驅寒，君臣飲酒交談，相聚甚歡。

突然，魏文侯問左右：「中午了嗎？」左右回道：「已到中午。」

魏文侯急命把酒席撤去，下令備車前往山野中。左右侍臣奇怪地問：「今天飲酒正樂，外面又下著大雨，國君打算到哪裡呢？」

魏文侯說：「我與人約定中午打獵，雖然我們正開心著，天氣也不好，但我不能不遵守約定呀！」眾人大受震撼。

自此以後，魏文侯令行禁止，沒人敢違抗命令了。

⊙君臣對話

魏文侯知道，想要國家強盛，不僅只有國君賢德，更必須有賢德的臣子輔佐，尤其是作為國君左右手的相國非常重要。

一天，魏文侯問謀士李克（又名悝）說：「先生曾經說過，家裡貧窮時就想找一個賢良的妻子，國家危亂的時候，國君就想找到一個賢德的相國。現在我國雖不危亂，但想讓國家富強，還是要找一個賢德的人輔佐我。現在身邊有魏成子和翟璜兩個能臣，您看兩人怎麼樣？」

李克回答說：「下屬不應該參與尊長的事，外人不應該過問不相干的事。臣子在朝外任職，不敢對朝中的事情妄加評論。」

魏文侯說：「先生就不要臨事推讓了！我想聽聽你的高見。」

李克說道：「國君肯定懂得，觀察人要注意平時日常生活中接觸的人，富貴時交往的朋友，顯赫時所推薦的人，窮困時所不做的事情，貧賤時所做的事情。僅此五條，就足以斷定一個人的品行了，又何必要直接指明呢！」

魏文侯高興說：「你說的我都懂了，先生請回府吧！我的國相已經選定了。」

⊙李克答翟璜

李克出宮後來到翟璜家。翟璜問：「聽說今天國君召您徵求宰相人選，到底定了誰呢？」李克說：「是魏成子。」

翟璜立刻變了臉色，不服氣說：「西河守令吳起，是我推薦的；國君擔心內地的鄴縣，我推薦西門豹；國君想征伐中山國，我推薦樂羊；中山國攻克之後，沒有人鎮守，我推薦了先生您；國君的公子沒有老師，我推薦了屈侯鮒。就憑這些，我何處比魏成子差！」

李克說：「你把我引薦給國君，難道是為了謀求高官嗎？剛才國君說想在你和魏成子間選一個任作宰相，想聽聽我意見。我就說要從五個方面觀察。我所以推斷國君會選中魏成子為相，是因為魏成子享有千鍾的俸祿，十分之九都用在外面，只有十分之一留作家用，所以得到卜子夏、田子方、段干木這三個賢德的人。這三個人，國君都拜為老師，而你所舉薦的五個人，國君都任用為臣屬。這樣看來，你就無法和魏成子比擬了。」

翟璜聽罷徘徊不前，一再行禮說：「我翟璜是個粗人，我願終身做您的弟子！」

後來，魏文侯果然如李克猜想，任用魏成子為相。魏文侯經過自己的觀察和判斷，最終找對了賢德的人來輔佐。

彩繪透雕漆座屏　戰國

屏面橫長方形，木質透雕，表面髹漆。屏面居中是一組相對的鳳鳥，左右兩側各有一組對鹿，雙鹿間在蟠曲纏繞的長蛇上有一隻展翅下窺的鳥，最外側各是一隻面朝外的鳳鳥。

白圭經商

●時間：西元前三七〇～前三〇〇年
●人物：白圭

兩千多年前的春秋戰國時代，在經濟領域中有幾個人物值得稱道：一個是管仲，一個是范蠡，還有一個就是白圭。白圭的經商思想，即使在現在看來也是令人歎服的，算得上戰國時代最先進的商業理論。

白圭（前三七〇～前三〇〇年），名丹，曾在魏國做官，後來又曾到過齊國、秦國。《漢書》中說他是經營貿易的理論鼻祖，稱為「天下言治生者祖」。白圭也是一位著名的經濟謀略家和理財家。

⊙「人棄我取，人取我與」

白圭和范蠡一樣，都認為農業的豐收和天時有關，認為十二年為一個週期。開始的第一年是大豐收年，此後兩年是衰退期，第四年乾旱，再兩年是小豐收，第七年又是大豐收，此後兩年又衰退，到第十年則又乾旱，隨之又是兩年的小豐收，到下一年重新開始一個週期。

在上述認識的基礎上，白圭提出了一套經商致富的方法。其基本原則就是：「樂觀時變」，主張根據豐收、歉收的具體情況來實行「人棄我取，人取我與」。

白圭深刻瞭解「物以稀為貴」這個道理。在豐收時，或上市的季節，常人大量拋售時，他就大量買進，而在一般人缺貨而需要買進時，他再大量賣出。這些做法看似簡單，但行動是需要相當勇氣的，也需要獨立、正確的判斷能力。

而且，白圭很會運用資訊。白圭對各種市場資訊極為重視，反應迅速，一旦掌握了準確的資訊就果斷出手，用他的話說就是「趨時若猛獸鷙鳥之發」。

再次，白圭強調商人要講究謀略。他說：「我經商，就像伊尹、姜子牙施展謀略，像孫子、吳子統兵打仗，像商鞅推行法制。」

他認為，經商也需要大智大勇，更要有仁義之心，這和治理國家、統兵打仗一樣。他強調，經商要具備「智」、「勇」、「仁」、「強」等素質，否則是很難有大成就的。

⊙因時取利，為國理財

另外，白圭也擅長觀察天氣變

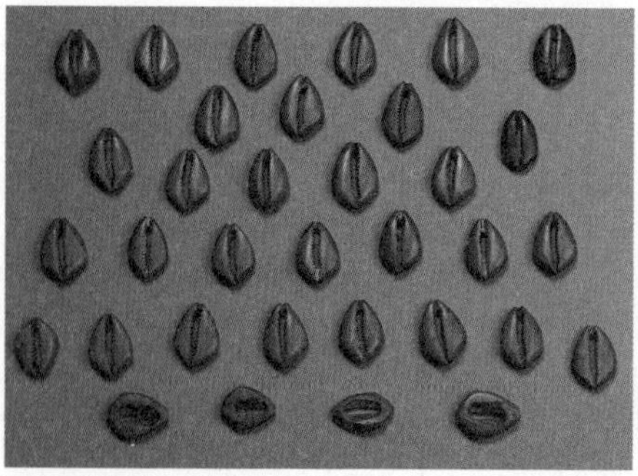

骨幣　戰國

用動物肢骨製成的貝形幣，用作隨葬器物，這是楚國貴族仿效中原的做法，祝福子孫昌盛。

化，做到因時取利。當時，人類應付自然災害的能力很差，他知道溫飽問題對人們的重要性。白圭注意提前儲備糧食物資以救災救荒，輔民安邦。在豐收之年就趁糧價低時大量買進，等災荒發生時就以低於市場的價格賣出，幫助人民度過災荒。雖然賣出的價格低於市場當時的價格，但仍高於之前的收購價格。在幫助百姓度過災荒的同時，財富也增加了。

還有，白圭為國理財，常從大處著眼，通觀全局，在經營上從不嫌棄小惠小利，也從不靠詭計欺詐。白圭認為，商有商道，決不能坑害百姓。

他為百姓規畫的方法是：「欲長錢，取下穀；長石斗，取上種。」意思是說如果百姓買穀物食用，為了省錢，就可以買差一點的穀物。如果是為了做種子用，那就請買好的穀物。這是一個有長遠眼光的方法，既節儉，又能確保有優質的種子以便來年的豐產。

白圭卓越的商業天才也表現在他注意商品的流通。他認為商品流通非常重要，貨物流通與發展生產關係密切，既能靠經營生財，又能使生產有利發展。他認為只有以足補缺，以豐收補歉收，使全國各地物資互相支援，才能在輔民安民的同時為國家理財致富。

譬如：地方盛產蠶繭，就購進這些產品，而用穀物等其他當地缺少的東西換取；如果地方糧食豐產，大量購進這個地區的糧食，然後用絲、漆等類必需品交換。這樣就使全國的貨物得到流通，既利於人民生活，又能從中賺取利潤，可謂一舉兩得，利國又利民。

白圭本是一個家境平凡的小官吏，因為領會了經商之道的精髓，從而一躍成為春秋戰國時期有名的巨富。他總結出的經商理論，也可以說是春秋戰國時期商業日漸繁榮的見證，白圭本人也被後代的商人奉為了商業的祖師。

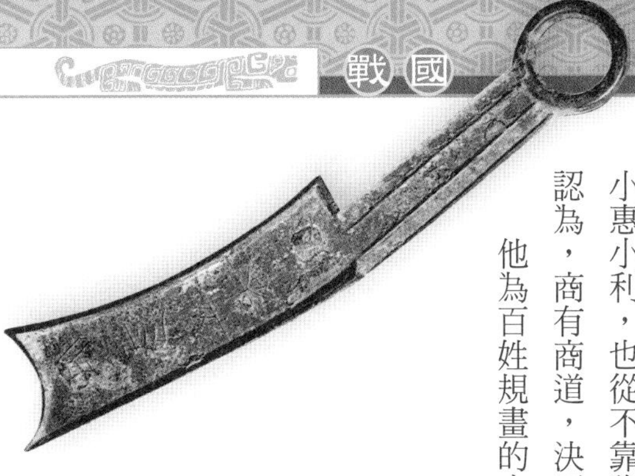

刀幣　戰國

在古人的日常生活中，刀是一種多用途的工具，也是人們可以讓渡的財產。所以當時稱做「削」的青銅工具便逐漸演變成最初的刀幣，流通於黃河流域的齊、燕及趙地區。

楚幣　戰國

此為楚地通行的貨幣。貨幣的形狀均為布幣，幣上都鑄有銘文。

【名將吳起】

●時間：?~西元前三八一年
●人物：吳起

在中國歷代軍事將領中，吳起可能是最有爭議的一位，可能和他為達目的不擇手段的做事方法有關。孔子說：「不義而富且貴，於我如浮雲。」可是吳起卻反其道而行之，也成就了一番事業。

⊙吳起學藝

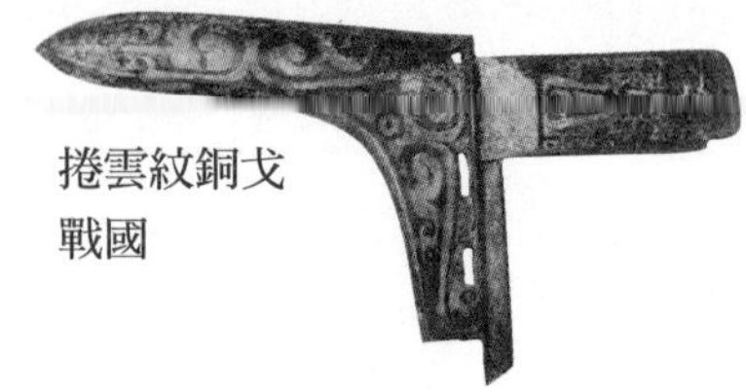

捲雲紋銅戈
戰國

吳起（?~前三八一年）是衛國人，年少時喜歡舞棒弄槍，整日游手好閒。母親見了很生氣，就嚴厲責備了他。吳起把自己胳膊咬破，血順著胳膊直往下淌，然後指著胳膊對天發誓道：「今日我辭別母親，遊歷他方，拜師學藝，如不成就事業，決不回來見母親。」母親哭泣著不讓他走，吳起竟然頭也不回就走了。

吳起先來到魯國，拜孔子的高足曾參為師，晝夜讀書，不辭辛苦。恰好齊國的一個大夫隱居在魯國，對吳起的勤奮好學大加讚賞，時常與吳起談古論今，兩人聊得興起，可以三天三夜都不睡覺。這位齊國大夫很喜歡吳起，就把女兒許配給他。

時間過得飛快，轉眼吳起學藝已經六年有餘，曾參知道吳起家中還有母親，一天就問他：「你游學已經六年了，怎麼還不回去看看母親，你放得下心嗎？」吳起說：「我出門時曾發誓，如不成就事業，就不回去見母親。」

曾參說：「可以發誓不見別人，怎麼能不見母親呢？」從此就稍微厭惡吳起的行為。

⊙師徒絕交

過了沒多久，衛國有人捎信給吳起，帶來吳起母親去世的消息。吳起對著天空大叫了三聲，隨即安靜讀書，一點悲傷也沒有。

曾參大怒，說：「不為母親奔喪，是個忘本的人！水無本就乾涸了，木無本就枯死了，人要是無本，就不得好死啊！今日起，你不再是我的門徒。」於是兩人斷絕了師徒關係，永不相見。

吳起於是放棄了所學的儒家學說，到別的地方學了三年。學業完成，就前往魯國拜訪相國公儀休，請求官職。公儀休與吳起討論帶兵的方法，見他熟諳兵法韜略，知道是個有才能的人，就向魯穆公推薦了吳起，魯穆公於是任命吳起為大夫，俸祿豐厚。

⊙殺妻求將

當時齊國的相國田和謀篡奪權，

因為魯國與齊國關係密切，所以田和耽心魯國會來干涉，於是藉口起兵伐魯，想以武力壓迫魯國。

魯相國公儀休知道齊軍入侵，馬上拜見魯穆公，向他推薦說：「要想打退齊軍，非吳起不可。」魯穆公雖然答應，但一直沒有下達任命。

公儀休聽到齊軍已經起寨拔營，又一次來見穆公，說：「臣推薦吳起為將，抗擊齊軍，您為甚麼不同意呢？」

穆公說：「我知道吳起能當此任，但他的妻子是齊國人，而且和齊相國同姓，丈夫最愛的莫過於妻子了，他能全心全意為魯國效力嗎？這就是我猶豫不決的原因啊！」

公儀休告退回府，吳起早已在府中等候，見公儀休回來，連忙問他：「齊軍已逼近我國，兩國戰事一觸即發，大王找到良將沒有？今天不是自誇，如果以我為將軍，肯定讓齊軍有來無回。」

公儀休說：「我三番五次向大王推薦，但因為你娶了一個齊國的田姓女子為妻，大王為此而猶豫不決。」

吳起說：「想打消大王的疑慮，這有甚麼困難？」於是回到家中將妻子田氏殺了。

⊙吳起拜將

吳起又去見魯穆公，上奏道：「臣有報國的志向，但您以我的妻子是齊國人而懷疑我。今日，我殺了妻子，向您明示我只為魯國效力。」穆公神情悲涼，對吳起說：「將軍先回去休息吧！」

隨後穆公召公儀休，對他說：「吳起殺死妻子以求封為大將，真是太殘忍了！他的心比蛇蠍更毒。」

公儀休說：「吳起不愛妻子愛功

延伸知識

中山復國

周威烈王十八年（前四〇八年）中山武公統治時期，中山國統治腐敗，魏文侯乘機命大將樂羊率軍越過趙國攻滅中山。

魏文侯派太子擊駐守中山，並一度命李克治理中山國事。後來，太子擊返魏，魏又以其弟摯為中山君。在這個時期，中山國地區的居民安居樂業，經過魏國的治理，中山和中原各國加強了交往，促進了當地經濟與文化的發展。

但是，中山和魏之間有趙國相隔，魏國無法完全控制。周安王二十二年（前三八〇年），乘魏與諸侯混戰之機，中山復國，中山桓公把都城遷到了靈壽（今河北平山）。

中山王方壺　戰國

壺高六十三公分，口徑十五公分，河北平山中山王墓出土。在方壺體四面外壁刻銘，每面十行，共四百五十字。方壺的藝術造型也有特色，在方壺的四稜各飾一條頭上尾下的龍，體長超過壺高的二分之一，龍體輪廓線剛勁有力，體態粗大厚重。壺蓋上四個變形獸鈕，也顯得過分碩大，顯示中山地區造型藝術古拙渾厚的風格。

名，您若棄他不用，他必然投奔齊國，於我國不利呀！」

穆公此時也沒有其他辦法，只好同意公儀休，拜吳起為大將軍，抵抗齊軍。

田和率領齊軍長驅直入，聽到穆公拜吳起為大將，笑道：「這是我們田家的女婿，好色之徒，他懂甚麼打仗呢？」

兩軍對壘，卻不見吳起出面挑戰，田和暗中派人偵察吳起的舉動。探子回報說：「吳起和最低級的士兵席地而坐，一起吃飯。」

田和笑道：「將軍威嚴，士兵才會畏懼，才能聽從指揮。吳起這樣的做法，怎麼能讓士兵聽令呢？」

後來，田和又派張醜假稱講和，進吳起軍中刺探軍情。吳起藏起精銳部隊，讓張醜見到的全是老弱的士兵。吳起對張醜態度非常恭敬，為他設宴，好酒招待，一直留張醜在軍中待了三日，才送他回去。張醜剛走，吳起便暗調人馬，分三路悄悄跟在張醜後面。

田和聽張醜回報說吳起的士兵都是些老弱病殘，鬥志全無，就放鬆了警惕。忽然，帳外鼓聲大振，魯兵突然殺到，齊軍毫無防備，軍中大亂，田和大敗而走。

魯穆公非常高興，拜吳起為上卿。

⊙投奔魏國

田和擺脫魯軍的追擊後，責怪張醜誤事。張醜說：「我哪裡知道他使詐啊！」

田和說：「此人不能小看，如一直留在魯國，對齊國不利，我想派人暗中賄賂吳起，讓他不與齊國作對，你能去嗎？」張醜說：「我願捨命前往，以將功折罪。」

於是，張醜帶著兩個美女和黃金千兩，私下送給吳起。吳起貪財好色，收下賄賂，對張醜說：「如果齊國不攻打魯國，魯國怎麼敢主動對抗齊國呢？」

張醜告辭返回，路上故意洩露賄賂吳起的事情。魯穆公說：「我早就知道吳起心懷叵測。」

於是魯穆公準備削去吳起的爵位，懲處吳起。吳起聽到消息，棄家逃到魏國。

魏文侯召見吳起，說：「我聽說你為魯國立下赫赫戰功，又為甚麼投奔我呢？」

吳起說：「魯侯聽信讒言，不再信任，且要懲治我，我只好來投奔您。我願為您赴湯蹈火，效犬馬之勞。」

魏文侯於是拜吳起為西河守，防禦秦國的侵犯。吳起到了西河，加固城池，訓練兵士。與魯國時一樣，體恤士兵，深受士兵的愛戴。自吳起到後，魏軍數次擊退了秦國的侵擾，秦國不敢輕易來犯，魏國邊疆因此出現了少有的安寧。

這個時候，正遇到秦惠公去世，秦國內部由於爭奪王位而內亂。吳起趁秦國混亂，發兵襲秦，一舉攻取秦國五個城池。

⊙棄魏投楚

又過幾年，魏文侯也死了，其子主桑即位，即魏武侯。武侯執政後，拜田文為相國。吳起自恃入魏以來戰功顯赫，看到田文當了相國，心裡很不舒服，於是就和田文爭執功勞大小。魏武侯聽說此事，擔心吳起日後報復，於是另外派人為西河守。吳起見魏武侯不再重用他，又來到楚國。

楚悼王熊疑很早就聽說吳起的才能，看到吳起投奔，馬上授予吳起相印。吳起感恩不盡，誓以富國強國為己任，對楚王上奏道：「楚國方圓數千里，軍隊百餘萬，實力在各諸侯之上，應該當盟主。然而楚國現在沒有達到這樣的地位，是因為沒有很好的養兵。養兵的方法是給士兵豐足的軍餉，這樣士兵就會全心全力為國家效力。但是今日滿朝文武許多冗員，機構臃腫，應給士兵的軍餉都給了這些冗員了，而士兵只分得不多的軍餉，誰會為國家賣命啊？」

楚悼王按照吳起的建議，裁汰冗員，勤練兵馬，楚國實力大為增強，雄霸天下。

楚悼王死後，尚未入殮，那些失去俸祿的王公大臣的子弟趁喪作亂，追殺吳起。吳起自知難敵眾人，慌忙背起悼王的屍身逃跑，眾人一起放箭射向吳起。結果，兩個人身上都插滿了箭。

吳起拚著最後一口氣，憤怒喊道：「射死我不要緊，你們居然連大王都不放過，下場一定不好！」說完，這位一代名將便氣絕身亡。

歷史詞典

吳起改革

周安王十二年（前三九〇年），因魏武侯對吳起懷有疑心，撤去其河西郡守之職，吳起被迫離魏奔楚。次年，吳起被楚悼王任命為楚國令尹，主持楚國變法。

十七年（前三八五年），吳起在楚國主持變法。吳起認為要改變楚國貧弱的局面，只有「明法申令」，重新編定官員等級，訂出獎懲章程，實行變法革新。變法首重壓抑貴族，集權中央。封君凡已經傳了三代的，都取消爵祿，子孫不再繼承，原有土地由國家收回。同時，吳起整頓政治機構，裁減無能無用的官員，並削減官吏的俸祿，用以撫養戰士，獎勵軍功。

在軍事上，吳起提出「厲甲兵以時爭於天下」，建立強而有力的軍隊。吳起為楚國開拓疆土，南收揚、越，北併陳、蔡，擊退三晉，攻秦國，並進逼魏之黃河兩岸。

吳起變法沉重打擊了楚國舊貴族，加強了王室的權力，使楚國迅速強盛。

二十一年（前三八一年），楚悼王去世後，吳起被楚國舊貴族殺死，但吳起的變法對楚國產生了深遠影響。

彩繪鹿鼓 戰國

聶政刺韓相

●時間：戰國初期
●人物：聶政

聶政抱著「士為知己者死」的傳統道德觀念，刺殺俠累，在法治不健全的舊時社會雖屢有出現，已不值得提倡。今天法治日趨健全，這種扭曲的觀念，正適用於反面教材。

⊙俠累得志

戰國初期，韓國的相國俠累獨攬大權。在俠累發跡前，他與濮陽人嚴遂是莫逆之交。當時俠累貧窮而嚴遂富裕，所以嚴遂經常資助俠累，並出錢讓俠累周遊列國。正是有了嚴遂的資助，俠累才得以來到韓國，最後官至相國。

後來，嚴遂來到韓國，希望俠累幫忙向韓國國君韓哀侯引薦。俠累雖然滿口答允，但並無實際行動。一個月後，嚴遂花錢買通了哀侯身邊的人，得以見到哀侯。哀侯對嚴遂的才能相當欣賞，考慮重用。俠累卻在哀侯面前說嚴遂的壞話，不讓哀侯重用嚴遂。嚴遂得知情況後非常憤怒，離開了韓國，一心尋找勇士刺殺俠累，以消心頭之恨。

⊙嚴遂得聶政

一日，嚴遂來到齊國。嚴遂在殺牛的作坊裡看見一個屠夫，正揮舞著三十斤的大斧殺牛。嚴遂很驚異，世上竟然有這等強悍的人。

於是嚴遂仔細觀察屠夫，只見身材修長，氣宇不凡，說話的聲音也不像是齊國本地人。嚴遂就上前詢問姓名，屠夫回道：「我叫聶政，是魏國人。因為脾氣火爆，得罪了鄉里，於是和母親姐姐來到齊國，以屠牛為生。」嚴遂問清聶政的住址後離去。

第二天一早，嚴遂急切拜訪聶政，邀請聶政到酒館敘談。酒過三巡，嚴遂拿出一百鎰黃金送給聶政。聶政覺得禮物太重，推辭不收。

嚴遂說：「我昨天聽說你尚有老母在堂，這點錢就當給你母親的養老錢吧！」

聶政聽到這番話，說道：「您給我的母親養老錢，必然有用我的地方，您如果不清楚說明，我是不會收的。」

於是嚴遂就把俠累忘恩負義的事情對聶政說了，並說出想找勇士刺殺俠累。聶政說：「我曾經發誓要奉養母親，您還是去找別人吧！」

嚴遂說：「我傾慕你高尚的義節，願和你結為兄弟，怎麼能為了自己的私事而不讓你孝敬母親呢？」於是留下黃金後就離去了。

過了一年，聶政的母親去世，嚴遂前去弔喪。聶政把的喪事辦妥後，對嚴遂說：「母親去世了，我也沒有牽掛的事，我願為你做任何事。」

嚴遂商量報仇的計畫，想準備車馬隨從。聶政說：「相國豈是常人所能隨意接近的？肯定守衛森嚴，不能力拚，只能出其不意。你不用準備，我帶著匕首，見機行事就行了。」

⊙行刺韓相

聶政到了韓國，正好俠累退朝回家，聶政就跟隨俠累的車隊來到相府，一邊跑一邊高喊：「有急事報告相國。」左右侍衛急忙阻攔，無奈聶政身強力壯，把上來阻擋的侍衛撞得七倒八歪，聶政直接衝到俠累的身旁，抽出匕首便刺，俠累就此一命嗚呼了。

瑪瑙環　戰國

當下相府大亂，武士闖門來捉聶政。聶政連殺數人，見衝上來的人越來越多，知道無法離去，聶政怕別人認出了他，禍及家人，就用匕首毀了臉面，挖出雙眼，然後刺喉而死。

聶政已死，面容也毀了，韓國人不知他的身分，只好陳屍在大街上，懸賞千金，徵求能識別身分的人。聶政的姐姐聶荌聽到俠累被刺，韓國人懸賞清查刺客身分的事，不禁心驚肉跳，心想：難道是弟弟？他就是嚴遂強求做這件事的啊！於是馬上動身前往韓國。

來到聶政陳屍的地方，聶荌認出了弟弟，不禁悲從中來，伏屍大哭。旁邊圍觀的人說：「這個人殺了相國，跟您又有甚麼關係呢？」

聶荌昂起頭說：「這個人是我的弟弟聶政啊！他為了供養母親，一直甘願埋沒市井。後來母親去世，他才答應為嚴遂大人來刺殺這個奸相。可憐怕人認出身分，牽連了我這個姐姐，就毀了自己的臉。弟弟啊！你為知己而死，我做姐姐的又怎能有所畏懼而獨活，現在全天下人都知道你的俠名了，我也沒有遺憾了！」說完，就在聶政的屍身旁自盡了。

嚴遂得知這件事，悲痛不已，重金買下了聶政姐弟的遺體，隆重安葬了。

金盞、金勺　戰國

早在商代，中國已有了黃金製品。春秋時期，黃金多用作鑲嵌，以表珍貴。曾侯乙墓一次出土了金器五件，金箔九百餘件，說明金器在南方頗為流行。這件金盞仿銅盞製作，飾有雲紋、雷紋和蟠螭紋，金勺則飾有鏤孔變形龍紋。

申不害改革

●時間：戰國初期
●人物：申不害

申不害在韓國做了十幾年的相國，卻始終不能使韓國強大。變法固然是順應歷史潮流，可是如果不佐以相應的合理手段，往往事與願違。

⊙申不害相國

申不害是戰國初期一位頗有名望的思想家、政治家，也是法家代表人物之一。他是鄭州滎陽人，出身微賤。大約在周顯王十五年（前三五四年），韓昭侯任命申不害為相國。

戰國初期，韓國曾經進行過政治改革，但是改革並不徹底，施行的方式也不合理，《韓非子》一書記載：「晉之故法未息，而韓之新法又生；先君之令未收，而後君之令又下。」也就是說，從前晉國的法令還沒有廢除，韓國的國君又下了新法令；先王的法令還沒有改過，現在新國君的法令又公布了，秩序相對混亂，造成了政治上許多不利的影響。

因此，申不害在韓國為相時，韓國的國力已經在諸侯中偏於劣勢了。大約在周顯王十五年（前三五四年），韓國在申不害的領導下，實行了進一步改革。

⊙申不害的法與術

申不害治國講究法、術。申不害所說的「法」，就是法治的意思。所說的「術」，則是一種用以貫徹執行「法」的手段和方式。

為了說明「法」，他提出「正名責實」的理論。申不害所說的「正名」，是名分等級不得錯亂。與孔子所說「正名」的不同之處在於包括責任、分工的內涵。申不害「正名」的意義在於確定了「主處其大，臣處其細」的大原則，而且把這個原則具體化，即按實際情況來規定名分，然後進行任命，聽取意見，檢查監督。所謂實，就是君主規定臣下的責任和職權，是臣子遵從君主的規範。

申不害認為，君主治國要講究「術」。所謂「術」，是君主的專有物，主要是指任用、監督和考覈臣子的方法。「法」是公開的，是臣民的行動準則，而術卻是隱藏在君主心中，專門對付大臣的。他要國君平時不能讓臣子看出欲望和弱點，使臣子猜不透國君的意圖，臣子也就不能投國君之所好而弄虛作假，從而盡力做好職責內的事，不能越職亂來。

韓非講過韓昭侯的一個故事。故事說：有一次，韓昭侯喝醉後睡著了。管帽子的人恐怕受涼，為他蓋了一件衣服。韓昭侯醒了以後，問僕役說：「誰幫我蓋這件衣服？」旁邊的人說：「管帽子的人。」韓昭侯就把管衣服的人拿來問罪，同時把那個管帽子的人殺了。

韓非評論說：韓昭侯把那個管衣服的人問罪，是因為他失職，沒有辦他應該辦的事。殺了那個管帽子的人，是因為他越職，管了他不該管的事，侵犯了別的官屬的職務。韓昭侯並不是不怕冷，可是他認為越職的危害比自己受害更為嚴重。這就是申不害用術「教育」出來的結果，這個故事所說的就是術。

延伸知識

《甘石星經》問世

《甘石星經》初見於宋代晁公武的《郡齋讀書志》中，原本一卷，今本兩卷，收入《漢魏叢書》。

甘德，齊人，一說楚人，相傳他測定恆星一百一十八座，計五百多顆星，著有《天文星占》八卷，今已散失。

石申，魏人，相傳他測定恆星一百三十八座，計八百一十顆星，著有《天文》八卷，也已散失，但在《開元占經》中有大量節錄。

兩人精密記錄黃道附近一百二十顆恆星位置及其與北極距離，這是世界上最古老的恆星表，比歐洲第一個恆星表——希臘伊巴谷斯（Hipparchus）的星表早約兩百年。

一般認為，到唐宋時，後人將甘德、石申的著作及巫咸星官輯錄成《甘石星經》一書，但已非原書本來面貌。

甘、石星經對行星行度也有精密的測量計算，其後星術體系更是全面，影響了中國天文學、占星術和社會政治一千餘年。

⊙變法不成

申不害講究的統治之「術」，雖然能使國君用來駕馭臣子，但是大臣也可以用來爭權奪利，所以申不害的變法效果遠不如魏、齊、秦等國，以至於戰國七雄中，韓國始終處於弱小的地位。

韓非分析過申不害變法不成的原因。他指出：韓國從晉國分離出，晉國的舊法沒有廢止，韓國的新法又下達了。申不害不專一推行新法，沒有統一法令制度。人們認為舊的法令有利，就按舊法辦理；認為新的法令有利，就按新法處置。這樣，申不害即使十次讓韓昭侯使用權術進行監察，奸臣仍然有辯解的空間。因此，申不害依靠擁有萬輛戰車的強大的韓國，治理了十七年還不能成就霸王之業，反而使國家喪失了優勢，淪為弱國。失敗的原因就在於只重視君王的權術，而不能在官府中整肅法度。

在申不害之前，魏、齊、秦變法，都一度強大。申不害在韓國變法十幾年，卻始終未使韓國強大，這不能不說與申不害治國無方有關。

人首紋青銅劍　戰國

鄒忌諷齊王納諫

●時間：戰國中期
●人物：齊威王　鄒忌

鄒忌藉由撫琴之理和身邊故事，諷齊威王納諫，威王一一聽從，齊國日漸強盛，成為了東方強國。

⊙鄒忌說琴

彩繪獸紋鏡　戰國

齊威王名叫田齊，是田和的孫子。威王以善於納諫而聞名諸侯，但是，威王初當國君的時候並不是這樣。那時他只知飲酒，聽音樂，變換方法尋歡作樂，朝廷中的大小事情不管不問。雖然周圍的韓國、趙國、魏國紛紛攻打齊國，情勢相當危急，可是齊威王完全不當回事，照樣吃喝玩樂，不把國事放在心上。朝中的大臣著急，紛紛趕來勸說，可是威王都當作耳邊風。漸漸地諫言也少了，齊國也一天天衰弱了。

一天，來了一個叫鄒忌的青年樂師，擅於撫琴，他聽說威王特別喜愛音樂，特地趕來助興，向威王獻上一曲。威王聽到之後非常高興，馬上請入宮中。

鄒忌拜見了威王以後，把琴放在几案上，調好琴弦，卻撫琴不彈。威王著急了，催促鄒忌彈琴。鄒忌說：「光會彈琴，那是樂工的本事，算不得甚麼本領，樂師還必須精通琴理。」

威王驚訝，說：「寡人一向只聽彈琴，還不知道何謂琴理，您既然懂得，可否說明？」

鄒忌說：「琴是高雅的樂器，彈奏時必須配合得當，音調才能悅耳，否則就產生噪音。這和治理國家相似，大王要積極引導，臣下要主動配合。上下同心，協調運作，國家才會繁盛。」

威王聽鄒忌說得有理，十分高興，說：「先生通曉琴理，想必更會彈奏，請先生試彈一曲吧！」

鄒忌卻不慌不忙說：「我是琴師，鼓琴是我的事，所以我必須通曉琴道。國家興亡是大王的事，大王怎能不研究治國之道？如今您撫著齊國這張大琴，從不彈奏一曲，和我有甚麼分別呢！」

威王恍然大悟，說：「先生，不必多言，寡人知道您的意思了！」於是威王拜鄒忌為相國，求教治理國家的方法，並採取了一系列治國安邦的措施，齊國於是逐漸強大。

⊙比美悟道

齊國國力漸漸強盛之後，齊威王

十分高興。人們也紛紛稱讚威王的英明，讓威王漸漸飄飄然了，對於不同的意見常不予採納。鄒忌發現後有些著急，設法糾正威王的這個毛病。

有一天，鄒忌拜見齊威王，說道：「大王，小人有件事想了很久也沒有想明白。」威王笑著說：「您何等聰慧，還有甚麼事情能想不通，說給寡人聽聽。」

鄒忌說：「徐公是齊國的美男子，這是人人皆知的。前天有個門客來找我辦事，誇讚我比徐公漂亮。起初我聽了很高興，但還是有些不敢相信，回家問了妻子，妻子也說是我漂亮。又問了妾，妾也這麼說。那天我見到了徐公本人，發現根本比不上他。想來想去，我終於明白了，妻子說我漂亮，是因為偏愛我；妾說我漂亮，是因為怕我；門客說我漂亮，是因為有求於我。現在您貴為國君，全國上下誰不偏愛您，誰不怕您，誰不有求於您呢？由此看來，您受的蒙蔽肯定更深啊！」

虎噬鹿器座　戰國

通高二十一．九公分，長五十一公分，河北平山中山王墓出土。器座造型奇特，塑造出一猛虎口噬小鹿，虎體呈「S」狀曲線，動感極強烈，表現出虎的強大與凶殘，鹿的柔弱和悲慘，借動物間生與死的搏鬥，使強暴者的勝利與被害者死亡前的掙扎交織一起，具有感人的藝術魅力。由於採用了錯金銀的工藝技巧，使猛虎身上顯出斑斕毛紋，更為器物增添了光彩。

⊙威王求諫

齊威王聽後，說「好！」於是，就下了一道命令：「今後不管是朝中大臣還是普通百姓，能夠當面指責我的過失，給頭等獎賞；書面提出意見的，給二等獎賞；就是在公共場合議論我的過錯，只要我聽到了，也給三等獎賞。」

命令初發布的那些日子，有許多人向威王提出意見。凡是正確的意見，齊威王都一一採納，糾正了許多過錯。幾個月之後，進言規勸的人就非常少了。一年以後，即使有人想規勸，也沒有說辭了。

威王一心發展齊國，決心發揚先祖的功績，勵精圖治，最終實現了齊國的中興，成為東方強國。燕國、趙國、韓國、魏國見此，深感齊威王賢明，都前來齊國朝拜。鄒忌與威王，一個進諫有術，一個從諫如流，聰明的臣子與賢明的國君，也成為後世稱讚的典範。

【齊威王活煮貪官】

●時間：戰國中期
●人物：齊威王

輿論的力量是很大的，可是一旦不能判斷而受到輿論的左右，就可能做出悔恨終生的錯事。齊威王不聽信傳言，採取實事求是的態度，才辨明了忠奸，沒有受人蒙蔽。

⊙褒貶不同

齊威王拜鄒忌為相國，鄒忌殫精竭力，盡力幫助齊威王治國。

鄒忌經常查問下面官吏的情況，詢問在朝的官員，各個地方官吏能力的優劣，地方的治理情況。朝中官吏眾口一詞，都說阿城大夫的好話，稱讚他治理有方，很有能力。又批評即墨大夫治理得最差，沒有能力。鄒忌把大臣的評論向齊威王陳述。

齊威王有意無意也問身邊的大臣同樣的問題，他們回答的也是一樣，說阿城大夫治理得當，稱讚他很有能力，批評即墨大夫治理不當。

於是，鄒忌建議齊威王派人到兩個地方考察，真正瞭解這兩個地方官的政績。考察的人回來，將在地方上看到、聽到的情況如實稟報了齊威王。

⊙賞罰分明

齊威王便降旨傳阿城大夫和即墨大夫入朝。即墨大夫先到，朝見威王。威王不說話，旁邊的大臣都很驚訝，不明白原因。接著阿城大夫也到了，齊威王就讓兩旁的大臣評論他們的政績，以行賞罰。

大臣都懷有私心，說：「阿城大夫今天一定會受到重賞，即墨大夫將要大禍臨頭了。」

眾文武百官正在議論，齊威王召即墨大夫說：「自從你當了即墨的地方官，我只聽到對你的批評，認為治理不好，能力不行。我派人到即墨調查，查看實際的情況，調查的人回來後說，即墨田地都確實開墾，人民的生活非常富裕，官員清廉，呈現一片太平的景象。只是因為你不肯諂媚我身邊的人，才讓他們說盡了你的壞話。現在事情非常明白，你才是賢德的臣子，是盡心盡力為百姓、國家做事的人。」說完，便傳令贈與即墨大夫萬家之邑。

齊威王又召阿城大夫覲見，對他說：「自從你當了阿城的地方官以後，我經常聽到讚揚你的聲音，認為能力高強，地方治理有方。於是我派人調查阿城的情況，只見阿城田地荒蕪，人民挨餓受凍，百姓普遍不認可地方的官員。不久前，趙國軍隊騷擾邊境，你卻坐視不救。然而，你卻花費重金賄賂我身邊的人，在我耳邊說好話，一心想著升官。甚麼叫貪官污吏？貪官污吏就是你這副模樣了。」

⊙活煮貪官

阿城大夫嚇得面如土色，磕頭謝罪，表示願意悔過。威王沒有理睬，命大力士搬過裝滿水的大鼎，下面燒著柴。不一會兒的工夫，水就燒得滾開。威王命左右將阿城大夫投入鼎中。

威王又召見平常讚譽阿城大夫、詆毀即墨大夫的大臣，責問道：「你們在我的左右，我當你們是我的耳目，寄希望於你們。誰知你們私下收取賄賂，顛倒是非欺騙我，要你們還有甚麼用？都和阿城大夫一樣下鍋煮了吧！」

從此，再也沒有人敢在齊威王面前妄言了。常言說：三人成虎，輿論的力量是巨大的，但輿論並不都是正確的。齊威王在大臣眾口一詞的情況下，仍然沒有輕易聽信傳言，而是派人實地調查情況，作為一個高高在上的君主，這種態度是很難得的。齊國在威王的整治之下，果然吏治清明，很少再發生徇私舞弊的事情了。

十五連盞燈　戰國

燈高八十四．五公分，河北平山中山王墓出土。全燈像一株枝條茂盛的大樹，由長短不同的八節枝幹接插而成，伸出的枝條上托圓盤燈盞，共計十五個燈盞。還在燈枝上鑄出一群攀枝嬉戲的猴子，圓形燈座上立有兩個赤膊的小銅人像，似以食物拋飼群猴，極生動有趣。

商鞅變法

●時間：戰國中期
●人物：商鞅

在列強爭雄的戰國時代，秦國以邊陲之地而一躍成為勢可吞併六國的強國，與商鞅變法的貢獻是分不開的。

⊙孝公求賢

秦獻公去世後，兒子渠梁即位，即秦孝公。秦孝公是一個有作為的國君，當看到其他國家經過不同程度的改革，國力普遍增強，便也積極尋求一條使秦國富強的道路，以重現春秋時代秦穆公稱霸的輝煌。國家富強，人才第一，秦孝公廣泛招攬人才，並下了一道求賢的詔令，許諾有能力使秦國富裕、強大，即刻封給官職，賞給土地。

就在這時，衛鞅從魏國來到秦國。衛鞅原是衛國的貴族子弟，喜好「刑名之學」，曾受過法家李克、吳起的影響。

衛鞅曾在魏惠王的相國公叔座底下做小官，公叔座見衛鞅具有才能，臨死前曾推薦給魏惠王，希望惠王委以重任，用衛鞅為相，並說：「如果不用這個人，務必殺掉，不能讓他離開魏國。」

但魏惠王不相信公孫座的話，覺得衛鞅沒有本事，無非是個能說善道的門客罷了，因而沒有重用衛鞅，當然也沒有依照公孫座的話殺了他。

衛鞅在魏國不得重用，便想到其他國家發展，這時正好聽說秦孝公下詔求賢，於是就來到秦國。

衛鞅到秦國後，先求見秦孝公的親信景監。景監客氣求教，衛鞅有條有理分析了天下大勢及秦國國事。景監發現衛鞅很有才能，就向秦王推薦了。

⊙三見孝公

於是孝公召見衛鞅，詢問治國的方法。衛鞅以舜、禹為例講授帝王之道，沒講幾句，卻發現孝公已經睡著了。

衛鞅告退後，孝公召見景監，生氣對他說：「這個門客太迂腐了，他說的對於我沒有任何用處。」

景監退朝後回到家中，對衛鞅說：「大王不喜歡你的帝王主張。」

商鞅方升　戰國

量器，斗為長方形，直壁，後有長方形柄。方升外側有銘文三十二字，記載秦孝公十八年（前三四四年），齊國率領卿大夫來秦訪問，同年冬，大良造鞅以十六寸五分之一寸為一升。從方升銘文記載可知此為商鞅統一秦國度量所規定的一升容積的標準量具。

衛鞅說：「我為他講授帝主之道，是他不能領悟。我願再和他談談。」景監說：「等過五天，大王消消氣，我再為你引薦吧！」

過了五天，景監對孝公說：「我那個門客還有話要說，希望大王能再見他一次。」孝公勉強答應了。

歷史詞典

鐵器廣泛使用

春秋戰國時期，中國首先發明生鐵鑄造技術。中國早期發明了豎爐煉銅，積累了整套高溫還原冶煉的經驗，中原地區在冶煉出塊煉鐵後不久，就煉出了生鐵。

春秋戰國時代的生鐵鑄造遺址在河北易縣燕下都、河北興隆、河南登封等地都曾發現。春秋時期的鑄鐵實物，已出土的包括鐵鼎、鐵塊、鐵條、鐵削（匕首）、鐵鋳等。隨著冶鐵業的發展和冶鑄技術的突飛猛進，鐵器已普及到生活的各個方面。

戰國中期以後，鐵器的成型和加工工藝技術都達到相當高的水準，普遍採用白口鐵鑄件經控制脫碳熱處理的方法製造鐵器，這種方法製造的鐵器既堅硬又耐用。鐵器的大量湧現和普及，大大方便了當時的社會生活。

到了戰國中晚期，用塊煉鐵製造鐵兵器的現象已日益普遍，鋼鐵兵器從此產生。

這次，衛鞅為孝公大講王道。聽了幾句，孝公就對他說：「你確實知道得很多，但這些對我都沒用。」

衛鞅回到景監家，景監問他：「這回講的是甚麼？」衛鞅說：「我講君王之道，他還是不感興趣。」景監有些生氣說：「你怎麼能脫離現在的形勢而講以前君王的事情呢？」

衛鞅說：「我尚未掌握大王的興趣，我怕他的志向太高，所以先試探了他。現在我明白大王想聽甚麼了，倘若再給我機會，我肯定能讓他聽得高興。」於是又懇求景監再安排看看，景監歎口氣說：「那再等五天吧！」

五天後，景監入宮，見孝公心情不錯，就又和孝公說：「我那個門客自稱有帝、王、霸三術，前兩次只講了帝、王之術，還沒講到霸術，不知您能不能再召見他一回。」孝公一聽霸術，正是感興趣的，就同意再給衛鞅一次機會。

這回，衛鞅開門見山，直接講述治國的方法，他說：「國家不富強，就沒有能力整頓軍隊，不能提高軍隊的戰鬥力，軍隊不強大，就沒有能力防禦外敵的入侵。要想國家富裕，必須大力發展農業，鼓勵百姓多開墾田地，要想軍隊強大，必須休戰養息，在政令上必須賞罰分明，這樣，國家就會逐漸強大……」秦王聽後很高興，說：「你說的我都能辦到。」

孝公和衛鞅一連談了幾天，衛鞅

雙頭鎮墓獸
戰國

商鞅戟　戰國

戟是鉤刺兵器，形似戈，長援向上微彎，上下有刃，中部有脊。此戟上有銘文「十三年大良造鞅之造戟」十字。

講了許多治國安邦的措施，孝公聽得津津有味。

⊙南門立木，取信於民

秦孝公決定重用衛鞅，任衛鞅為左庶長，並對文武百官說：「今後國家政令，都要依照左庶長制定的，如果敢有違抗，便是抗旨！」

衛鞅對秦國的法令仔細研究後，準備實行變法圖強。衛鞅將新擬定的法令條款向秦王呈報，獲准後，開始推行新法。

首先，他起草了一個改革法令，為了使百姓信服，就在都城的南門豎了一根三丈長的木頭，對百姓說：「有能將木頭扛到北門，就賞十兩黃金。」不一會，眾人圍觀，議論紛紛，但是沒有人前來扛木頭。

衛鞅知道，秦朝原來很少注重信義，百姓一直不相信官府。於是把賞金加到五十兩。正當大家議論紛紛的時候，有一個體格魁梧的漢子願意嘗試。那人扛著木頭走向北門，後面跟著許多看熱鬧的人。人們好奇，也很懷疑，究竟會有甚麼結果。不一會，漢子就把木頭扛到了北門。衛鞅立刻賞金五十兩，一分不少。這件事很快傳遍了大街小巷，轟動了整個秦國，人們都認為官府注重信譽。

⊙頒布變法令

衛鞅覺得百姓已經相信政府，變法時機成熟，於是就在周顯王十三年（前三五六年）和十九年（前三五〇年）兩次進行變法，新法的內容包括：

一、編制民戶，加強刑賞。以五家為一伍，十家為一什，什伍內各家互相糾察。一家作姦犯法，別家必須告發。隱瞞不告發的，腰斬。

二、鼓勵小農生產，崇本抑末。新法規定，凡一家有兩個以上成年男子就必須分家，各立門戶。努力生產糧食和布帛的，可以免除勞役。

三、獎勵軍功，凡在戰爭中斬得一個敵人首級的，賞給爵位一級。

四、廢除井田，「開仟佰封疆」。

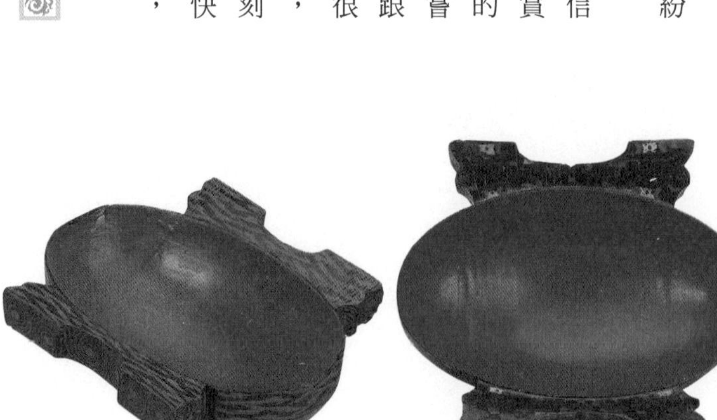

彩繪雲紋漆方耳杯　戰國

五、推行縣制，將全國分為四十一縣，設立縣令、縣丞等官職。

六、遷都咸陽。

七、統一度衡。

⊙秦強民懼

秦國自兩次變法以後，軍事力量強大了，農業也發展了，人們逐漸富裕了。

秦孝公見衛鞅的改革措施成功，更加重用、信任。但衛鞅大規模的改革，觸及了秦國貴族的利益，引起極大的不滿，而且刑戮太重，觸犯新法者輕者發配充軍，服苦役，重者削鼻砍腿。一次，衛鞅查看囚犯，竟一日內誅殺七百餘人，鮮血染紅了渭水，哭聲遍野，百姓夢中都嚇得發抖。

這樣一來，無論大小官員，還是百姓，都對新法產生不滿，開始反對新法。

一次，秦國的太子犯了法，衛鞅對秦孝公說：「國家的法令必須從上到下一律遵守，不能因為王族就逃脫懲罰，否則底下的人就不信任朝廷了。而且，太子是嗣君，不可以施刑，應該處罰他的師傅。」

孝公覺得衛鞅有理，就同意了衛鞅的意見，將太子的老師公子虔割了鼻子，另一個老師公孫賈則在臉上刺了字。

衛鞅變法一共推行了十年，雖刑戮嚴酷，但也確實推動了秦國經濟政治的發展，百姓路不拾遺，夜不閉戶，國無盜賊，糧倉堆滿了糧食，軍隊驍勇善戰。隨著秦國的日益強大，中原的諸侯國紛紛與秦國交好，連周天子也派使者送秦國祭肉，封秦孝公為「方伯」。衛鞅變法的實行，奠定了秦國稱霸的堅實基礎。

⊙衛鞅受封

衛鞅一系列的變法措施使秦國兵強馬壯，國富民強。秦孝公為嘉獎衛鞅的功勞，特封為列侯，並把得自魏

延伸知識

《尚書》書成

中國古代優秀的歷史文獻彙編《尚書》，編成於戰國時期，戰國時總稱為《書》，漢人改稱《尚書》。「尚」的意義是上古，「書」的意義是書寫在竹帛上的歷史記載，「尚書」意即「上古的史書」。

《尚書》所錄，據稱為虞、夏、商、周各代典謨、訓、誥、誓、命等文獻，其中主要記載商、周兩代統治者的一些講話記錄。關於《尚書》編訂年代，以前認為孔子所編，近代學者多以為《尚書》編訂於戰國時期。秦始皇焚書後，《尚書》多殘缺。

《尚書》內容豐富，在中國史學、文學、政治學上占有重要地位。自漢以後，《尚書》一直視為政治哲學經典，既是帝王的教科書，又是貴族、官僚及士大夫必遵的「大經大法」，在歷史上有重要影響。

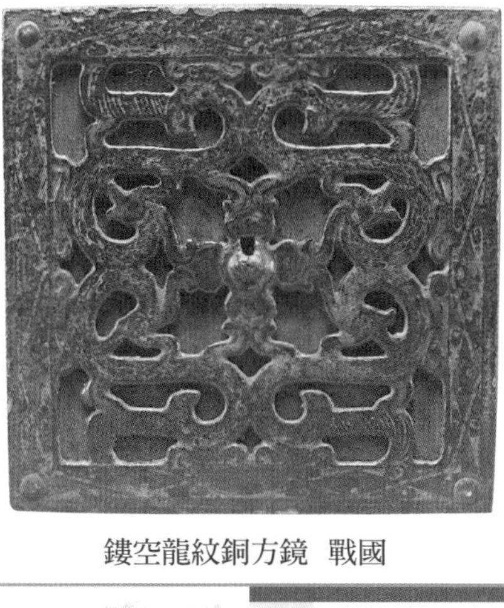

鏤空龍紋銅方鏡 戰國

國的商於等十五個城池賞給衛鞅，封號為商君，此後人們也把衛鞅稱為商鞅。

商鞅謝恩回到封地，對家臣說：「我以前在衛國當小官，後來歸附秦國，幸而得到了大王的重用，助秦國勵精圖治，幾度變法，現在又得魏國方圓七百里的土地和十五座城池，大丈夫能夠取得的成功，看來我已經做到極限了。」商鞅的門客無不齊聲道賀，爭相逢迎。

⊙忠言逆耳

突然人群內走出一人，逕直走到商鞅面前厲聲說：「許多人說順從奉承的話，不如一個人直言不諱。你們都是商君的門客，怎麼能夠諂言而陷害主人呢？」眾人放眼瞧去，發現這個說話的人是商鞅的門客趙良。

商鞅很是詫異，問趙良說：「先生說眾人逢迎我，這恐怕不是事實吧！試問我嘔心瀝血治理秦國，即使和穆公時代的百里奚大夫相比，我的功業也不算不大了吧？」

趙良淡然回答說：「百里奚是穆公的相國，幫助穆公吞併二十多個國家，並讓穆公成為山戎的宗主。百里奚一生廉潔奉公，酷暑之下也不撐起遮陽蓋，累了也不乘車。去世之時，秦國百姓無不為之痛哭，就像父母去世般悲痛。如今您治理秦國已有八個年頭，新法雖然已經頒行，但刑戮太重，人民只是害怕刑罰的殘酷，而不是從心裡遵守擁護。太子對於您處罰兩個老師的事情一直耿耿於懷，民間百姓也早已怨聲載道。一旦大王去世，您的處境可就像早晨的露水一樣危險了，您怎麼還能貪念商於的富貴，還自稱為大丈夫呢？您為甚麼不推薦賢人代替自己。您只要辭去官職不要俸祿，做一個耕地的農夫，尚可保全自己的性命呀！」

趙良的一席話，尖銳地指出了商鞅法令的一些弊端和商鞅所處的險惡環境，但此時的商鞅已經被眼前的榮耀沖昏了頭腦，變得剛愎自用。聽了趙良的話，商鞅不但不深思其中的道理，反而不高興，大聲斥退了趙良。

又過了五個月，秦孝公得了重病，不久就去世了。大臣按照孝公的遺願，擁立太子駟即位，就是後來的秦惠王。這時的商鞅自恃是先朝老臣，孝公的紅人，仍然飛揚跋扈，目中無人，沒有對新君表示忠誠和敬畏。

⊙車裂之禍

公子虔由於被商鞅削鼻，舊仇未

龍鳳雲紋皮盾　戰國

報，就與公孫賈同時向秦惠公上奏說：「臣聽說大臣權力太大，國家將要面臨危險，尤其是在君王身邊的人，君王也是很危險的。商鞅變法治秦，我國雖然強盛，但天下老少婦幼都說是商鞅的法律，而不說是秦國的法律。現在他又得封邑十五個城，位尊權重，日後必然叛亂。」

惠公說：「他是先王的大臣，不能輕易追究，姑且不理會，但也不能讓他過於驕傲了。」

於是秦惠王收回商鞅的相國印，令他回到領地。商鞅辭官回家，乘著馬車，浩浩蕩蕩出了都城，陣勢大如諸侯。

公子虔密告惠公說：「商鞅不知悔改，車隊的規模可以和您媲美，如果繼續這樣，日後必定謀反。」

惠公大怒，命公孫賈引三千兵追捕商鞅，公孫賈領命出朝。因為商鞅的新法令中刑罰苛刻，百姓多懷有恨意，聽說要捉拿商鞅，全都願意跟隨，瞬間聚集了數千人。

此時商鞅走投無路，只好逃往魏國，但魏國人恨他在秦國操縱朝政時的無義之舉，不肯接納他。

商鞅只好又奔往鄭國，還沒到鄭國，已經被公孫賈追上。公孫賈將商鞅帶回都城，秦惠公歷數其罪，將商鞅處以五馬分屍的酷刑。

在強秦的朝廷縱橫捭闔的商鞅，就這樣落了個身敗名裂的下場。這固然因為商鞅的才智遭人嫉妒，但也與他治國手段過於嚴苛，失去民心，同時自身過於驕傲自負有關係。法與情經常是矛盾的。沒有商鞅的變法，就沒有秦國的強大，秦國統一天下也許就要延後許多年，或許根本沒有秦國的統一。但商鞅刑罰過重，雖然立了威，有了信，但卻失去了人情，甚至失去了人心，釀下了悲劇的種子。

歷史詞典

玉器流行

玉是質地細密、色澤淡雅、溫潤光華的美石，以玉製成的物品稱作玉器。古代玉器不僅是日常用具和飾品，同時也是具有宗教意義的禮器，以及祭祀天地、溝通神靈的法物。戰國時期玉器空前繁榮。當時工具和儀仗玉器比以前明顯減少，璧、璜、環、佩等禮器和裝飾用品增加較多，而且出現許多新的器形。製作工藝也相對提高，雕刻細膩，紋飾精美，具有極高的藝術價值。

《周禮》記載：「以玉作六器，以禮天地四方」，玉璧、玉璜、玉琮、玉圭、玉琥、玉章是戰國時代最常見的六種玉器。

玉璧是有孔的圓形玉器，其紋飾主要有幾何紋、雲紋和谷紋。秦代以前玉璧極為珍貴，例如秦國為得到趙國的和氏璧，詐以十五城相換。

玉璜只有玉璧的三分之一，初為祭器，用黑玉製成，是立冬祭祀北方的器物，後衍生成飾品，故又稱佩璜。

玉琮是內圓外方的管形玉器，用作禮地、發兵等用。

玉圭指上部尖銳呈三角、下端平直、長方形的玉器，是標明身分的瑞玉和祭祖盟誓的祭器，用來規範宗法關係。

玉璋與玉圭相似，「半圭為璋」，與圭都是區分等級的器物。

除以上的儀禮「六器」外，先秦日常社會生活中盛行用玉作佩飾，人們用佩玉來協調舉止、標明身分、表達情意和作為承諾的信物。另外，先秦的喪葬制度也盛行用玉，例如放入死者口中的玉、堵住屍體孔竅的玉塞、下葬時死者手裡的握玉等。

【畫蛇添足】

●時間：西元前三二三年
●人物：陳軫　昭陽

畫蛇添足這一成語出自《戰國策．齊策》，意思是「多此一舉」、「弄巧成拙」。在中外歷史上，畫蛇添足的事情隨處可見。陳軫就是巧妙利用這個「畫蛇添足」的故事，將一場一觸即發的大戰消弭於無形。

⊙楚軍圍齊

周顯王四十六年（前三二三年），楚國派大將軍昭陽率軍攻打魏國，在襄陵大敗魏軍，接著楚軍連續出擊，攻占了魏國的八個城邑。

隨後，昭陽又率軍攻打齊國，齊王自知難以抵禦楚軍，非常憂慮。此時，陳軫恰好作為秦國的使者來到齊國，見齊王憂慮，就對齊王說：「您不必憂慮，讓我代表您見昭陽，一定能讓他退兵。」

齊王聽了十分高興，就問：「先生要怎麼對付楚國？」陳軫說：「您不必擔憂，我一定會成功。」

於是齊王任命陳軫為特使，派他會見昭陽。

⊙畫蛇添足

陳軫辭別齊王，立即來到楚軍中。陳軫見到昭陽後，先是祝賀旗開得勝，打敗了魏軍，並得到了魏國的八座城池，昭陽很高興。

陳軫話鋒一轉，說：「我不知道依楚國的軍功法，打敗敵軍、殺死敵將的有功之臣，會得到甚麼樣的賞賜？」昭陽說：「授予上柱國將軍的官職，封給上等爵位，手執玉珪。」

陳軫說：「楚國還有更尊貴的賞賜嗎？」昭陽說：「令尹的職位要比上柱國的職位更尊貴。」

陳軫說：「今天您已經做了令尹，這是楚國最高的官位。我為您講個故事吧！楚國有一個貴族，送給門客一杯好酒，讓門客品嘗。門客說：『這麼多人喝一杯酒，一定不夠喝，還不如只讓一個人喝。』於是約定畫畫比賽，大家在地上畫蛇，先畫完就賞給酒喝。大家準備好，一起畫蛇。一個人先畫完了，說：『我先畫好了，酒是我的。』舉起酒杯，站起身來，見大家都還沒有畫完，又說：『我還可以給蛇添上腳。』說著，開始將畫的蛇添腳。等到他快為蛇畫好腳時，下一個畫好蛇的人奪過酒杯，將酒一飲而盡。為蛇畫腳的人惱怒，認為喝酒的人搶了酒。喝了酒的人說：『蛇本來沒有腳，現在你添上

行氣銘玉器　戰國

了腳，是多餘的舉動，那就不是蛇了。』」

說到這裡，陳軫便意味深長地看著昭陽。

⊙昭陽退兵

昭陽聽了若有所悟，便虛心請陳軫接著講下去。陳軫果然提到了重點：「今天您身為楚相，攻打魏國，已打敗了魏軍，殺死了魏將，奪占了魏國八座城池，現在又移師向齊，讓齊國君臣恐慌，功勞已經是很大了。可是您的官職、爵祿不可能再增加了，上柱國之上不會再加一個上柱國。如果您不懂得適可而止，總有一天會招來殺身之禍。假使不勝齊國，後果是甚麼，您想過沒有？很可能會丟掉爵位，免去令尹之職，也會替楚國帶來不好的聲譽，這就是畫蛇添足啊！您不如以得勝之師率軍返楚，這是對齊國施恩施德，為自己留出後路。這樣，您就可以永遠處於高位了！」

昭陽聽了大受啟發，說：「先生說得對，我就退兵回楚國！」於是昭陽率領楚軍離開齊國，回到楚國。由於陳軫的一席話，避免了一場戰爭，齊國轉危為安。

從這個成語中，特別是這個成語產生的背景中，我們應該可以悟出道理，以使自己不觸犯畫蛇添足的失誤。畫蛇添足帶來的教訓就是：如果做事不懂得適可而止，總有一天會帶來麻煩，大概也是孔子所說的「過猶不及」了。陳軫講故事雖然並不是真正為對方著想，但昭陽能夠聽取陳軫的意見，及時退兵，可說是相當明智的。

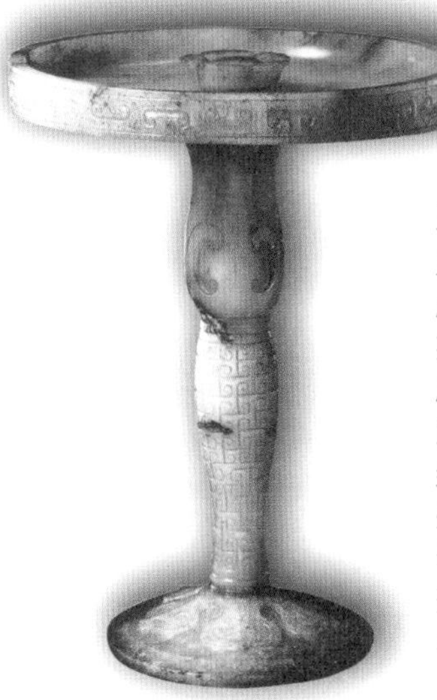

玉勾蓮紋燈　戰國

此玉燈以新疆和闐青玉製成，玉料局部有赭褐色浸痕，全燈由燈盤、燈柱和燈座三部分組成，是三塊玉分別雕琢後黏合為一體的。燈盤為正圓形，盤面平滑，盤壁線直挺，壁外側遍飾一周勾連雲紋，盤心凸起五瓣花形燈臺，既是裝飾又是置捻小臺，富有實用價值。

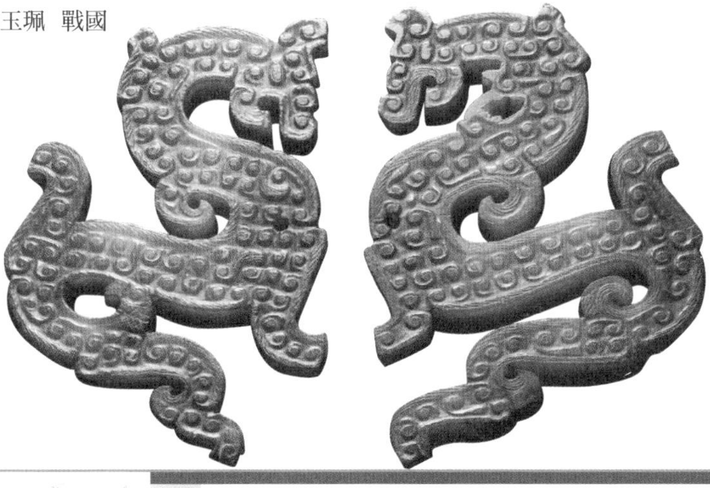

龍形玉珮　戰國

孫龐鬥智

●時間：戰國中期
●人物：孫臏　龐涓

孫龐鬥智的前期，二人比的是人品，這方面忠厚老實的孫臏不是龐涓的對手，只好裝瘋賣傻，僥倖逃命。

⊙龐涓得志

作為春秋大國的晉國，到了春秋末期國勢衰微，最後被趙、魏、韓三家大臣瓜分了，這也就是歷史上的「三家分晉」。

到了魏惠王的時候，魏國廣招天下人才，意圖富國強兵。當時龐涓求見，向惠王講了富國強兵的道理，並保證說：「若用我為大將，則六國就可以在把握之中，我可以隨心所欲統兵，橫行天下，戰必勝，攻必克，魏國則必定成為七國之首，乃至最終兼併其餘六國！」魏惠王聽了大喜，就拜龐涓為大將。

龐涓確有本領，不久便侵入魏國周圍的諸侯小國，連連得勝，使宋、魯、衛、鄭的國君紛紛來魏朝賀，表示歸屬。不僅如此，龐涓也領兵打敗了強大的齊國軍隊。

龐涓有個孫臏的同學，兩人早年一起拜鬼谷子先生為師，學習兵法。同學期間，兩人情誼甚厚，結拜為兄弟，孫臏年長為兄，龐涓為弟。龐涓在魏國當大將的時候，孫臏仍在山中跟隨先生學習。鬼谷子把祕不傳人的《孫子兵法》十三篇讓孫臏細心學習領會，因此孫臏的才能遠在龐涓之上。

⊙嫉賢妒能

後來，魏惠王聽聞孫臏的本領，向龐涓詢問。龐涓沒有辦法，就寫信請孫臏下山。

孫臏到了魏國，魏惠王對孫臏十分器重，讓他做了龐涓的副手。但是龐涓總擔心孫臏的本領較大，早晚超越自己，於是就派人冒充孫臏齊國的家屬，要孫臏向魏惠王請假，回家探親。然後龐涓又對魏惠王謊稱孫臏將要叛逃到齊國。魏惠王中計，下令剜去了孫臏的兩塊膝蓋骨，從此孫臏成了廢人。

此後，龐涓對孫臏更是關心，其實他想得到孫臏學過的《孫子兵法》十三篇。孫臏沒有看出龐涓的計策，熱心為龐涓準備。直到有個知情人實在看不過去，偷偷把龐涓的計策告訴孫臏，孫臏這才恍然大悟。

第二天，正在寫書的孫臏忽然大叫一聲，昏倒在地，隨地嘔吐，兩眼翻白，四肢亂顫。過了一會兒，孫臏醒了過來，卻神態恍惚，無端發怒，瞪起眼睛大罵：「你們為甚麼要用毒藥害我！」罵著罵著，孫臏推翻了書案桌椅，掃掉了燭臺文具，接著抓起花費心血好不容易寫成的部分兵書，扔到了火盆裡。

⊙裝瘋保命

龐涓急忙趕來，只見吐得滿地，孫臏又爬在地上，忽而磕頭求饒，忽而呵呵大笑，完全一副瘋癲模樣。

見龐涓進來，孫臏爬上前，緊揪住他的衣服，連連磕頭說：「鬼谷先生救我！鬼谷先生救我！」

龐涓哭笑不得說：「我是龐涓，你認錯人了。」

「鬼谷先生！鬼谷先生，我要回山。救我回山！」孫臏仍舊揪住龐涓，滿嘴白沫地大叫。

龐涓懷疑孫臏裝瘋，就命令把他拽到豬圈裡。孫臏渾身污穢不堪，披頭散髮，全然不覺在豬圈泥水中滾倒，直怔怔瞪著兩眼，又哭、又笑……

龐涓又派人在夜深人靜時，悄悄送食物給孫臏。龐涓的手下假意說：「我是龐府下人，深知先生冤屈，實在同情。請暗地吃點東西，別讓龐將軍知道！」

孫臏一下打翻食物，厲聲大罵：「你又要毒死我嗎？我做的比你們的好多了。」說完孫臏就撿起豬糞吃了起來。

龐涓這時有些相信孫臏真的瘋了。從此任孫臏滿身糞水到處亂爬，有時睡在街上，有時躺在馬棚、豬圈裡。也不管白天還是黑夜，孫臏困了就睡，醒了就又哭又笑，又罵又唱。龐涓終於放下心來，逐漸對孫臏疏於看管。

齊國大將田忌知道了這件事，知道孫臏的才能，就把情況報告了齊威王。齊威王要田忌用盡方法把孫臏救出來，為齊國效力。

於是，田忌派人到魏國，乘龐涓的疏忽，用一人扮作瘋了的孫臏把真孫臏換出來，脫離龐涓的監視，然後快馬加鞭迅速逃出了魏國。龐涓發現時，已經晚了。

孫臏到了齊國後，受到齊威王極大的禮遇。矢志復仇的孫臏，從此成為齊威王最重要的大臣謀士。此後孫臏與龐涓數度鬥智，終於在馬陵之戰打敗龐涓，為齊威王狠狠挫滅了魏國的聲勢，也報了大仇。

蟠螭紋銅鑑缶　戰國

曾侯乙墓出土。此器造型奇特，精美絕倫，為罕見精品，方鑑與方尊缶之間有空隙，可置冰塊，是古代的「冰箱」。

田忌賽馬

●時間：戰國中期
●人物：田忌　孫臏

田忌是齊國大夫，在與齊威王賽馬屢次失敗的情況下，運用謀略超人的門客孫臏提出的計策，獲得了賽馬的勝利，孫臏也被齊威王任用為軍師，輔佐國事。

⊙君臣賽馬

齊國的大夫田忌很喜歡寶馬良駒，更喜愛比試賽馬。當時賽馬是最受齊國貴族歡迎的娛樂節目，不僅大臣，就連齊威王也常常以賽馬取樂。當時齊威王和田忌約定比賽，規定雙方從上、中、下三等馬中各選一匹參賽，並規定，每有一匹馬取勝則可贏得千兩黃金，反之，一匹馬落後則輸給對方千兩黃金。

齊威王作為一國之君，自然擁有最好的馬匹，每個等級的賽馬自然都要比田忌強，所以幾次比賽後，田忌屢次失敗。田忌覺得敗興，比賽尚未結束，便沮喪地離開了賽馬場。齊威王大勝而歸，得意洋洋。

⊙三戰兩勝

沒過兩天，田忌主動拜見威王，說：「臣請求與大王再次賽馬，一比高下。」齊威王大笑，說道：「好啊，你可是主動送上門來，輸了可不許提前退席！」說罷，君臣二人直奔賽馬場。

一切準備妥當，隆隆鼓聲響起，第一局開始了。只見齊王的駿馬揚蹄奔起，飛快衝在最前面，而田忌的馬雖然拚命追趕，卻仍然遠遠落在後面。

齊威王開心極了，哈哈大笑說：「你可要多準備些黃金！」田忌微微一笑，說：「大王莫急，還有兩場哪！」

第二場比賽，在圍觀人群的一片驚呼當中，田忌的賽馬竟然衝到齊威王的馬前面，贏了第二場。之後是關鍵的第三場，田忌的馬又一次跑到齊威王的馬之前，結果二比一，田忌獲得了最後的勝利。

⊙孫臏登場

這突如其來的結局讓幾乎從未輸過比賽的齊威王目瞪口呆，他不知道田忌從何方尋到了這麼好的賽馬，便拉住田忌詢問。周圍的大臣也感興趣，都圍攏過來。

田忌躬身施禮，對威王說：「大王，其實臣的馬根本不是大王駿馬的對手。」

「哦？」齊威王更驚訝了，「可是，寡人明明輸給你了啊？」

「大王有所不知，上次臣輸給大王之後，心裡很是不服，可是又無計可施。回到家之後，臣的門客聽後，為臣出了一個主意。臣這次正是用了他的計策，才得以獲勝。」田忌回答說。

「哦？甚麼主意？那人是誰，同你一起來了嗎？」齊威王迫切連連追問。「來了，大王，這位就是臣的門客孫臏。」

虎狼搏鬥紋金牌飾 戰國

金牌長十三．八公分，內蒙古伊克昭盟東勝市出土。這是一件具有草原文化特徵的藝術品，造型作虎狼搏鬥狀，似乎是猛虎和餓狼為爭食一隻小動物而搏鬥，狼明顯處於下風，已被虎踩踏於下，只能仰面掙扎。

田忌說完，用手一指身後，只見一位雙腿殘疾的中年人。孫臏見了威王，忙上前施禮。威王起身相迎，讓孫臏平身，並叫人安排坐位。

孫臏坐下之後，威王很客氣問：「敢問先生是如何施以計策，讓田將軍贏了寡人的？寡人甚為好奇。」

孫臏回答說：「大王，小人不過耍了一個小把戲而已，請大王恕罪。」

「罷了罷了，先生快說說怎麼回事，寡人不怪罪你們。」威王急沖沖說。

⊙輸贏的奧祕

孫臏這才娓娓道來，原來，在賽馬之前，孫臏出的主意，讓田忌把下等馬偽裝成上等馬，與齊王的上等馬相比，而用上等馬與齊王的中等馬比，再用中等馬與齊王的下等馬比。這樣一來，田忌的下等馬當然輸掉第一局比賽，但是之後的兩局中，上等馬和中等馬一定能贏。因而田忌不僅沒有輸掉比賽，反而取得最終的勝利，贏得黃金一千兩。

透過這場賽馬，孫臏告訴威王，在雙方條件差不多的時候，應對得當就可以戰勝對方。而在雙方條件相差較大時，如果採取合適的對策，則可將損失減到最低程度。

威王恍然大悟，隨即任命孫臏為軍師，輔助田忌指揮全國的軍隊。之後孫臏協助田忌，不斷改進齊國軍隊的作戰方法，使得齊軍與別國軍隊的對陣中屢屢取勝。

田忌賽馬的故事指出了策略的重要性。在現代科學中，研究這種競賽策略的數學分支，叫作博弈論，也叫對策論，是運籌學中的一部分內容。從這個故事可以看出，中國人在很早的年代就已經在這方面有了相當的研究和運用了。孫臏不僅幫助主人贏得了比賽，更重要的是他也為自己贏得了一個在齊威王心目中的良好印象，為日後在齊國大顯身手立下了良好的基礎。

圍魏救趙

●時間：西元前三五四年
●人物：孫臏　龐涓

圍魏救趙是古代著名的戰例，是孫臏軍事思想的具體運用。僅憑這一次戰事，孫臏就成為後世推崇的軍事家。

⊙出兵救趙

周顯王十五年（前三五四年），魏惠王派大將龐涓統兵八萬，戰車五百乘，大舉進攻趙國。魏軍長驅直入，迅速包圍了趙國的都城邯鄲（今屬河北），企圖一舉滅趙。趙成侯火速向齊國求救，許諾以中山之地答謝齊國。

齊威王答應救趙，知道唯有孫臏能當此重任，於是想拜孫臏為大將。誰知孫臏卻說：「臣乃是受過刑的人，由我領兵會顯得齊國無人可用，讓敵人笑話，有損國威，請大王拜田忌為大將。」

於是，齊威王拜田忌為大將，孫臏為軍師，起兵八萬，出發援救趙國。孫臏暗地出謀劃策，卻不顯露身分。

出兵前，田忌與孫臏研究作戰計畫。田忌認為應該率軍北上邯鄲，與魏軍決一死戰。孫臏不贊成，他說：「趙國的將軍不是龐涓的對手？等我們抵達邯鄲，邯鄲早被攻下了。如今魏國的精銳部隊全在趙國，後方空虛，如果率兵直攻魏都大梁（今河南開封），占據交通要道，襲擊空虛的後方，那麼魏軍主力必然放棄攻打邯鄲的計畫，回師自救。這樣，既可解邯鄲之圍，達到救趙的目的，又可在魏軍長途跋涉、疲於奔命之際，出奇軍攻擊魏軍。」

田忌聽罷，心中大喜說：「還是先生技高一籌。」於是，田忌依照孫臏的計謀引兵向魏國進發。

⊙龐涓中計

為了迷惑龐涓，使其無法知道齊軍的真正意圖，孫臏讓田忌先進攻魏國的平陵。孫臏說：「平陵城雖小，但管轄的範圍很大，人口眾多，兵強馬壯，是戰略重鎮，很難攻取。我們進攻平陵，途中必經魏國的市丘，我軍的軍需補給道路一定會被魏軍輕易切斷。進攻平陵就是為了偽裝我們不懂軍機的假象。」

於是，田忌率齊軍攻打平陵，並特意派有勇無謀的將士出戰，故意敗給魏軍。

龐涓見齊軍攻打平陵連遭敗績，認為齊兵戰鬥力不強，沒把齊軍放在

彩繪鳥紋杯豆　戰國

延伸知識

魏國的衰落

戰國初期，魏國所處的中原地區，開發較早，生產力先進，人口眾多，土地肥沃，同時由於路網縱橫，交通便利，所以天下物產雲集，從而使商業繁榮，製作業發達。戰國時期最大的商業城市除了宋國定陶外，就是魏國大梁。

魏國是戰國第一個實施變法圖強的諸侯國，魏文侯重用法家李克、西門豹，制定法經，廢井田，開阡陌，確立了土地所有制，大大刺激了生產力。

在軍事方面，魏國較早進行了軍事變革，建立以精銳武卒為核心的常備軍，魏軍內部等級森然，分工明確，而且數量龐大。魏襄王時期，魏有武卒（重裝步兵）二十萬，奮擊（輕銳步兵）二十萬，蒼頭（裹頭巾的待選新兵）二十萬，廝徒（軍工、勤務兵、輜重兵）二十萬，車六百乘，騎五千匹，軍事實力可謂雄厚。

可惜魏文侯的繼承者魏惠王缺乏戰略眼光，四處樹敵，和趙、齊、韓、秦、楚等國家輪番開戰，最終國運中衰，一蹶不振。以至於後來魏惠王淒涼哀歎說：「東敗於齊（馬陵之戰），長子死焉，西喪地於秦七百里，南辱於楚，失八邑，寡人恥之。」

眼裡，於是集中兵力猛攻邯鄲。邯鄲守將等不到齊國的救兵，而趙軍死傷慘重，於是邯鄲守將向龐涓獻城投降。龐涓很得意，派人向魏王告捷，正想繼續引兵深入趙國腹地，突然聽說齊軍偷襲魏國都城大梁。龐涓大驚失色，立即班師回救。

原來，孫臏讓田忌在進攻平陵的同時，又派出一支精銳部隊直逼大梁。

⊙伏擊龐涓

就在龐涓陶醉於攻克邯鄲的勝利之時，魏惠王派人告急，齊軍以精銳之師進逼大梁，命龐涓火速班師回救。龐涓顧不得休整軍隊，日夜兼程，馳援大梁。但他萬萬沒有料到，攻擊大梁的齊軍僅僅是一部分，其主力早已在桂陵（今山東菏澤東北）埋伏，以逸待勞等著龐涓。

當龐涓率領大軍匆匆渡過黃河，接近桂陵時，進入了齊軍埋伏圈。齊軍突然奮勇殺來，魏兵是疲憊之師，事出突然，隊伍大亂。原來孫臏早已安排探馬刺探龐涓軍情，知道龐涓快到桂陵。

龐涓被齊軍包圍，難以脫身。正在危急，其部將龐葱、龐英率兵殺到，把龐涓救了出去。此戰，齊軍直殺得魏軍丟盔卸甲，四處逃散，龐涓只帶了少數殘兵敗將逃離。

「桂陵之戰」後，魏惠王被迫議和，把邯鄲歸還了趙國。

銀首人俑燈　戰國

燈高六十六．四公分，河北平山中山王墓出土。銅人立姿，人首銀製，面帶笑容，身穿飾捲雲紋長衣。

馬陵大戰

●時間：西元前三四一年

●人物：孫臏　龐涓

孫臏用同一條計策兩敗龐涓，主要是掌握了龐涓的心理弱點。龐涓技不如人，又逞強好鬥，最後兵敗身死。

⊙分析利弊

魏國在桂陵之戰敗給齊國，並未傷及元氣。桂陵之戰的第二年，即周顯王十七年（前三五二年），魏國聯合韓國，在襄陵打敗了齊、宋、衛多國聯軍。

二十五年（前三四四年），魏惠王又召開了逢澤（今河南開封東南）之會，參加會盟的有十二個諸侯國，會後魏惠王帶著會盟的國君一同朝見了周天子，儼然一副霸主的模樣。

二十八年（前三四一年），魏惠王以韓國沒有參加當年的逢澤之會，派太子申和龐涓率兵大舉進攻韓國，韓國向齊國求救。

那時候齊威王已經死了，兒子齊宣王召集群臣商議對策。齊相鄒忌認為韓、魏相互攻擊，對齊國是好事，齊國可以隔岸觀火，坐收漁翁之利，因此不該發兵援韓。大夫田忌則認為魏、韓相爭，韓敗魏勝是必然的結果，魏國勝利則實力增強，對齊國不利，因此不能袖手旁觀。兩人意見相左，齊宣王只好徵詢孫臏的意見。

⊙重蹈覆轍

孫臏說道：「魏國自恃強大，屢次起兵攻擊鄰國，早晚會殃及齊國。如果聽任韓國投降魏國，只能使魏國更加強大，從而對齊國形成巨大威脅，因而不救韓國是不明智的。然而，齊國的軍隊必須為齊國利益而戰，如果過早出兵，就等於齊國代替韓國作戰，韓國坐享其成，那樣對齊國也是不利的。」

齊宣王聽了，連連稱贊，接著問道：「那到底該怎麼辦呢？」

孫臏說道：「我們要許諾韓國出兵，讓他們放心，韓國知道齊國出兵相救，必然盡全力抵抗魏國。魏軍見韓國不願投降，必然傾全力攻擊。等到魏、韓兩軍的實力消耗差不多時，我們再出兵攻擊疲憊的魏國，拯救危亡的韓國，這樣才會收到事半功倍的效果。」

齊宣王認為孫臏的分析有理，就告訴韓國的使者允諾出兵救韓。韓國

馬陵道

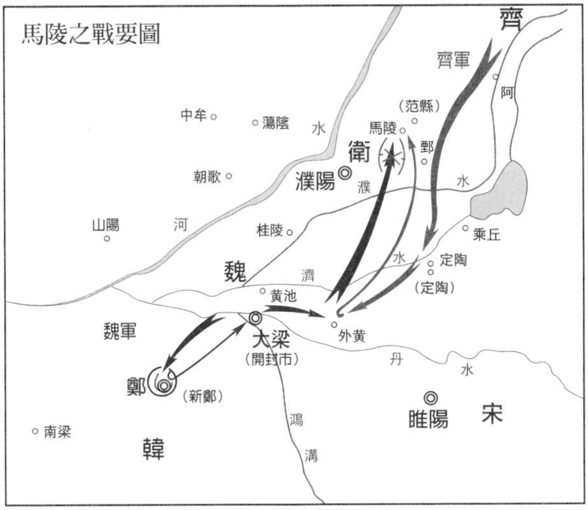

國君聽了，放棄了投降的念頭，拚命抵抗魏軍。

不久，韓國再次請求齊國救援，於是齊宣王派田忌、孫臏帶兵援救韓國。孫臏又使出老方法，不去救韓，卻直接進攻魏國。龐涓得到告急文書，只好退兵回魏。

⊙龐涓之死

齊軍見魏軍回防，便開始退軍。孫臏對田忌說：「魏軍好戰，一向輕視齊軍，我們將計就計，裝作懼怕魏軍，讓他們中計。」

於是孫臏實行減竈之法，在退兵途中，第一天造十萬人做飯用的鍋竈，第二天減為五萬人的爐竈，第三天減為三萬人。

魏軍的追兵到達齊軍紮營的地方，龐涓發現齊軍的營盤占了很大的地方，數了做飯的爐竈，足夠十萬人。第二天，魏軍趕到齊軍第二次紮營的地方，數了爐竈，只夠五萬人使用。第三天，齊軍的爐竈就只剩三萬人了。

龐涓笑著說：「我早知道齊軍都是膽小鬼，才三天工夫，齊軍就逃散了一大半。」

於是龐涓和太子申帶領魏軍的精銳部隊，日夜兼程追趕齊軍。

當孫臏探知魏軍已過沙鹿山時，屈指計程，料定魏軍天黑時必會到達馬陵（今河南范縣西南）。馬陵地勢險峻，一條窄道夾在兩山中間，道旁樹木叢生，是設伏殲敵的好戰場。於是孫臏命令齊軍停止退軍，砍伐樹木，堵塞道路，並讓齊軍弓箭手埋伏兩面，吩咐見到樹下火光，就一齊放箭。

魏軍追到馬陵時天已經黑了，龐涓見前面被木頭堵住了，就吩咐士兵清理。這時，士兵報告樹上有字，因天色昏暗，看不清楚。龐涓叫士兵點起火把，只見樹上寫著「龐涓死於此樹下」。龐涓大吃一驚，連忙吩咐退兵，可是已經晚了。四周的齊軍萬箭齊發，魏軍死傷無數。

龐涓驚慌失措，明白中了孫臏的計策，但悔之晚矣。心高氣傲的龐涓擔心被俘會受孫臏的報復折辱，便拔劍自刎了。魏軍失了主帥，更加亂做一團，齊軍乘勢大破魏軍，把魏太子申也俘虜了。

馬陵一役，齊軍大獲全勝，魏國則元氣大傷。這一切都是出自孫臏巧妙的安排。孫臏運籌帷幄，一戰成名，從此齊國也取代魏國，成為了東方最強大的國家。

戰車和車戰

在人類戰爭史上，步兵是最古老的兵種。步兵對裝備要求不高，易於組建，人類戰爭的形式最初也主要是步戰。在中國歷史上，原始社會的戰爭以步戰為主，這種狀況一直延續到商代前期。但是到了商代晚期，這種步戰方式開始逐漸讓位於新崛起的車戰。到春秋時期，車戰已是重要的作戰方式。

戰車結構和人員裝備

在安陽殷墟已發掘出殷商時的車子十八輛，可以知道商代的戰車用木製作，其形制是獨輈、兩輪、長轂。車轅前有車衡，衡上縛兩軛以供駕馬，後端與車軸在車廂（輿）底相交，挖槽嵌合。車廂呈橫寬縱短的長方形，四周有輕桯，桯間有欄，門開在後面。車廂內可容納甲士三人，和他們攜帶的兵器、馬鞭、修理車的工具等。

這種基本形制，西周和東周的戰車承襲，但在結構上加以改進。一是車轅的曲度加大，轅端抬高，減少了服馬的壓力，馬的拉力由此增加。二是車廂加寬，甲士完全可以在車上自由揮動兵器，有利於甲士在戰車行進時靈活進擊。

為了使戰車更加牢固，方便衝撞，關鍵部位的青銅加固特別增加。例如大多數車子都用銅轄把車固定在轂外側軸上，內側以銅軸飾保護轂，減輕了車輛運行時的左右擺動。

為了提高戰車的機動性能，周代戰車的軌寬逐漸減小，車轅逐漸縮短，輪上的輻條則逐漸增多。

西周的兵車種類也增多了，除了進攻用的「輕車」外，還有防禦用的「廣車」，有環和皮革以遮蔽矢石的「蘋車」，有指揮用的「戎車」，有攻城用的臨車、衝車，有裝器物用的輦。

戰車上的進攻性武器包括戈、酋矛、夷矛、戟、殳等五種長兵器，用於近距離肉搏、隨身防衛的短兵器刀、劍等，也有用於遠距離攻擊的兵器弓矢。戰車上甲士的護衛裝備有盾、甲冑等。

車戰時，近距離的格鬥發生在兩

蟬紋矛　戰國

一九九一年四川省彭州市致和鄉紅瓦村戰國窖藏出土，四川省彭州市博物館藏。兩件成對，形制紋飾均相同，矛身略呈菱形，兩面分別飾變形蟬紋、手紋。其刃口鋒利，紋飾精細，為巴蜀式銅矛中的精器。

乘戰車交錯時，所以具有勾割功能的戈是一種比較有效的殺傷工具。戈裝有長柄，主要適於戰車上掄動作戰。

矛是尖形的刺殺工具，也是西周、春秋戰車上常見的兵器。從商周到春秋戰國，矛的形狀不斷改進，矛身逐漸加長，兩翼則變得窄小，方便刺得更深，增強了殺傷力。

戟是戈和矛的複合體，兼有二者啄、刺、勾三種功能。春秋時期戟的形制也不斷變化，戰國時期更出現了鋼鐵製造的戟。

殳是一種打擊兵器，由菱形的金屬頭和竹、木桿構成。戰國時殳的金屬頭往往帶刺或稜。

用於防衛的盾有木、竹、籐、金屬等各種質地，甲形如衣服，披在身上，胄形如帽子，戴在頭上，就是頭盔。

戰鬥方式

戰車的形狀與戰鬥隊形密切相關。一般戰車長寬各三公尺左右，加上兩側徒兵的位置，超過九平方公尺的面積。這樣大的方形戰鬥單位本身的機動性能有限，再加上攻殺器械的制約，戰車組成的隊形作縱深配置較為困難，只有採用大排面橫列方式作戰才能發揮戰車的效能。橫排隊列可以做到左右照應，免受敵人的攻擊。

車戰時雙方戰車在接近過程中，先用弓箭對射，以強大的殺傷力造成對方陣容的混亂，到戰車逼近時，保持隊形嚴整，在戰車錯轂的瞬間夾擊對方戰車，以取得優勢。當兩車正面相遇，甲士之間相隔在四公尺以上，三公尺多的戈、矛、戟發揮不了效力，只有兩車相錯，車廂側面間距在一．六公尺以下，雙方甲士才能用長兵器格鬥。這樣的車戰戰鬥方式，隊形整齊就成為取得勝利的重要保障。

春秋時期車戰成為主要戰爭方式，使軍事編制也隨之發生改變。春秋列國軍隊典型的編制一般有軍、師、旅、卒、兩、伍六級。春秋早期，伍由五名戰士組成，是戰車下的步卒，以戰車為依託展開戰鬥。兩由五個伍二十五名戰士和一乘戰車組成，戰車是戰鬥核心。四兩是一卒，五卒組成一旅，五旅成一師，五師成一軍。

春秋戰車

戰車自商代晚期崛起，春秋趨於鼎盛，大多諸侯國擁有大量戰車。車戰開始成為春秋時期的主要戰爭形式。春秋中後期以後，作戰地域擴大到中原以外地區，這些地區大多不適於車戰，於是擁有大量步兵的新型軍隊開始組成。到了戰國，戰車進一步衰落，逐漸為步兵、騎兵所取代。

春秋時期是車戰的鼎盛時期，大國動輒擁有萬乘戰車，小國也有千輛戰車，各國的軍事實力以戰車數量衡量。戰爭絕大部分都是車戰。

總體而言，當時的車戰，尤其是春秋早期的車戰，是貴族式戰爭，崇尚禮節。兩國發生大規模衝突時，作戰軍隊相會，首先安營紮寨駐軍，稱為「次」或「軍」、「舍」。

然後雙方約定戰鬥時間和地點。城濮之戰時，楚軍元帥子玉送信給晉文公說：「請與君之士戲，君馮軾觀之，得臣與預目焉。」在正式戰鬥之前，往往還有「致」或「致師」的行動，就是以猛士駕單車進犯敵軍營壘，目的是挑戰和炫耀武力。

戰鬥在約定的日期開始，雙方排列陣勢，這是車戰最主要的步驟，春秋車戰無一例外，遵循預先列陣、先陣後戰的原則。如城濮之戰時，「晉師陣於莘北」。宋襄公意欲爭霸，等到楚軍過河佈好陣勢，再進行決戰，被後世譏笑為不知變通，其實正表現了春秋及古時戰爭尚禮、先陣後戰的風氣。佈好陣勢之後，雙方衝鋒，進行決戰。

春秋時期各國軍隊規模不大，車兵的機動性不強，所以戰爭在短時間就可分出勝負，一般幾個時辰，最多一天即結束。城濮之戰在春秋時算是規模非常大的戰爭，一天就打完了。周簡王十一年（前五七五年）鄢陵之戰，晉、楚兩軍「旦而戰，見星未已」，在春秋中期已屬罕見。

春秋的車戰在白天進行，少數不見勝負的戰爭，則夜晚休戰，雙方清理死傷，重組部伍，等待明日再戰。

春秋時期列國間戰爭頻仍，車戰戰術也有顯著進步。先是車戰陣形有了很大突破，普遍採用了中軍和左翼、右翼三部分配合的寬正面橫向陣形。隨著車戰規模擴大，參戰車輛增加，戰車編隊也擴大了。其次，出現了初級的野戰防禦方法——營壘，能夠阻礙戰車的衝擊。

另外，春秋時尤其是晚期的戰爭中，詐術也開始使用，例如乘對方陣形未成就發起攻擊。又如魯釐公三十三年（前六二七年），晉、楚軍隊隔河對峙，雙方相持不下。這時晉國內部動亂，晉軍急切回撤，於是晉軍將領寫信給楚帥，建議晉軍後退三十里，楚軍過河，雙方列陣決戰，或楚軍後退，讓晉軍過河。楚帥接受後一種辦法，沒想到楚軍退後時，晉軍乘機撤軍回國了，追之不及。

春秋時期的戰車陣戰靈活運用，如迂迴側後、攻其不備、佯退側擊和設伏合圍等。城濮之戰中，晉、楚雙

三鋒戟形器　戰國

儀仗禮器。器體上部是山字形，兩側向下部內轉成鏤空回字紋，下部中間有圓筒狀銎，可插在立柱上。這種器物為中山國特有，造型莊重。

方都有左、中、右三軍。晉軍先擊潰了薄弱的楚軍右翼陳、蔡聯軍，接著上軍和下軍同時向後佯退，楚左師孤軍追擊晉上軍，結果造成側翼暴露，晉中軍乘機從旁側擊，晉上軍也回師夾攻，楚左師大敗。這是佯退側擊的著名戰例。

周莊王十三年（前六八四年）齊、魯長勺之戰，齊軍敗退時，曹劌阻止魯莊公匆忙追擊。他觀察齊軍敗退時的旗幟和車轍，確認齊軍真的潰敗，才下令追擊，就是因為害怕齊軍佯退設伏。

青銅鑲嵌綠松石匕首 戰國

劍首呈弧形，扁方莖，中空，莖上鏤雕幾何形圖案，上下兩面的雕飾相互對應，間飾較密集的嵌有綠松石的小圓柱，工藝講究。

匕首 戰國

青銅質地，器身短且扁平，柄較短，雕有花紋，鑄造精良，是隨身攜帶的小型武器。

車戰逐漸淡出歷史舞臺

商周時期，軍事角逐的中心區域在關中和中原地區，地勢開闊平坦，適合戰車馳騁的平原地帶，戰車的巨大衝擊力是無法抗拒的。春秋中期以後，由於戰爭不斷發生，作戰區域擴大，地形較為複雜，不乏山川沼澤，戰車無法列陣衝鋒，也就無用武之地。於是又組織了適應能力更強的步兵，或將車兵改編為步兵。這些現象預示了車戰的衰落和步戰的復興。

到戰國時期，戰爭規模進一步擴大，傷亡也隨之增多。戰國軍隊數量較春秋時期數十倍增長，秦國有帶甲百萬，齊國數十萬，楚國也有百萬。以各國的實力，沒有可能將這樣龐大的軍隊裝備成車兵，以人民為主體的大規模軍隊必然是步兵。

另外，車戰也有弱點，除了對地形依賴較大外，作戰方式呆板，主要用於速戰速決的野戰，不適攻城，缺乏有效的攻堅方式。

戰國時期，經濟發展，城市的戰略地位不斷上升，攻城滅國成為大國擴張的直接目標，城的防禦功能顯得突出。車戰既然不能擔任起攻城的重任，其地位也必然下降。

戰國時期步兵的戰術有了很大突破，廣泛採用了先進的密集陣形和更加堅固的佈障設壘等防禦方法，能夠與戰車抗衡。武器裝備有了很大改進，大量使用威力巨大的遠射兵器——弩，能夠在寬大的正面有效遏制戰車的衝擊。

戰國時期作戰區域進一步擴大，地形更加複雜。這些因素的作用下，車戰風光不再，步戰取而代之。

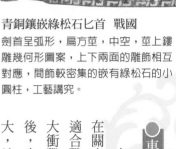

三個字的啟示

●時間：戰國中期
●人物：田嬰

古語說：「木秀於林，風必摧之。」一個人不論有多大本事，如果刻意炫耀，離毀滅就不會太遠了。人應該懂得謙卑，並盡量隨意適應環境。

⊙擬修薛城

田嬰是戰國時期齊國的相國，也是戰國四公子之一的孟嘗君的父親。田嬰自齊威王時開始擔任齊國宰相，與孫臏、鄒忌及田忌一起參與過救韓伐魏的征戰，在歷史上著名的馬陵之戰中戰敗魏國，田嬰和這三位齊國風雲人物一起俘虜了魏太子申，並迫使魏國將領龐涓自殺，使齊國的聲勢重新震懾了中原諸侯。

田嬰立有大功，所以齊國國君將他封於薛城（今屬山東）。田嬰以為薛城年久失修，城牆不夠牢固，不易防守，於是準備增高加固薛城。

田嬰的部分門客提出反對意見，認為田嬰身為齊國的相國，並不需要住在薛城，現在重修薛城，除了勞民傷財，並沒有任何好處，反而讓反對田嬰的人藉口說辭，引起齊王的猜疑。

田嬰見不支持決定，心裡很不高興，就對守門的衛兵說：「從今往後，凡是來勸阻修築薛城的人，一律不得讓他們進來，有違抗者一定嚴懲。」

⊙只諫三字

田嬰下達命令後，不久有一個門客請求拜見田嬰。門客對衛兵說：「我只對相國說三個字，說完就走。如果多說一個字，我情願受烹煮的刑罰。」衛兵報告田嬰，田嬰好奇，於是同意接見門客。

門客快步進來對田嬰說：「海大魚。」然後轉身就走。田嬰大為詫異，馬上叫住，說：「你別走，這話是甚麼意思，你不能說半句話就走啊！」那人說：「我說過只有三個字，都說完了，再多說一個字，就要被煮了。我可不願意被人煮熟。」

田嬰好奇，忍不住說：「免你一死，你接著說吧！」

於是，那人接著說道：「您一定知道海裡的大魚吧，釣鉤釣不動，漁網也撈不住。但是大魚一旦得意忘形，離開了賴以生存的海水，那麼連小小的螻蟻也能隨意擺佈了。」

田嬰聽了這話，若有所悟，低頭思索，收斂了狂傲的態度，恭恭敬敬對門客說：「請先生再指教。」

⊙「海大魚」的涵義

那人見策略生效了，微微一笑，接著說：「這就如同修復薛城，是一樣的道理啊！重修薛城不僅需要大量的人力物力，勞民傷財，甚至還會引起大王對您的猜疑。齊國相當於您賴以生存的水，如果永遠擁有齊國，在強大齊國的庇護下，修好了薛城又有甚麼用處呢？如果失去了齊國，即使修好了薛城，就算把城牆修得像天一樣高，像山一樣堅固，又有甚麼用處呢？

「像您這麼有地位的人，既可以得到人們的仰慕，同時也是小人陷害的對象。倘若大張旗鼓修整城池，嫉妒的人在大王那裡奏上一本，說修城是圖謀不軌。即使君王信任您，但不至於沒有任何影響。如果大王經常見到這樣的奏章，他還會一直相信您嗎？再說，百姓的負擔已經很重了，不願意再從事額外勞役。如果您一定要修城，百姓肯定會怨聲載道。

「您的身分、地位已經很顯赫了，可以說是一人之下，萬人之上，如果還要把城池修得金碧輝煌，只能留下把柄，說您奢侈豪華，生活糜爛，這又對您的聲譽有甚麼好處呢？」

田嬰想了想，覺得的確有理，不由得肅然起敬，向他躬身行禮，表示謝意，並且放棄了修城的打算。

從此，田嬰一改從前驕縱的態度，禮賢下士，待人謙和。正因為田嬰的低調處世，他終身平安富貴，並蔭及子孫，父子相繼在齊國長期執政。

歷史詞典

滴漏的發明

漏滴又名漏刻，漏是漏壺，刻是刻箭，漏刻也叫銅壺漏滴。是一種比日晷用途更大的計時儀器，不僅可以用於計時，也可用以守時，而且不受白天或夜晚、晴天或陰天的限制。

史書上關於漏壺的記載，最早見於《周禮》。《周禮》應是戰國時期的作品，但是從記載中看出，當時的漏刻制度已經相當複雜，可以推斷漏壺的發明時間更早。

根據史料記載，漏壺的發展大約經歷了淹箭法、沉箭法、浮箭法這一過程。浮箭法比前兩種方法先進，把壺裝水，水從壺中洩漏，稱為漏壺，另用容器收集漏下的水，箭舟放在容器中，稱為箭壺。箭壺加上有孔的蓋，箭從孔中穿過，隨著箭壺收集的水越多，箭舟托著箭桿往上浮，從孔邊就可以讀出刻度數，從而知道時間，這種漏壺叫做浮箭漏。

由於漏壺在古代生產、生活中有重要作用，因而歷代比較注重並致力改進漏壺。

彩繪鳳鳥雙聯杯　戰國

【亞聖孟子】

●時間：約西元前三七二～前二八九年
●人物：孟子

孟子根據時代的需要，發揮孔子仁學思想，形成了他的道德心性之學和王道仁政理論，鞏固了儒家道統地位，捍衛並擴大了孔子學說的影響，對儒家學派的存續、發展有承上啓下的作用，後來被儒家尊為「亞聖」。

孟子（約前三七二～前二八九年）名軻，鄒（今山東鄒城）人。他是傳統儒家的主要繼承人，地位僅次於孔子，因其在中國思想史上的傑出貢獻，對儒學的繼承和發展，世人尊為「亞聖」，譽為「中國之柏拉圖」。孟子受業於孔子的嫡孫子思，在思想上與孔子一脈相承。

⊙「天人合一」

在孟子看來，只有人的心性才是人所特有的，是人的本質屬性，蘊於人心、使人異於禽獸而成為人的必要條件，就是人類與生俱來的善端。孟子認為，這種善端不是外力可以強加於人的外來之物，而是每個人心中固而有之的，所以是人的本性。它表現為一種無意識的心理趨向。

孟子將這種善端分為四類：惻隱之心（不忍人之心）、羞惡之心、恭敬之心（辭讓之心）、是非之心。其中，「惻隱之心」是最根本的。這四心就是仁、義、禮、智等道德觀念的萌芽，將其發展擴充，就可形成「四德」。

孟子強調，「四心」是人性的主要內容，是性善的根本標誌，每一心都是人之所以為人的必要條件，缺一不可。孟子所講的「善」，除了具有與「惡」相對立的道德含義外，還具有擅長、喜歡、喜好之意，具有著知、行兩方面的內涵。孟子認為，良知是人的本然善性的重要內容，只要充分挖掘，擴充心中的理性思維功能，就可獲取認識上的絕對自由，達到「萬物皆備於我」的天人合一的理想境界。孟子對於天的理解，在很大程度上具有自然之天的意味。

孟子通過個人的主觀修養、心性追求，攝取宇宙的生命來充實自我的生命。同時，又擴充個體生命以增進宇宙生命，即把個體融會於宇宙萬物之中，從而使個體生命作為永恆的宇宙生命的一部分，實現「萬物皆備於我」，即「天人合一」的最高精神追

山東鄒城孟子雕像

求。這便是儒者所共同追求的心性修養的最高境界。

⊙「生於憂患，死於安樂」

「浩然之氣」，是孟子所特用的一個名詞，指個人在最高境界中的精神狀態。孟子認為要切實做到張揚上天賦予人之本然善性，必須培養「浩然之氣」，用「志」來主宰身心。一個擁有了這種精神力量的人，便可堂堂正正立於天地之間，居天下之仁，立天下之禮，行天下之義。「窮則獨善其身，達則兼善天下」，並且始終如一，堅貞不渝，不為物欲、權勢所動心，真正做到「富貴不能淫，貧賤不能移，威武不能屈」。孟子「捨生而取義」，認為這是關於人生價值的問題，是重於生命的，是「浩然之氣」的最高表現。

「鰲」字

此「鰲」字鐫刻在孟子故里——山東鄒縣峰山主峰的峭壁上，高十五公尺，寬八公尺，是中國刻石第一大字。

孟子的修養論並不局限於內心的自省自律，他更提倡力行，激勵人們於憂患之中錘鍊自己，引出了「天將降大任於是人也」的著名論斷，他認為，只有通過苦、勞、餓、乏、亂等磨難來錘鍊意志，強健筋骨和體膚，增強思維，人才能擔當重大使命。

孟子從先賢的人生經歷中感悟到：險惡的不幸往往更易激發人，使人不斷完善自己，而安逸的生活卻會磨滅人的意志，使人頹廢，正所謂「生於憂患，死於安樂」。

⊙民本思想

孟子關於人生價值的論述對後世影響極深，培育了中華民族的正氣傲骨，鼓舞了一批又一批有志之士前赴後繼，臨大難而不改其志。但是獨善其身並不是孟子人生理想的最高層次，只有在自我完善的基礎上推己及人，治國、化民兼濟天下，才是孟子人生價值的最後實現，也是人生的最終目的。孟子的心胸如此開闊，受到了後世儒家的推崇。

平治天下，是孟子賦予自身的歷史使命，也是作為一個儒者道德完善的最高境界。他將極大的關愛投向世間民生，在匡世濟民的探索中形成了以民為本的仁政學說。

孟子認為民心向背決定著社稷的安危存亡，主張以仁義為本，教化為重，「省刑罰」，保證百姓生存，「置民以產」，不誤農時，「薄稅斂」，「富民」後還要對百姓施以教化。「善教得民心」，這是施行仁政極重要的一環。孟子認為，要稱王天下必得民心，得民心必得施仁政，施仁政必能使百姓安樂。「民為本」，「民貴君輕」，這就是孟子的仁政學說的核心所在，也可以說是孟子人本精神的集中表現。

蘇秦游說六國

●時間：戰國中期
●人物：蘇秦

通過口舌能佩六國的相印，蘇秦也算是能人了。蘇秦之能，在於認清形勢，因勢利導，讓各國受益，而不僅是簡單的「舌辯」。

⊙初遊受挫

蘇秦是洛陽人，年輕時曾拜著名的縱橫家鬼谷子為師，師滿下山後回到家中，只寥寥數日，便想周遊列國。家中無人贊成，但蘇秦主意已決，獨自踏上行程。

蘇秦先到秦國，正好秦惠文王剛殺了商鞅，正厭惡游說之士。蘇秦在秦國一年多，一事無成，只好回家。

家人見了他的狼狽樣，多不理會。蘇秦不覺心酸落淚，歎道：「一身貧賤，妻子以為丈夫，嫂嫂不當小叔子，父母也不認我，這都是我的錯。」

於是蘇秦發奮讀書，研究天下形勢。夜裡疲倦了，就用錐子扎大腿，以便保持清醒，繼續讀書。如此一年，蘇秦的學問大有長進，列國形勢、天下大事都瞭如指掌。

⊙游說燕君

這一次，蘇秦拜別父母妻嫂，來到趙國。他尋訪趙國的相國奉陽君，結果奉陽君並不很感興趣。

於是，蘇秦來到燕國，想求見燕文公，左右卻不通報。蘇秦在燕國一年多，正一籌莫展之際，聽說燕文公出遊，蘇秦就當街攔住了燕文公的車隊。

文公聽說攔車的人是蘇秦，非常高興，回宮立即召見蘇秦，說：「我聽說先生幾年前上秦王萬言書，今日先生來到這裡，真是燕國的大幸啊！」

蘇秦說：「燕國雖是大國，但在七國之中實力最弱，燕國之所以不受戰爭之苦，您知道是為甚麼嗎？」燕文公說：「不知道。」

蘇秦說：「這是因為趙國是燕國的屏障，而大王卻不和趙國交好，卻要割地給秦國，這樣的做法是不明智的！依臣之見，您只有與趙國結盟，協力對抗秦國，這才是讓燕國免受戰亂的好辦法啊！」

燕文王說：「先生所說也是我經常想的，只是怕趙國不願意呀！」蘇秦說：「我願意見趙王，與他訂約。」

燕文公大喜，命人準備車馬，送蘇秦到了趙國。

⊙蘇秦說六國

這時奉陽君已死。蘇秦進謁趙肅侯，說：「當今太行山以東的國家中，以趙國最強，秦所顧慮的就是趙國。秦國不敢貿然侵犯趙國，是因為秦國怕舉兵伐趙，韓、魏兩國偷襲秦國。韓、魏沒有名山大川的險要作為屏障，一旦秦兵大舉進攻，吞併兩國，則進攻趙國的日子也不遠了。我研究地圖，六國的土地加起來不知比秦國大多少倍，六國士兵多於秦十倍。假如六國團結一致，攻破秦國又有甚麼難的？依我的愚見，不如約會各國國君於洹水，結盟定誓，結為兄弟。如果秦攻打一國，其他五國共同相救，如有背誓者，諸侯共伐之。秦國雖然強大蠻橫，也不敢以一國之力對抗六國。」

趙王聽後大喜，讓蘇秦做了相國，並聯絡各國。

蘇秦又來到韓國，拜見韓宣王說：「韓國害怕秦國，經常割地給秦國。韓國的國土有限，而秦國的貪欲無限，這樣沒有止盡。不如韓國和趙國結盟，共禦秦國。」韓宣王說：「願遵從先生的話，與趙結盟。」

蘇秦來到魏國，對魏襄王大講與趙國結好的種種益處，魏襄王欣然接受。

蘇秦緊接著來到了齊國，對齊宣王說：「齊國是富庶之邦，但齊國卻要討好秦國，您就不感到羞恥嗎？齊國與秦國相距甚遠，秦兵不會馬上攻打齊國，齊國為甚麼要與秦國結好呢？齊國應與趙國結盟，六國團結一致，互為救援。」

蘇秦又來到楚國，拜見楚威王說：「楚國是天下的強國，能和秦國抗衡的就屬楚國了。楚國強則秦國弱，秦國弱則楚國強。當今各諸侯國不是『連橫』就是『合縱』。『連橫』是諸國割地以和秦好，『合縱』則是各國共同抗秦。與其割地，楚國不如和其他諸侯國聯合，共禦秦國。」楚威王聽後說道：「先生所言極是。楚國將與其他諸侯結盟。」

蘇秦完成使命，驅車返回趙國。引導六國正式結盟，共抗秦國。蘇秦一人身背了六國的相印，風光無限回到家鄉，蘇秦的妻子和嫂嫂都惶恐跪在路邊，等候蘇秦歸來。

蘇秦是戰國時期最著名的合縱家，他之後，李兌、信陵君等人也曾發起和組織合縱，但是無論規模還是影響，都比不上蘇秦。

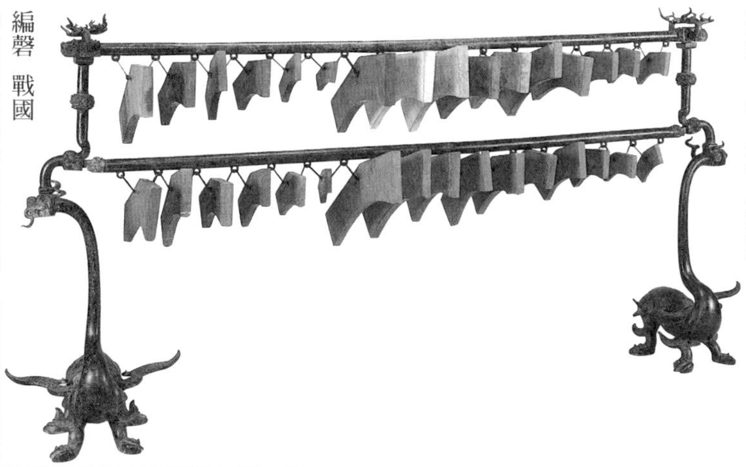

編磬 戰國

磬為古代樂器中的重要禮器。磬架由青銅怪獸和橫樑構成。磬塊由石灰石或大理石磨製，共三十二塊，刻有編號和樂律銘文。根據復原研究，它的音域跨三個八度，音色明亮。

張儀騙懷王

●時間：西元前三一一年
●人物：張儀　楚懷王

許諾的土地由六百里變成六里，楚國不幸上當。貪小利而失大局，楚懷王竟如此愚蠢，難怪將來他會客死他鄉。

與致力於聯合六國抗秦的蘇秦相反，張儀是致力於拆散合縱聯盟的連橫家。從周顯王四十一年（前三二八年）開始，張儀就游說於魏、楚、韓等國之間，利用各國之間的問題，或組織連橫，或拆散合縱，為秦國利益謀劃。儘管張儀不講信義，在外交場合運用欺騙伎倆，為人不齒，但在整個秦惠文王時期，張儀使秦國在外交上連連取得勝利，為秦國開疆拓土、統一六國立下了汗馬功勞。

⊙游說楚國

秦國想要離間齊、楚聯盟，於是派張儀到楚國游說，周赧王三年（前三一一年）張儀辭去秦國相印，到了楚國。張儀知道楚懷王寵愛的大臣叫靳尚，懷王對他言聽計從。於是，張儀先用重金賄賂靳尚，然後求見楚懷王。

懷王問他：「先生降臨敝國，有何見教？」張儀說：「我此番是為楚國和秦國和好的事情而來。」

楚懷王說：「我想與秦國和好，只是秦國經常侵犯我們，所以我們沒法與秦國和好。」

張儀對懷王說：「當今七國，唯有楚國、齊國和秦國是最強大的國家。秦國如果與東邊的齊國結好，則齊國力量就更強大，如與南邊的楚國結好，則楚國的力量就更強大。但是秦王的意思是想和楚國結好。如果大王能與齊斷絕關係，秦王願意將當初所占楚國六百里土地還給楚國。」

楚懷王聽了大喜，說：「秦國肯歸還我失去的土地，我為何要和齊國結盟呢？」

群臣都為楚能收復失地而祝賀楚王，客卿陳軫卻認為不妥。大夫屈原也進諫說：「張儀是個反覆無常的小人，他的話不能信！」

這時，靳尚插話道：「不和齊斷絕關係，秦國怎麼會歸還土地呢？兩國之間的交往，張儀怎麼會欺騙呢？」懷王點頭贊同。

⊙六百里變六里

楚王於是授張儀相印，賜與黃金

酒具盒　戰國

延伸知識

商業城市的繁榮

春秋戰國時期商業的發展重點是統治者和人群集中的城市，各國的都城和位於交通樞紐的貨物集散地，都形成規模不等的城市。

這裡以商業發展較早的齊國都城臨淄為例，《史記．齊太公世家》載，西周初年姜太公封齊後，注重發展工商漁鹽業，使「人民多歸齊」。到戰國時，臨淄住戶達七萬，「其民無不吹竽鼓瑟，彈琴擊筑，鬥雞走犬，六博蹋鞠者。臨淄之途，車轂擊，人肩摩，連衽成帷，舉袂成幕，揮汗如雨。家殷人足，志高氣揚」，足見當時臨淄的繁華景象。連後起的秦國都城咸陽，也呈現出「四方輻湊并至而會」的局面。

春秋戰國時的商業都會數目眾多，星羅棋佈於全國各地。城市裡商品交換的固定場所叫「市」。市內列肆成行，設官管理。那時的市是封閉型的，營業時間也受到限制，市門朝開夕閉。交易時間主要是上午，過午後漸散，至夕而罷。由於西周禮制已趨於崩潰，許多過去嚴格禁止的商品已變為市場交易的重要項目，珠玉珍寶和兵器公然陳列於市。一般農村，道路旁的空地上也自發形成定期的市集。

良馬，命令北疆守將不讓齊國的使臣入境，又派逢侯丑隨張儀到秦國接受土地。

誰知一到咸陽，張儀就稱病不出。逢侯丑等了三個月，就直接面見秦王，詳述張儀許諾歸還楚國土地的事情。秦惠文王回覆道：「張儀如果真這樣說了，我肯定會依許諾歸還土地，但我聽說楚國和齊國並未完全斷絕關係，我怕楚國騙我。」

逢侯丑便派人送信給楚王，把秦王的話說了一遍。於是楚王派勇士在齊國邊界大罵齊王。齊王大怒，立即派使者來到秦國，願與秦國一同攻打楚國。

張儀聽說齊國使者來了，知道計謀已經成功，於是入朝。見到逢侯丑，張儀故作驚訝問道：「將軍怎麼不接受土地，還留在秦國呢？」逢侯丑說：「秦王在等候您商量這件事呢！還煩勞您和秦王把事情講明。」

張儀說：「這和秦王沒關係呀，我說的是把我的六里地自願獻給楚王。秦國的土地都是辛辛苦苦爭取的，一尺一寸都不能輕易退讓，何況六百里。」

逢侯丑目瞪口呆，只得返回楚國報告此事。楚懷王

建鼓座　戰國

建鼓是一種貫柱大鼓。此器是最早的建鼓實物，也是現今所見最精美的一件先秦建鼓座，出土時僅存鼓腔、貫柱和鼓座。銅座由十六條大龍和數十條攀附其身的小龍糾結穿繞而成。龍身鑲嵌綠松石。全器用了圓雕、浮雕、陰雕技法，和分鑄、銅焊等工藝。

雙翼神獸　戰國

器高二十四公分，長四十公分，河北平山中山王墓出土。神獸塑成伏地欲起的體姿，四肢微曲，四爪按地，雙翼上展，伸頸回首，呈現出積聚力量準備騰身沖天飛去的態勢，似乎軀體裡蘊藏著無窮的力量。整體形象粗放渾厚，質樸有力。獸身飾錯銀紋飾，更顯華美，是中山地區具有代表性的錯銀青銅藝術品。

大怒道：「張儀果然是小人，他日讓我抓到，必定吃了他的肉。」

⊙再入楚國

於是，楚王派人到秦國對秦王說：「願獻黔中之地。只要派張儀到楚國面見楚王。」秦王說：「張儀是我的左右臂，我寧願不要土地，也不願失去他。」

沒想到**張儀卻說**：「微臣願隨他們到楚國。殺我一個人，卻為秦國換來黔中之地，臣死而無憾！何況還不見得死呢！」

於是，秦王親自為張儀送行。張儀剛到楚國地界，即被囚禁。張儀買通看守的獄卒，讓他送信給受過好處的靳尚。於是，靳尚入宮見楚王的愛妃鄭袖，請鄭袖勸楚王放了張儀。

鄭袖晚上哭著對楚王說：「現在秦國是最強大的國家，您如果殺了張儀，秦王肯定大怒，必然發兵攻打楚國，我們夫妻將不能團圓了。」楚王安慰說：「愛妃別哭，容我從長計議。」

次日，楚王找來靳尚，聽取意見。靳尚乘機說：「殺一個張儀，對秦國能有甚麼損失呢？但我們卻丟失了黔中數百里的土地啊！不如留下張儀，和秦國和好。」楚王也後悔許下獻地的諾言，於是釋放張儀，讓他回秦國，並贈厚禮，請他幫忙達成楚秦交好。

這時，正好楚國大夫屈原出使齊國回來，聽說張儀已經回國，馬上拜見楚王道：「先前大王受張儀欺騙，好不容易抓住他了，怎能放了他呢！小人還知道報仇，何況您是一國之君呢？這樣不但不能和秦國和好，反而會引起天下諸侯的公憤。我以為這並不是明智的做法。」

懷王後悔不已，立即派人追捕張儀。但張儀日夜兼程，早已安全回到了秦國。

曾侯乙尊盤　戰國

盤高二十三．五公分，盤徑五十八公分，湖北隨州曾侯乙墓出土。尊盤是一件以先進的失蠟法製作的精美青銅器。在尊口、頸之間器壁為內外雙層，構成盤旋重疊的透雕蟠螭紋飾，內層為有規則的鏤空網狀結構，外層為一些分布不規則的銅梗相互勾連，然後與口沿上的繁縟細密的蟠螭紋相接成一體。那些形狀彎曲的銅梗，雖然有各層蟠螭紋支撐聯接的作用，實際是構成了熔模鑄造的澆鑄系統，是尊口複雜的蟠螭裝飾係採用失蠟法鑄製的確證。

【屈原投江】

●時間：西元前二七八年
●人物：屈原

屈原，名平，字靈均，是戰國時期的楚國詩人、政治家，「楚辭」的創立者和代表人物。屈原是楚國丹陽（今湖北秭歸）人，楚武王熊通之子屈瑕的後代。

⊙楚國政爭

春秋時期，周王朝衰落，諸侯國各自為戰，相互爭霸。到戰國時期，經過長期兼併，形成了七雄並峙的局面，其中又以秦、楚最強。

屈原一生經歷了楚威王、楚懷王、楚襄王三個時期，主要政治活動在懷王時期，職位是左徒、三閭大夫。這個時期正是戰國七雄激烈爭鬥，中國即將統一的前夕。

「橫則秦帝，縱則楚王」。屈原起初受到懷王信任，懷王命他主持國家政令的起草、宣布等事項。這是帝王時代最重要的活動，不是君王絕對信任的人不可能做此工作。

屈原掌握著國家政令的起草工作，權重位尊，讓楚國的其他貴族嫉妒，又感到疑慮，害怕政令於己不利，於是向懷王進讒言，說屈原自我表功，目無君王，籠絡人心。懷王昏庸不明，於是逐漸疏遠了屈原。

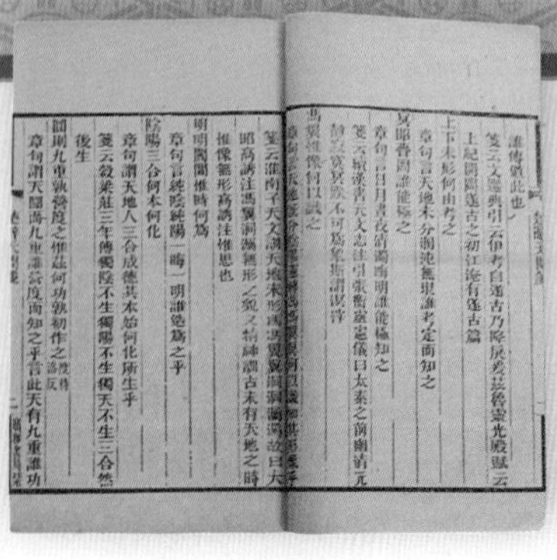

《天問》書影

屈原在《天問》中，一連提到一百七十多個問題，上問天，下問地，問古問今，問天道問人事，包羅萬象，充分表現了屈原強烈的社會責任感。

⊙危難重重的故國

在楚國的對外政策上，屈原與保守貴族爭執不休。當時，秦國已經成為戰國七雄中最強的一方，雄心勃勃的秦王已經隱然有了吞併六國之勢。此時能與強秦相抗的，就是中原地區的齊國與南方的楚國。在外交政策上，屈原堅決主張聯齊抗秦，這是對楚國有利的正確策略，懷王曾採納他的主張，並派他出使齊國。但是由於內政外交的不諧和，屈原與保守貴族發生了尖銳的對立。

周赧王十一年（前三〇四年），張儀由秦至楚，重金賄賂靳尚、公子子蘭、楚后鄭袖等人，同時以「獻商於之地六百里」誘騙懷王，致使齊、楚斷交。這個騙局揭穿後，懷王惱怒，又輕率出兵伐秦。由於沒有齊國的支援，楚軍大敗，且喪失了漢中之地。楚懷王只得派屈原出使齊國，以修復兩國的關係。

此時，張儀再次來到楚國，提議秦、楚聯姻，楚懷王竟然又同意了，齊、楚結盟再次失敗。屈原痛心疾首，但國君昏聵，他也無可奈何。

兩遭放逐

隨後，屈原由於被反對派惡意中傷，也逐漸失去了懷王的信任，命他離開楚國的都城郢都，放逐到了漢北。

周赧王十六年（前二九九年），屈原再次回到郢都。同年，秦王約楚懷王在武關相會，屈原諫言說：「秦是虎狼之國，不可信！」

但楚懷王的兒子子蘭卻力勸楚懷王前去會盟。懷王聽信子蘭之言，與秦相會，結果被秦國扣留，最終客死秦國。

楚懷王死後，太子繼位，就是頃襄王。屈原勸頃襄王整頓國政，操練軍馬，以報懷王之恥。可是已經當上令尹的子蘭又向襄王進讒言，說屈原私下常說大王不報秦國之仇，實在不孝，說不主張大王伐秦的大臣都是不忠之臣。頃襄王聽後大怒，再次罷免了屈原的官職，流放漢江以南。

屈原輾轉流離於沅、湘二水之間，「顏色憔悴，形容枯槁」。周赧王三十七年（前二七八年），秦將白起攻破楚國都城郢都。屈原聽到消息，難以抑制心中的悲憤，一天早晨，自沉於汨羅江。

屈原投江自殺的日子是農曆五月初五，以後每年這一天人們都將角黍（粽子的前身）投於江中，並且比賽龍舟以紀念屈原，這些紀念活動逐漸成為中華民族的習俗，延續至今。

延伸知識

《離騷》與《天問》

周赧王十六年（前二九九年），楚國大夫屈原遭到放逐。屈原看到楚國的政治現實和自己的不平遭遇，「發憤以抒情」，創作了一首抒情詩——《離騷》。由於詩中抒寫出詩人自己的身世、思想和遭遇，也有人看成是詩人的自傳。

《離騷》是屈原用他的理想、遭遇、痛苦、熱情熔鑄而成的宏偉詩篇，其中閃耀著詩人鮮明的個性光輝。詩中大量運用古代神話和傳說，運用極其豐富的想像和聯想，並採取鋪張描述的寫法，把現實人物、歷史人物、神話人物交織在一起，構成了瑰麗奇特的幻想世界，從而產生了強烈的藝術魅力。

《天問》作於屈原被逐之後，相傳他走進楚國先王之廟和公卿祠堂，見到壁上所畫的天地山川、神靈鬼怪的故事，於是援筆發問，以抒憂洩憤。詩中共提出一百七十多個問題，涉及眾多神話傳說，表現了屈原的懷疑批判精神和深沉的憂國情緒。

屈原卜居圖　清　黃應諶

此圖描繪的是戰國時期楚國大夫屈原忠心為國卻被放逐，一時心迷意惑，往見楚國太卜鄭詹尹，問卜尋道的故事。

逞強好勝的秦武王

●時間：戰國中期
●人物：秦武王

逞強好勝不是一個褒義詞，逞強好勝不會有好的結果。看一看逞強好勝的秦武王，他只能搬起「鼎」來砸了自己的腳。

⊙愛好武藝的秦武王

秦惠王有個叫蕩的兒子，自小就生得一身神力。周赧王五年（前三一〇年）秦惠王去世後，蕩即位，就是秦武王。

彩繪車馬出行圖圓奩　戰國

秦武王平時喜歡與勇士比試角力，經常尋找力氣大的比試。烏獲、任鄙自先世就是秦國的大將，為秦國立下了汗馬功勞，秦武王很信任他們。因為烏獲、任鄙二人也是一身好力氣，好武藝，常與秦武王比試，三個人不相上下，秦武王也更加器重他們，為二人加官進祿。

當時齊國有個叫孟賁的人，以力氣大聞名天下。據說孟賁即使在水中遇到蛟龍也不躲閃，在陸地上遇到老虎、狼這樣的猛獸也不懼怕，反而使虎、狼成為手下敗將。孟賁發怒吐氣，聲響震天，人們都敬畏他的勇力，不敢和他爭鬥。

孟賁聽說秦武王正招攬天下勇力之士，於是西渡黃河前去秦國應招。孟賁來到咸陽，拜見秦武王。武王測試之後，知道確是勇力之士，遂封孟賁為大官，與烏獲、任鄙一同受到武王的恩寵。

⊙突發奇想

周赧王八年（前三〇七年）八月，秦武王帶任鄙、孟賁等一班勇士來到周天子的都城洛陽。當時的天子周赧王知道武王不懷好意，純粹以武力示威，便打算藉機除掉武王。

在酒席上，秦武王知道當初大禹收取九州的貢金鑄成的九個鼎，就陳放在太廟旁的偏室中，便進入參觀。果然見到九個寶鼎如九座小鐵山一般，整齊地一字排開，不知多少重量。鼎的上面載有九州的山川人物、貢賦田土的數量，鼎足和鼎耳飾以龍的圖案雕刻，鼎腹分別刻著荊、梁、豫、雍、徐、揚、青、兗、冀，代表九州。這九個鼎是周朝鎮國的國寶，當時由周武王遷到洛陽。

秦武王瀏覽了一回，讚歎不已。

他指著刻有「雍」字的鼎說：「這個代表雍州，是秦鼎，我要帶回秦國。」

秦武王問守鼎的官吏：「此鼎有人舉得動嗎？」官吏叩首答道：「自鼎遷到這裡，還無人能夠移動。傳說每鼎有千鈞（古代的重量單位，一鈞相當於三十斤）之重，有哪個人能舉起？」

周赧王覺得時機已到，就刺激武王舉鼎。秦武王果然有意，就問身旁的任鄙、孟賁說：「你能舉得動嗎？」任鄙知道武王爭強好勝，就推辭說：「臣只能舉百鈞的重量，此鼎重千鈞，臣舉不了。」

⊙逞強好勝的下場

孟賁捲起袖子對武王說：「我來試試。如果我舉不起來，大王可別怪罪。」

武王興致勃勃答應了孟賁的請求，讓左右取青絲為巨索，綁在鼎耳之上。孟賁將腰帶束緊，兩支胳膊套入青絲中，大吼一聲：「起！」只見鼎離地約有半尺。孟賁把鼎放回原位，但因用力過猛，眼睛迸出血來。

秦武王笑道：「果然神力，讓寡人也試試。」任鄙勸諫道：「大王乃萬金之軀，不可輕試。」秦武王不聽，馬上解下錦袍玉帶，束縛腰身。

任鄙再勸道：「大王不可！」武王說：「你沒有本事舉起，別是嫉妒我吧！」任鄙不敢再說了。

武王大踏步上前，也將雙臂套入絲絡，暗想：「孟賁只能舉起，我要舉著走幾步，才能顯出本領，才值得炫耀。」

於是，武王乃盡生平之力，屏住氣，大喊一聲：「起！」鼎已離地半尺，武王正欲轉身邁步，不料力盡失手，鼎不偏不斜正砸在右腳上，骨頭盡碎，武王頓時昏了過去。

左右大臣急忙救治武王，可是武王傷得實在太重，挨到半夜死了。可憐武王只因一時逞強，丟了性命。人貴有自知之明，古往今來，因為逞強好勝惹出禍患的例子不在少數，但像秦武王，貴為一國之君，卻為了無關緊要的小事把性命丟掉，也的確是可歎可笑了。

武王死後，同父異母的弟弟公子稷立為新的秦王。周赧王五十九年（前二五六年），秦國大軍進攻洛陽，徹底占領了周室的領地，又羞又恨的周赧王不久就病死了，秦昭王算是為武王報了一鼎之仇。

金對虎紋長條飾　戰國

在長條形的金箔上捶壓出對虎圖案，二虎踞伏，相對而視。

胡服騎射

●時間：戰國後期
●人物：趙武靈王

趙武靈王沒有因循守舊，充分認識到穿「胡服」和練「騎射」在今後戰爭中的優越性，因而在國內銳意改革，使趙國一躍成為可以和秦國一爭高下的大國。

⊙立志強國

戰國後期，雖然齊、楚、燕、趙、魏、韓六國之間經常交戰，但是都有一個共同的敵人——秦國。秦國自商鞅變法後，國力迅速提升，以至於構成了對山東（指崤山以東）六國的嚴重威脅。

當時六國中與秦國接壤的是韓、趙、楚三國。韓國是個弱國，一直是秦國的首要攻擊目標。楚國自從春秋末年滅了越國以後，國君一代不如一代，空守著廣大的疆土和幾百萬人口，卻只能在秦國面前低頭。只有趙國出了趙武靈王，使趙國可以與秦國抗衡。

趙國周邊有韓國、燕國、魏國，北面又有強大的匈奴，尤其是趙國西南與秦國接壤，使得趙國的周邊環境非常險惡。

在嚴峻的形勢面前，趙武靈王決心發奮圖強，振興趙國。客觀分析了當時趙國的實際情況和所處的環境，認真研究了壯大趙國力量的辦法，以超凡的才略和氣魄，毅然拋棄了中原傳統的衣冠制度和作戰形式，大膽學習北方游牧民族軍事上的優點，下令全國推行「胡服騎射」。

⊙車戰退化

春秋時代，各國之間的戰爭遵循所謂的禮法，戰爭規模有限，雙方投入兵力最多也只有幾萬人。當時各國以戰車和配合的步兵作為軍隊主力，車戰是主要的作戰方式。但是笨重的戰車只適合在較為平坦的地面作戰，複雜地形中則運轉十分不便。

到了戰國時代，戰爭的規模不斷擴大，參戰兵力動輒數十萬人，為數十萬大軍配備戰車，顯然是所有國家都無力可及。此外，戰國時期的戰爭沒有春秋時的戰爭禮法，交戰雙方以消滅對方軍隊，直至滅亡對方的國家為第一目的，作戰形式也不再是兩軍在相對平坦的地區，先兩陣對決，然後再相互衝殺。可以說，戰國時期的戰場遍及中原大地任何地方，作戰地

錯銀銅車軎　戰國

區的地形地貌多種多樣，更使得戰車不再適合戰爭的發展。

趙國由於長期與匈奴作戰，逐漸發現車步協同的作戰方式，在對抗匈奴騎兵時處於嚴重的劣勢。戰車衝擊雖然有力，但是高速奔馳的戰車改變前進方向相當困難，衝擊步兵隊型雖然有些作用，但對於靈活機動的騎兵卻一籌莫展。此外，在與騎兵進行的機動作戰中，眾多的步兵也難以追上高速的戰車，使得車步協同變得困難重重。

⊙胡服騎射

趙武靈王清楚明白必須學習匈奴的長處，壯大自己，才能免於被動。只有以騎兵對抗騎兵，才是增強趙國軍事力量的唯一途徑。因此，趙武靈王在全國，特別是在北方近胡地區，招募善於騎射的人民，重組部分步兵為騎兵，收編邊地游牧族的胡騎等途徑，迅速建立了一支強大的騎兵部隊。武靈王並且在代地經營胡馬，和迫使林胡王獻馬，獲得了大批戰馬，穩定經營騎兵部隊。

同時武靈王也知道為了適應騎戰的需要，必須改變中原地區的寬袖長袍，成為短衣緊袖、皮帶束身、腳穿皮靴的胡服。在普遍以中原正統和華夏禮樂文化自傲的氛圍中，武靈王敢於改革傳統的輿服制度，取法胡人的服飾習俗，足見的確是一位雄才大略、氣魄宏大的軍事家和政治家。

金鷹冠飾　戰國

冠高七．三公分，內蒙古杭錦旗阿魯柴登匈奴墓出土。冠頂底座半球形狀，頂心立一伸展雙翼的金鷹，以綠松石雕成鷹首，上嵌黃金雙目。為了使金鷹更加栩栩如生，頭和尾巴是用金絲穿綴在鷹身上的，可以隨時擺動。半球座上的紋飾，是四隻大角捲曲的羊，在四隻餓狼噬咬下掙扎，身軀扭曲反轉，構成均衡對稱又富於變化的圖案。冠帶的兩層箍體上有著動物形象的裝飾圖案，有伏臥的老虎和大角羊，還有仰臥的馬，這些圖案顯露著草原文化粗獷有力的風格，也散發著草原的生活氣息。

黃玉鏤空龍形佩　戰國

具有明顯的北方騎馬民族的裝飾特點，為匈奴遺物中最具代表性的藝術珍品。

⊙政治改革

「胡服騎射」不僅僅停留在軍事和服飾層面，並逐步滲入到政治層面。

戰國七雄中，除了秦國自商鞅變法後，就確立了任用官員不論出身、只論才能與軍功的制度外，其他六國尚保留著落後的貴族政治體制。

六國之中，為官者絕大多數都是國君一系的家族和衍生出來的貴族子孫。出身貴族雖然身居高位，但是很多都是沒有能力的。而大量的布衣百姓即使有經天緯地的才能，也很難在六國中得到出人頭地的機會。使得大量人才流向秦國，秦國的張儀、公孫衍、樂池、甘茂、樓緩、金受、杜倉、壽燭、范雎、蔡澤、呂不韋、徐詵、昌平君、隗狀、王綰、馮去疾、李斯等著名將相都是從六國到秦國後才出頭的，無形中加大了六國與秦國在綜合國力上的差距。

趙武靈王在推行「胡服騎射」的時候，受到國內貴族的一致抵制。為了推行改革，趙武靈王不得不免除部分貴族的官職，起用來自民間的人才，也使得趙國的政治面貌發生了改變。

經過趙武靈王的努力，趙國成為北方的大國，也成為唯一一個有實力、有信心與秦國一爭高下的國家。

⊙兄弟鬩牆

只可惜趙武靈王雖然在國家大事上是個英明君主，卻沒有好好解決兒子的問題。趙武靈王經常帶兵在外，把國內的事交給兒子。

周赧王十六年（前二九九年），他將王位傳給了次子趙何，就是趙惠文王。武靈王改稱「主父」，意思是國君的父親。

趙武靈王在立趙何為王之後，仍在長子趙章與次子趙何掌權的問題上感情用事，優柔寡斷，於是刺激了趙章篡位的野心，也引起了趙惠文王的不滿。

惠文王三年（前二九六年），趙武靈王又打算將趙國一分為二，趙何分在趙的地方，依舊做趙王，趙章分封在代的地方，做代王。正當武靈王猶豫未決之時，政變發生了。

趙章起兵叛亂，可是計畫不夠嚴密，刺殺趙惠文王沒能成功，只殺死了大臣肥義。緊接著，趙惠文王反擊，派李成、李兌兩人剿殺趙章。此時，趙武靈王正在趙國都城邯鄲附近的沙丘宮居住。趙章兵敗後投奔趙武靈王，趙武靈王收容了他。

李成、李兌的大軍包圍沙丘宮，殺死了趙章。他們害怕趙武靈王怪罪，就將趙武靈王圍困在沙丘宮中。趙武靈王被困宮中三個多月，最後餓死在宮裡。一代英主就落了這麼個可憐的下場。

⊙失敗的教訓

戰國時期，各國先後進行了變法，只有秦國的變法最徹底，最成功。各國的變法中最大的阻力就是來自於傳統貴族的勢力。變法的結果必將使傳統貴族失去原先的特權，因此他們大多抵制並仇視變法。

各國的變法目的之一是鞏固國君的權威，只有將大權集中在國君手中，才能壓制反對變法的貴族勢力，確保變法的順利進行。但是趙武靈王卻反其道而行，不但沒有加強鞏固自身權力，反而將王位傳給了兒子，自己則常年在外，或征戰，或各地遊歷，完全交出大權。

趙惠文王即位的時候只有十四歲，身邊圍繞著傳統的貴族大臣。因此，沙丘宮之變表面看是趙章、趙何兄弟爭奪王位，殃及了趙武靈王，其實卻是趙國傳統貴族力量對於趙武靈王變法的反擊。

趙武靈王死後，趙國把持朝政的仍舊是傳統的貴族勢力，於是趙國在爭霸中敗給秦國，最終並且亡國。但是「胡服」的習慣依舊保留著，由「騎射」而強大的趙國軍隊也得到不斷加強，直到長平之戰才損失殆盡。

歷史詞典

戰國漆器

考古發現證明，中國是世界上最早知道和使用天然漆的國家，漆器的製造有著悠久的歷史。古代以漆塗於物稱「髹」，用漆繪製圖案花紋謂「飾」。六七千年前的河姆渡文化遺址出土的木胎朱漆碗是現知最早的漆器。商周時期開始用色漆和雕刻裝飾器物，並設立皇家漆園。

春秋戰國是中國古代漆工史上的重要時期，漆器種類和髹漆工藝都飛速發展，漆器業空前繁榮，甚至使新興的諸侯不再僅熱衷於青銅器，把興趣轉向光亮潔淨、易洗、體輕、隔熱、耐腐、嵌飾彩繪五光十色的漆器。

春秋戰國漆器工藝獲得輝煌的成就，首先呈現器物種類豐富，幾乎包括當時生活各方面的用品。其次，這時期漆器的分佈範圍極為廣泛。山東、山西都有大量的春秋彩繪漆器出土。戰國漆器的產地更是遍及各地，目前已經在中國四十多個縣市的八十多處發掘出漆器，其中以河南、湖南、湖北三省最多。

同時，春秋戰國時期漆器的花紋裝飾也達到極高的造詣。花紋的圖案以雲、雷、龍、鳳紋為主，飄逸輕快，富於變化，看似隨心所欲，實則自有章法。

湖北江陵包山楚墓出土的一件彩繪漆奩，描繪的是楚國貴族出行的場面。奩蓋上共繪有二十六個人、四乘車、十四匹馬、五棵樹、一頭豬、二條狗、九隻雁，畫面以黑漆為地，先用單線勾勒出輪廓，再平塗顏色。整幅圖畫構思精妙，佈局疏密有致，生動傳神，是春秋戰國漆器中的傑作。

春秋戰國的漆器業空前繁榮，推動以後漆器工藝的重要發展。

雞鳴狗盜

●時間：戰國中期
●人物：孟嘗君　門客二人

雞鳴狗盜之徒，一般士大夫是不屑和這種人交往的，但是孟嘗君海納百川，包容了各種各樣的人才，因此在危難之時幫助自己度過了難關。

秦國自商鞅變法以來，勵精圖治，越來越強盛。到秦昭襄王，秦國已經成為其他六國最大的威脅。但是六國中最強大的齊國和楚國結為聯盟，使得秦國不能輕易施展。為了拆散齊楚聯盟，秦昭襄王使用了兩種手段。對於與秦國相鄰的楚國，多次派兵進攻，又把楚懷王騙到秦國軟禁，使楚國不敢正面與秦國衝突。對於齊國，昭襄王則用了另一種手段。

⊙孟嘗君赴秦

齊國最有勢力的大臣是孟嘗君，名叫田文。孟嘗君為了鞏固地位，專門招攬人才，凡是到他門下的，他都收留，供養他們。這種人叫做門客，也叫做食客。據說，孟嘗君門下一共養了三千多名食客。其中有許多人其實沒有本領，只是濫竽充數。

秦昭襄王派使節來到齊國，想請孟嘗君到咸陽相會，並願意將弟弟留在齊國作為人質。孟嘗君知道秦王的邀請，有可能有去無回，所以不打算答應。但是齊王不敢得罪秦國，命孟嘗君應約，而且也不敢把秦王弟弟留在國中，一同啟程。

孟嘗君沒有辦法，帶了大群門客前往咸陽。秦昭襄王親自歡迎，孟嘗君獻上一件純白狐狸皮的袍子作為見面禮。秦昭襄王知道這是名貴的銀狐皮，特地藏在內庫裡。

秦昭襄王原本準備請孟嘗君擔任相國，一方面利用底下的大批人才治理秦國，一方面削弱齊國的力量。但是秦國大臣不同意，他們說：「孟嘗君是齊國的人，手下又人才濟濟，他當了秦國的相國，一定事事為齊國著想，如此秦國就危險了。」

秦昭襄王說：「那就把他送回吧！」

大臣又說：「他已經住了不少日子，秦國的情況也差不多全知道了，怎麼能輕易放他回去呢？」

於是秦昭襄王就軟禁了孟嘗君。

楚帛書　戰國

⊙狗盜之術

孟嘗君十分著急，打聽到秦王身邊有個寵愛的妃子，就託人請妃子說情。妃子讓人傳話說：「請我和大王說情並不難，我只要一件銀狐皮袍。」

彩繪豬形盒　戰國

孟嘗君和門客商量，說：「我只有一件銀狐皮袍，而且已經送給秦王了，哪裡還能要得回來呢？」有個門客說：「我有辦法。」

當天夜裡，門客就摸黑溜進王宮，找到了秦王內庫。門客像狗般在內庫的牆腳鑽了個洞，便把皮袍偷回。

孟嘗君把狐皮袍子送給秦昭襄王的寵妃。妃子得了皮袍，就向秦昭襄王勸說把孟嘗君釋放。秦昭襄王果然同意，發下過關文書，讓孟嘗君等人回國。

⊙學雞鳴，順利出城

孟嘗君得到文書，急急忙忙趕往函谷關。孟嘗君怕秦王反悔，並改名換姓，把文書上的名字也改了。一路急行，到了函谷關，時間正是半夜。依照秦國的法令，夜裡函谷關關閉，每天早晨，要到雞叫的時候關上才許放人。大夥兒正愁眉苦臉盼著天亮，忽然有個門客捏著鼻子學起公雞叫來。一聲跟著一聲，附近的公雞全都叫了。

守關的士兵聽到雞叫，驗過過關文書，開了城門，讓孟嘗君出關。孟嘗君走後，秦昭襄王果然後悔，連忙派人追趕。追到函谷關時，孟嘗君已經走遠了。

「雞鳴狗盜」平時看起來是不能上檯面的小伎倆，但是關鍵時刻還是發揮了作用。孟嘗君正是因為這樣廣開門戶，包容了各種各樣、大大小小的人才，才在真正需要用人的時候順利脫身。

錯銀鳳紋銅尊　戰國

馮驩收債

●時間：戰國中期
●人物：馮驩　孟嘗君

> 馮驩替孟嘗君到薛邑收賬，並沒有在乎金錢，而是替孟嘗君收買人心，這不是僅僅靠金錢就能得到的。孟嘗君罷黜相位的時候，馮驩又利用秦、齊暗鬥，巧妙使得孟嘗君官復原職。

孟嘗君回到齊國，齊湣王依然讓他做相國。孟嘗君的門客越聚越多，孟嘗君把門客分為三等：上等門客出門有車坐，吃飯有魚肉。中等門客也是吃飯有魚肉，但是出門就沒車。下等門客平時只給粗茶淡飯，生活清苦。

孟嘗君手下門客太多，每日開銷很大，他的封地薛邑的收入不足，於是孟嘗君就在薛邑放債，藉利息增加收入。

⊙奇怪的門客

有一天，有個自稱馮驩（一作馮諼、馮煖）的齊國人來見孟嘗君，求做門客。孟嘗君問：「先生來這裡，不知有甚麼才學？」馮驩回答：「我身無長處，聽說您不分貴賤，也就試試運氣。」孟嘗君心想倒也實在，於是就收留做了下等門客。

過了十幾天，孟嘗君忽然想起馮先生，就問負責管理門客的家人：「新來的馮先生平時都做些甚麼？」

家人回答：「馮先生真是很窮，身邊甚麼都沒有，只有一把劍，還沒有劍鞘，用草繩繫在腰裡。每天吃完飯，也不做事，就彈著劍唱歌，唱的是『吃飯無魚肉，寶劍啊，我們不如回去』。」

孟嘗君一聽笑了，說：「這是嫌吃得不好，那就把他當作中等門客款待好了。」於是，馮驩就變成府裡的中等門客，吃飯也有魚有肉了。

又過了幾天，孟嘗君又向家人打探馮驩的事。家人回答：「馮先生還是整天吃飽了彈劍唱歌，不過歌詞改了，變成『出門沒車坐，寶劍啊，我們不如回去』。」

孟嘗君一聽：「想做上等門客了！看來這位馮先生是有些本領的。」於是，馮驩升為上等門客，而且孟嘗君還特別關照家人，注意馮驩的要求。

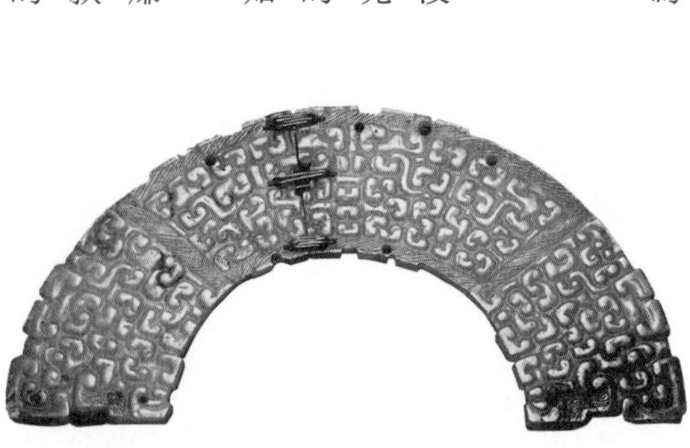

金縷玉璜　戰國

玉璜長十一．八公分，寬二．七公分。玉璜是貴族服飾上組佩的一件，常與玦、璧等編聯佩帶。

再過幾天，家人報告：「馮先生每天坐車早出晚歸，沒事的時候依舊彈劍唱歌，現在的歌詞變成『家裡無人照顧，寶劍啊，我們不如回去』。」

猿形銀帶鉤　戰國

長十六·七公分，山東曲阜魯國故城出土。帶鉤為猿猴造型，伸出右側長臂，以屈曲猿爪為鉤。背後設安在帶上的圓鈕。在實用的前提下，以局部鎏金的方法美化猿體，將肩、背、臂、臀、腿等處鎏金，使金、銀交相生輝。又在猿睛處嵌兩顆藍珠，顯得分外有神。確是戰國時期少見的銀手工藝品。

於是孟嘗君又時常給馮驩家送些錢糧，供養馮驩家人的生活。這樣，馮驩便不再唱歌了。

⊙薛邑討債

馮驩在孟嘗君門下過了一年多，也沒見他表現。一天，管賬的人告訴孟嘗君，家中的錢糧只足夠支用一個月了。

孟嘗君一查債券，發現薛邑的賬尚未收取，就問左右：「門客中誰能為我去薛邑收債？」有人說：「馮先生不見有甚麼長處，看起來還忠實可靠，做了一年多上等門客，何不讓他試試？」

於是孟嘗君找來馮驩，請去薛邑收債，馮驩一口應承。

馮驩坐著車來到薛邑，開始收債。薛邑的百姓聽說孟嘗君派人收債，也紛紛還款。但是有些人還不起錢，馮驩也沒有上門催討。

過了幾天，錢收得差不多了，馮驩用收來的錢買了許多酒菜，貼出告示：「凡是向孟嘗君借過貸的人，不管是否清償，明天都到府裡核對債券。」

百姓看到告示，第二天如期而來。馮驩宴請他們，而且細心觀察來人的衣著、面色，基本上掌握了貧富差別。

酒足飯飽，馮驩拿出賬本核對債券。對於暫時無法還款，但是有能力的，馮驩詢問還錢的時間，記在賬本和債券上。對於家裡確實貧困，無法清償的，馮驩把債券一把火燒了。

最後，馮驩對大眾說：「孟嘗君之所以放貸，是怕薛邑的父老沒錢生計，不是為了這點利息。但是孟嘗君門客數千，只靠俸祿無法支持，所以不得已才來收賬。如今有能力償還的已經寫了契約，無力償還的所欠債務一筆勾銷，這是孟嘗君對薛邑父老的恩情啊！」

百姓聽了，齊聲歡呼叩頭，紛紛說：「孟嘗君對待我們就如同父母一般。」

四龍四鳳方案　戰國

方案通高三十七．四公分，河北平山中山王墓出土。在四隻臥鹿承托的圓座上，由四龍四鳳糾結成構圖繁複的案座。邊框、斗拱、龍鳳、圓座和臥鹿上，都有精緻的錯金銀圖案，華美異常。承托案面方框四角的斗拱，對研究中國古代建築中斗拱的歷史，具有重要價值。

⊙燒債券的代價

早有人把馮驩燒掉債券的事告訴了孟嘗君，孟嘗君一聽大怒，把馮驩找了回來。

馮驩空著手來見孟嘗君，孟嘗君假意問道：「馮先生辛苦了，您收債情況如何？」馮驩回答：「我不但收了債，還替您買了個好名聲。」

孟嘗君臉色一變說：「我門客三千人，只靠俸祿不夠，這才在薛邑放債，靠利息補貼。你卻把收來的錢買了酒菜，宴請百姓，燒掉債券，還告訴我『買好名聲』，不知道您收的是甚麼名聲？」

馮驩回答說：「請先息怒，聽我慢慢說。欠債的人很多，不準備酒菜，欠債的人不敢來，沒法檢驗是不是有還債的能力。有還債能力的人，我已經訂了還債期限。至於沒有能力的，怎麼逼也收不到錢，逼急了只有逃亡。薛邑是您世代的封地，如果百姓跑光了，您就甚麼都得不到。如今我把這些收不來的債券付之一炬，用來向百姓表明您輕資財愛百姓，成全您仁義之名。」

孟嘗君雖不以為然，但是債券已經燒了，也沒辦法，勉強向馮驩拱手：「那就多謝先生了。」

孟嘗君名聲在外，秦昭襄王更加後悔放孟嘗君回國。秦昭襄王以為孟嘗君在齊國發揮作用，將對秦國不利，於是命人在齊國散播流言，說：「天下只知道有孟嘗君，不知道有齊王，長此以往，孟嘗君肯定會篡位。」齊湣王聽到謠言，信以為真，於是就收了孟嘗君的相印，令他回薛邑。

樹倒猢猻散，門客見孟嘗君失勢便紛紛散去，只有馮驩仍留在孟嘗君身邊，為孟嘗君駕車。孟嘗君尚未到達薛邑，薛邑的百姓扶老攜幼迎接孟嘗君，爭著獻上酒食。

孟嘗君感慨對馮驩說：「先生為我取得的好名聲，我今天終於見到了。」

馮驩回答：「如果您借我一輛

延伸知識

泱泱大城臨淄

齊國都城臨淄是戰國時代少有的大城市。春秋初期齊相管仲曾把臨淄的市民劃分為二十一個鄉，每鄉二千户，共四萬二千户，二十一萬人。戰國時蘇秦説臨淄中有七萬户，僅可以出征的男子就有二十一萬。戰國時，一般城市就是「千丈之城，萬家之邑」，可是臨淄的人口卻多到五十萬人。

《韓非子》記載：齊景公和晏嬰遊於少海，登柏寢之臺，回望都城，讚賞説：「美哉！泱泱乎！堂堂乎！」「泱泱大國」這一成語即由此而來，當年臨淄的繁華興盛，眾人見了都要讚不絕口的。

彩繪樂舞圖鴛鴦盒　戰國

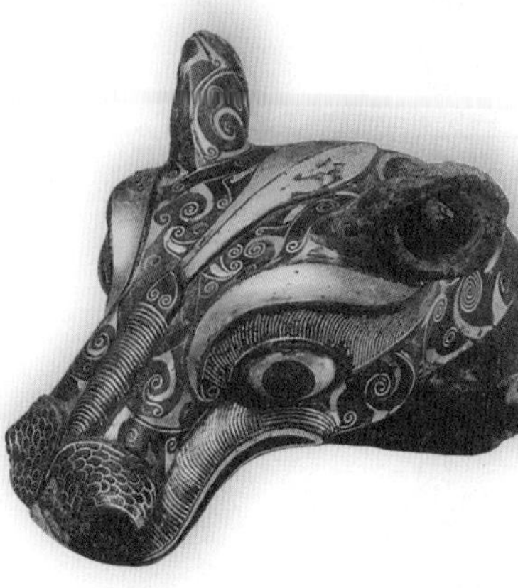

河南輝縣出土的戰國錯金車軏飾

車，我必定能使您重新受到齊王重用，而且還能得到更大的封地。」

這時候，孟嘗君對於馮驩的話可謂言聽計從了，立刻準備了車馬盤纏，交給馮驩。

⊙面見秦王

馮驩首先到秦國，求見昭襄王。馮驩對昭襄王說：「天下的人才來秦國的，都想強秦而弱齊；去齊國的，都想強齊而弱秦。如今秦國與齊國兩雄並立，獲勝的就能得到天下。」

昭襄王問：「先生有甚麼辦法可以使秦國獲勝？」馮驩回答：「大王可知齊王罷免孟嘗君的相位？」昭襄王說：「我已經聽說，但是不知道真假。」

馮驩接著說：「齊國之所以強大，都是靠著孟嘗君的才幹。如今齊王聽信讒言，罷免孟嘗君的相位，孟嘗君必定怨恨齊王。如果大王趁機將孟嘗君請來秦國，天下敬佩孟嘗君的人才都會來到秦國，而且秦國也可以清楚齊國的底細。天下還有哪個國家可以和秦國一爭高下？天下就盡在大王手中了。大王應該趕快派遣使節，祕密到薛邑用重金邀請孟嘗君，機不可失。萬一齊王悔悟了，重新起用孟嘗君，則秦、齊兩國之爭，勝負還未可知。」

昭襄王一聽大喜，立即派使者帶著十輛豪華的馬車、黃金百鎰邀請孟嘗君。馮驩以向孟嘗君報信，急匆匆跑回齊國了。

⊙孟嘗君復位相國

馮驩回到齊國後，沒有見孟嘗君，先見了齊湣王。馮驩對齊湣王說：「如今天下，只有齊國和秦國可以相互抗衡，兩國之間，擁有人才的獲勝，失去人才的必然失敗。我聽說秦王知道大王罷免孟嘗君，立即私下派使臣帶重禮來請孟嘗君，打算讓孟嘗君做秦國的相國。倘若孟嘗君真的做了秦國的相國，將為秦國出謀劃策，如此齊國就危險了。」

齊湣王一聽，為之一驚，問道：「寡人又該如何？」馮驩說：「秦國的使節很快就會到達薛邑，大王應該搶先恢復孟嘗君的相國之職，增加封地，孟嘗君必定感謝大王。秦國再強大，秦國的使臣也不敢隱瞞大王把別國的相國接走。」

齊王口頭雖然同意，但是並不相信馮驩的話，又派人到邊境上查看。剛到邊境，就見到秦國的使臣趕到，於是趕忙報告齊湣王。

齊湣王立刻讓馮驩帶著節符請孟嘗君，再次拜孟嘗君為相國，並加封了孟嘗君大片土地。

秦國的使者到了薛邑，得知孟嘗

延伸知識

稷下學宮

稷下學宮是戰國時代由齊國統治者創設的一個帶有政治性的學術團體，不同於一般的大學，帶有研究院性質。由於設置在齊國國都臨淄的稷門之下，故名之曰「稷下之學」，通稱稷下學宮。稷下學宮創始於齊桓公時期。桓公去世後，經過威王、宣王、襄王幾代的發展，稷下學宮幾乎和齊國的國運相終始。

齊宣王時代，是稷下學宮的鼎盛時代。司馬遷在《史記》中曾介紹說：「宣王喜文學游說之士，如鄒衍、淳于髡、田駢、接予、慎到、環淵之徒七十六人，皆賜列第為上大夫，不治而議論。是以稷下學士復盛，且數百千人。」

鼎盛時期的稷下學宮規模巨大，學士之多達到「數百千人」，單是受到優待的就有七十六人。這些學士不限於齊國人，有些來自其他諸侯之國，像慎到是趙國人，環淵是楚國人。齊國統治者延攬他們，形成人才的優勢，組成人才庫、智囊團。從中還可以看出，當時稷下學士的待遇是優厚的。他們既享受著「列大夫」、「上大夫」的政治榮譽，又得到了住在「康莊之衢」、「高門大屋」的經濟優待。

齊國成立如此巨大的稷下學宮，尊寵眾多的稷下學士，目的不是只向諸侯之國炫耀尊賢，而是讓這些學士能為齊國的政治服務。服務的一般方式是議政，即圍繞著齊國的富強提出應興應革的意見和建議。

君已經重歸相位，無奈只得回去報信了。

馮驩初到孟嘗君門下的時候，表現失禮，不過有才能的人大多恃才傲物，如果上位的人不能容忍，很可能與人才失之交臂。天下絕大多數東西都能買到，只有人心買不到，所以人心才是最寶貴的財富。在孟嘗君失位的時候，馮驩可以充分利用秦、齊相爭的有利條件，從中謀劃，使孟嘗君得以官復原職，又加封土地，這也是利用對方的弱點，為我所用的辦法。

鑲嵌三角雲紋敦　戰國

器高二十五．四公分，器和蓋上下對稱，蓋揭開後和器可同樣使用，都附有環狀三足。通體用細銀絲和紅銅絲盤嵌成塊狀和三角形的雲紋，非常華麗。

樂毅大破齊國

●時間：西元前二八四年
●人物：燕昭王　樂毅

樂毅是個將才，半年之內連破齊國七十餘城，但破齊絕非樂毅一人之力。這就是所謂的「得道多助，失道寡助」。

⊙樂毅投燕

戰國七雄之中以燕國最弱，可是燕國又鄰近強大的齊國和趙國，總是處於威脅之中。到了燕王噲在位的時候，又遇上相國子之把持朝政，可謂內憂外患。燕王噲五年（前三一六年），燕王噲被逼廢掉太子平，把王位讓給子之。可是子之卻想斬草除根，企圖殺掉太子平，太子平只得逃亡到無終山避難。

燕國內亂，鄰國自然有了藉口，齊國派匡章為大將，以誅滅逆臣子之的名義進攻燕國。燕國人痛恨子之，紛紛開城迎接齊軍。匡章只用了五十天，就攻下了燕國都城，燕王噲自殺，子之被俘，後來處死。

可是齊國以協助燕國誅殺子之為名，妄圖吞併燕國，駐軍燕國。於是燕國人從無終山找回太子平，擁立為王，就是燕昭王。燕國各地得到消息，紛紛擁戴昭王，驅逐齊軍。

燕昭王自從即位之後，日夜都想著報滅國深仇。他與士卒同甘共苦，禮賢下士，想增強國力。四方豪傑見昭王禮賢下士，都來投奔昭王。有一個叫樂毅的趙國人，擁有統兵打仗的本領。

樂毅見到燕昭王後，講解兵法給燕昭王聽，燕昭王覺得樂毅是個人才，就以隆重的禮儀招待樂毅，視為貴賓。樂毅謙虛推辭，燕昭王說：「先生是我的貴客嘛！」樂毅感動說：「如果大王不嫌棄，請讓我做燕國的臣子吧，我願意為大王效力。」

燕昭王聽後大喜，封樂毅為亞卿，相當於副丞相。樂毅又遷徙家人定居於燕國，成為燕國的子民。

⊙聯軍攻齊

當時齊國強盛，地大富饒，經常侵擾其他諸侯國。燕昭王養精蓄銳，發展國力，一心想報當年的滅國之恥。到了齊湣王時候，齊國國政腐敗不堪，恣行狂暴，人民苦不堪言。而燕國已休養多年，早已國富民稠，兵強馬壯。

於是，燕昭王問樂毅說：「先人的仇恨藏

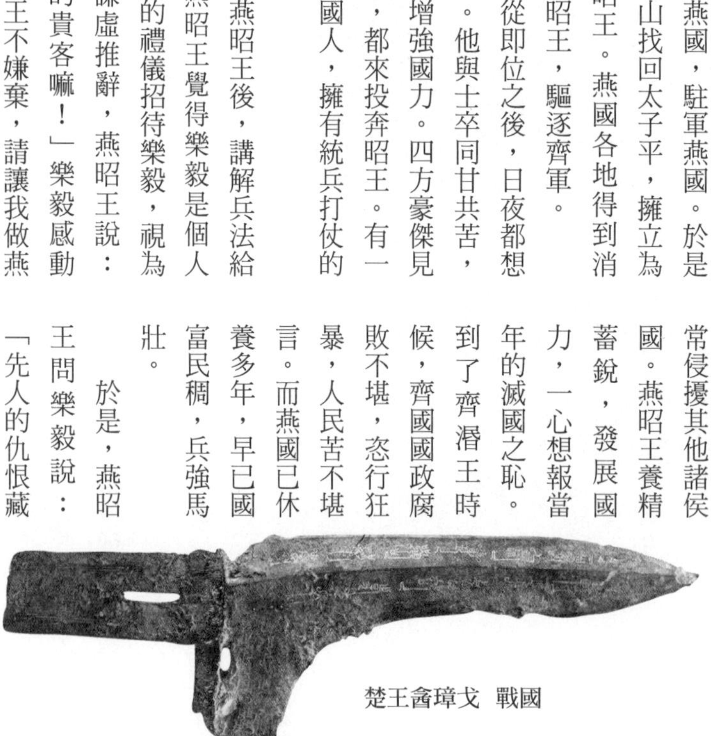

楚王酓璋戈　戰國

在心裡已經二十八年，現在齊王驕暴自恃，這是上天要讓齊國滅亡啊！我想起兵攻打齊國，先生的意見如何呢？」

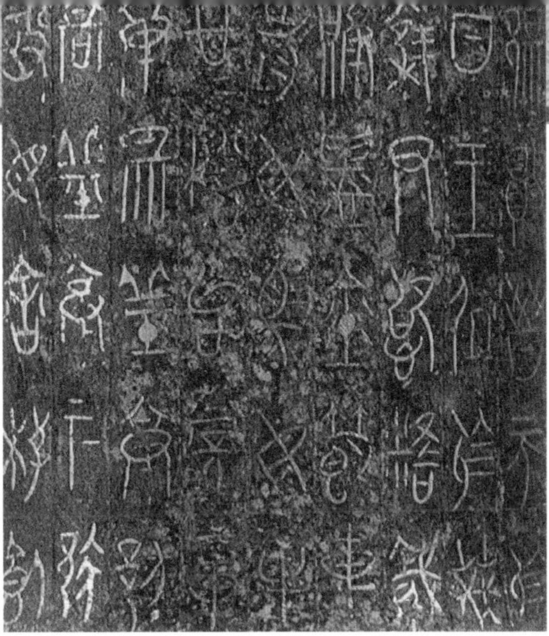

鄂君啟節　戰國

節是中國古代商品運輸通過關卡的憑證。此節鑄於楚懷王六年（前三二三年），銅質，共五枚，其中陸節三枚，水節兩枚。鄂君啓是戰國中期楚懷王時（前三二八～前二九九年）鄂地（今湖北鄂州）的一個封君。節文規定鄂君在楚國境內的商運路線，反映了春秋戰國時期南方航運的基本狀況。

樂毅對燕昭王說：「齊國地大人多，兵士驍勇善戰，不能憑一己之力攻打，大王要想攻打齊國，必須聯合其他國家。我國與趙國的關係甚為密切，應先與趙聯合，韓國一定會跟從，我們攻打齊國就是十拿九穩的事了。」

於是，燕昭王派樂毅游說趙國。趙國重臣平原君趙勝欣然同意，恰好秦國的使者在趙國，樂毅也向秦國使者說了攻齊的好處。使者報告了秦王，秦王遣使者到趙國，願與趙聯合。隨後，魏、韓兩國也加入，形成了五國伐齊聯軍。

燕昭王二十八年（前二八四年），燕昭王集中燕國精銳，拜樂毅為大將，秦將白起、趙將廉頗、韓將暴鳶、魏將晉鄙各率一軍如期而至。燕昭王命樂毅為五國聯軍的最高統帥，率領五國兵馬進攻齊國。

⊙大破齊軍

齊湣王親自率領大軍，與大將韓聶迎戰五國聯軍於濟水。樂毅身先士卒，五國兵將無不奮勇爭先，大敗齊軍。齊軍大將韓聶被樂毅的弟弟樂乘斬於馬下，齊軍大敗，逃回臨淄。聯軍繼續南下追趕齊軍。齊湣王連夜求助於楚國，以割淮北之地為條件，懇求楚國發兵相救。

秦、魏、韓、趙四軍乘勝，攻取齊國許多城池。樂毅獨自帶領燕軍長驅直入，所到城池，守城兵士無不望風而逃。燕軍勢如破竹，直逼齊國都城臨淄。齊湣王棄城而逃，後來被楚國人所殺。

樂毅攻破臨淄後，掠盡城中財物祭器，並把先前齊國掠奪燕國的寶物，用大車載回燕國。燕昭王高興至極，親自南下犒賞三軍，把昌國賜給樂毅作為領地，封號昌國君。隨後，燕昭王返回燕國，留下樂毅繼續攻打齊國剩下的城池。至此，樂毅出兵六個月，攻破齊國城池七十多座，為燕國報了大仇。

田單的火牛陣

●時間：西元前二八一年
●人物：田單

原本不受重用的田單，受命於危難之中，帶領即墨城軍民抗擊燕軍，屢出奇策，不但守住了城市，並且挽救了行將滅亡的國家。

⊙先見之明

田單是齊國田氏王族的遠房本家。齊湣王時，田單擔任首都臨淄佐理市政的小官，未受重用。

周赧王三十一年（前二八四年），燕昭王聯絡秦、韓、魏、趙四個國家，由燕國大將樂毅率領，攻入齊國。田單隨齊湣王從都城逃到安平。

燕國的軍隊繼續推進，田單知道安平也不能保住，就讓族人準備逃亡。他令族人把車軸兩端的突出部位全部鋸掉，安上鐵箍。不久，燕軍攻打安平，城池攻破，齊國人爭相逃走，你擁我擠，乘車的人因車軸撞斷而被燕軍俘虜，只有田單族人因鐵箍包住車軸的緣故，得以逃脫，向東退守即墨。

⊙臨危受命

此時，燕國軍隊已攻下齊國七十多座城市，只有莒和即墨仍未攻下。燕軍聽說齊湣王在莒城，就調集軍隊，全力攻打。

楚使淖齒忍無可忍，殺死了暴君齊湣王，堅守城池，抗擊燕軍。燕軍攻不破莒城，於是圍住莒城，轉而攻打即墨。

即墨守將出城與燕軍交戰，戰敗被殺，城中群龍無首。於是人們推舉田單，說：「安平一仗，田單族人用鐵籠包住車軸，才得以脫險，可見他會用兵。」

田單在緊急關頭，在即墨城守將陣亡的情況下，受命於危難之際，推

楚惠王熊章鎛鐘　戰國

這是楚惠王贈給曾侯乙的一套鎛鐘的一件。楚惠王贈鐘的原因可能是報答其父楚昭王在柏舉之戰時到曾國避難一事。編鐘是禮樂制度中的重要器物，為了在曾侯乙編鐘的正中懸掛楚王鐘，曾國特別取下最大的一件甬鐘，沒有隨葬，可見曾國對楚王贈品的重視。

為首領。樂毅圍即墨長達三年，沒有攻下。

⊙臨陣不亂，製造時機

不久，燕昭王去世，其子繼位，就是燕惠王。惠王和樂毅不和。田單知道這個消息後就使用離間計，使燕惠王相信，樂毅拖延時間不攻下即墨，目的想在齊稱王。

燕惠王信以為真，於是就派大將騎劫代替樂毅。樂毅本是趙國人，無端蒙枉，悲憤之下，直接投奔趙國。燕國官兵為此憤憤不平。

田單接著又散布流言說：「燕軍如果把俘虜的齊國士兵割去鼻子，排列在隊伍的前列，再和我們交戰，即墨人必定害怕，即墨就容易攻破。」

燕軍聽到，照此施行。結果，城裡的人看到齊國的降兵都割去了鼻子，人人義憤填膺，全力守城，只怕被敵人抓住。

田單又散布流言說：「燕軍要是挖了我們的祖墳，侮辱我們的祖先，就會讓我們真正害怕。」

燕軍聽說，又把齊國人的墳墓挖了，並將死屍焚燒。即墨人從城上看到，人人義憤填膺，個個咬牙切齒，堅決請求出城拚殺。田單知道出戰的時機到了。

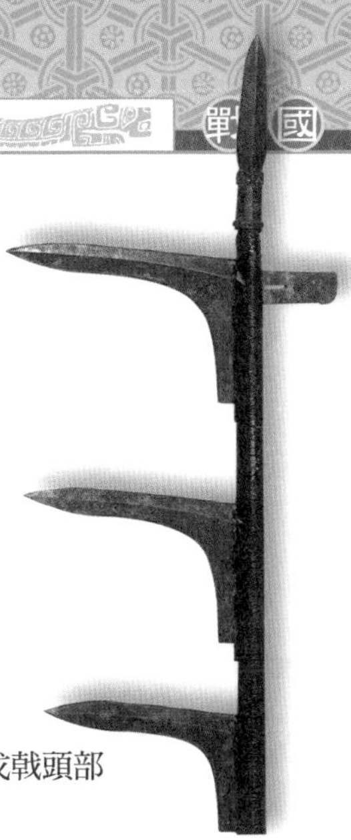

長桿三戈戟頭部

戰國

⊙火牛陣破敵

田單隨即命人裝作即墨的富戶，暗地為燕軍送去錢財，並對他們說：「城裡的糧食快沒了，人心不穩，過幾天就要投降。請保全我們一家老小。」騎劫聽了信以為真，滿口答應。燕軍士兵知道後，便放鬆了警惕，只等齊國投降。

田單從城裡收集了一千多頭牛，披上大紅綢絹，在身上畫了五顏六色的蛟龍圖案，角上綁好鋒利的刀子，然後把浸滿油脂的蘆葦綁在牛尾。他令人把城牆鑿開幾十個洞，點燃牛尾上的蘆葦，趁黑夜把牛趕出，派精壯士兵五千人跟在火牛的後面。因尾巴燒得發熱，火牛都發狂直奔燕軍兵營，牛尾上的火將黑夜照得通明如晝。燕軍看到身上都是龍紋，撞上非死即傷，因而驚慌失措。齊軍的五千壯士又隨後殺來，其他士兵也擂鼓吶喊，甚至連老弱婦孺都手持武器跑上城頭，鼓聲、吶喊聲震天動地。

燕軍非常害怕，大敗而逃。齊國人在亂軍之中殺死了燕軍的主將騎劫。齊軍緊緊追擊潰逃的燕軍，齊國的其他城鎮也紛紛反抗，歸順田單。田單乘著餘威將燕國占領的七十多座城池全部收復了。

田單到莒城迎接齊襄王回到都城臨淄。齊襄王封賞田單，賜爵號為安平君。

藺相如完璧歸趙

●時間：西元前二八三年
●人物：藺相如

秦昭襄王假意以十五座城池換取趙國無價之寶和氏璧，趙惠文王不知是否有詐，又不敢拒絕。藺相如懷璧使秦，得知秦本無誠意，當廷據理力爭，保全了玉璧，也避免了戰爭。

楚厲王時，楚人卞和從山中得到一塊寶玉，獻給厲王，厲王的玉匠認為只是石頭，厲王以為卞和欺君，把卞和的左腳砍了。楚武王繼位後，卞和把寶玉獻給武王，武王也認為是石頭，又把卞和的右腳砍了。

楚文王時，卞和抱著寶玉在荊山下哭泣，文王知道後，令人把石頭剖開，得到了寶玉，名為和氏璧。此後世代相傳，直至楚宣王，近四百年時間。

楚威王為了嘉獎相國昭和，將和氏璧賞賜給他，當夜昭和大宴群臣，在傳賞過程中，和氏璧不翼而飛。

數十年之後，趙國的宦官繆賢得到和氏璧，趙王知道後，占為己有。

⊙舉薦藺相如

趙惠文王得到和氏璧的消息很快傳開，轟動各國。周赧王三十二年（前二八三年），秦昭襄王心生妒忌，也想占為己有，於是派使者來到趙國，願意用十五座城池換取這塊和氏璧。

趙惠文王召來大臣商議此事。趙王問道：「秦國提出以十五座城池換和氏璧，但是秦王素以狡詐出名，如果答應秦國，害怕秦國言而無信，仗著國勢，不交付城池。但是如果不答應秦國，又擔心秦國大軍來犯，如何是好呢？我們先派使者到秦國應對秦王。有誰願意出使秦國呢？」頓時鴉雀無聲，大家畏懼秦王，知道凶多吉少。

這時候，繆賢上前稟告：「舍人藺相如是難得的辯才，可以出使秦國。」趙王失望說：「滿朝大臣無人可往，一個舍人又能做甚麼呢？」

繆賢回答：「大王，小人曾經得罪大王，害怕大王降罪，原想投奔燕國。藺相如攔住臣，問臣認識燕王的經過，臣說：『一次我隨大王在邊境會見燕王，燕王私下握著我的手，願意和我做朋友，我們就這樣認識了。現在我有難，他應該會收留我。』

「藺相如笑著說：『不對，趙國與燕國相

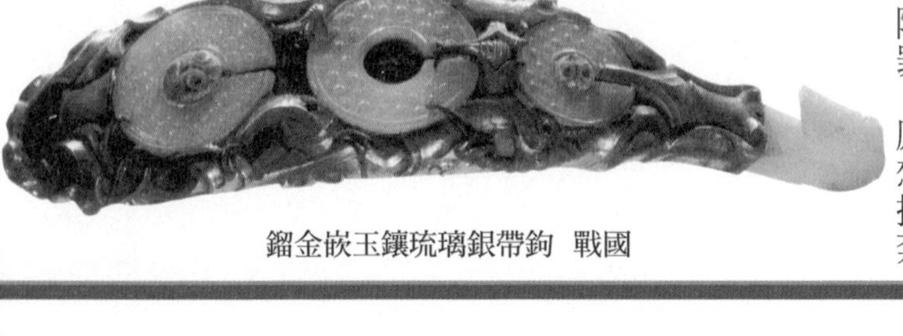

鎏金嵌玉鑲琉璃銀帶鉤　戰國

比，趙國明顯較強，燕國弱，您又得趙王寵幸，燕王才要結識您。現在您要到燕國避難，燕王畏懼趙王，一定不敢收留，說不定還會送回向趙王請功。您不如向趙王請罪，趙王仁厚，就會寬恕的。』我聽了他的建議，大王果然赦免了臣。藺相如是個難得的人才，有勇有謀，大王可以派他出使秦國。」

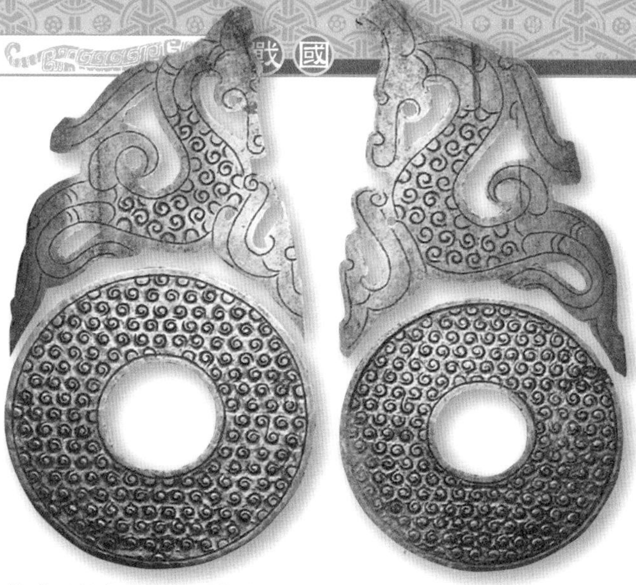

龍形玉珮和谷紋璧　戰國

左玉璧直徑十二·七公分，玉珮長十八公分，寬十二·七公分。右玉璧直徑十一·五公分，玉珮長十九公分，寬十二·六公分。龍形玉珮和谷紋璧共兩對，是用一整塊玉料劃開後分別製成。

⊙請纓使秦

趙惠文王聽了，半信半疑，就召藺相如進宮，問道：「秦王要拿十五座城池換和氏璧，你認為我們是答應，還是拒絕呢？」藺相如回答：「秦國強，趙國弱，我們不答應就會讓秦國有發兵的藉口，不能不答應。」

趙王接著問：「原是如此，但是如果秦國拿了和氏璧，不給城池，我們怎麼辦呢？」藺相如說：「如果我們不答應，錯在我們。如果我們把和氏璧送給秦國，秦不給城池，錯在秦國。我們寧可答應交換和氏璧，也絕不能讓秦國有發兵的藉口，就讓秦國來承擔這個不講理的責任。」

趙王點頭稱是說：「那您覺得由誰出使秦國呢？」

藺相如說：「大王如果確實找不到合適的人選，在下願意試一試。秦國如果守信，把城池交給我們，我就把和氏璧獻給秦王。如果秦國食言，我一定會把和氏璧完好帶回來。」於是趙惠文王派藺相如帶著和氏璧出使秦國。

⊙智鬥秦王

藺相如到了秦國，將和氏璧呈給秦昭王。秦王手捧美玉，愛不釋手，傳給嬪妃看過，又傳給左右大臣，都誇讚和氏璧世所罕見。但就是不提十五座城池的事情，顯示不準備用城池換美玉。

藺相如走上前，對秦王說：「這塊美玉雖好，卻有一處瑕疵，請讓在下指點給大王看。」

秦王把和氏璧遞給藺相如，藺相如拿著和氏璧退到大殿柱子旁，倚靠柱子，瞪著眼睛，怒氣沖沖對秦王說：「這玉璧並沒有瑕疵，只是我見大王只看玉璧，不提正事，才這麼說的。當初大王派使者送信給趙王，想拿十五座城池交換這塊美玉，趙國臣民都說不能相信秦國，趙王舉棋不定。我勸趙王答應，百姓尚且知道信義是重要的，秦王一國之君，必定不會輕視信義。趙王於是答應把和氏璧送給秦王。但是大王拿到美玉，只顧著欣賞，卻不提十五座城池的事情，看來大王真的沒有誠信啊！現在美玉在我手中，大王如果硬要搶奪，我就撞死在這根柱子，連美玉一起摔碎。」說著做勢就要撞柱子。

秦王看藺相如認真的模樣，就命手下拿地圖過來，對藺相如說：「你太著急了。我們現在就商量城池的事情。」秦王指著地圖說：「這些地方靠近趙國邊境，就把這十五座城池給你們吧！」

人物故事圖　清　吳厲

圖為「完璧歸趙」故事，融山水、人物、車馬、儀仗、庭院為一體，構圖豐富。畫家用筆細秀，設色協調，豔麗處不失清逸淡雅。

藺相如知道秦王詭計，就對秦王說：「這些城池本是我國土地，但是被貴國奪占了，現在歸還也是應該的。只是美玉天下無二，我來秦國之前，趙王齋戒了五日，並舉行了隆重的送玉儀式。現在大王也應該舉行一個迎玉的儀式，需要齋戒五日。」秦王想，美玉終離不開國門，就答應了藺相如的條件。

⊙完璧歸趙

藺相如料知秦王不懷好意，回到驛站，就讓隨從換穿普通百姓的服裝，懷藏玉璧，偷偷從小道返回趙國。

五天之後，秦昭襄王齋戒完畢，

延伸知識

閼與之戰

周赧王四十六年（前二六九年），秦昭王令將軍胡陽率軍進攻趙國閼與（今山西和順）。趙惠文王急忙召見老將廉頗，商量救援閼與。廉頗說閼與離邯鄲太遠而離秦國太近，恐怕來不及救援。惠文王又詢問年輕將領樂乘，樂乘也同樣回答了惠文王。

惠文王又召見將軍趙奢，趙奢指著地圖朗聲回答：「救援閼與的道路艱險難行，我軍與秦軍正如兩隻老鼠在洞中搏鬥，一往無前的勇者將獲得最後的勝利。」

惠文王聽了趙奢的回答，非常高興，就任命趙奢為主將，率領大軍救援閼與。當時秦軍聲勢正盛，趙軍離開邯鄲三十里便安營紮寨，趙奢同時下令：任何將士不得妄議軍事，有敢諫者，一律處死。

秦軍間諜混進趙軍營壘，趙奢佯裝不知，並且還不斷加固營壘。秦將胡陽誤認趙奢害怕秦軍，於是驕傲說：「閼與不會再屬於趙國了！」

趙奢等示弱驕敵的計謀成功以後，立即令全軍捲甲直趨，兩天一夜趕到距閼與城五十里處築壘列陣。秦軍迎擊，被趙軍打得大敗而歸。

趙惠文王封趙奢為馬服君，趙奢也成為繼廉頗、藺相如之後趙國的第三號人物。

舉行了盛大的迎寶儀式。到了獻寶的時刻，藺相如不慌不忙對秦王說：「秦國國君從穆公起，已經二十多位君主了，但是沒有一個守信用。請大王原諒，我太多慮了，害怕今天又上當，對不起趙王，所以我已經派人把玉璧送回趙國了。大王不要著急，如果大王誠心拿城池換玉璧，那麼請大王先把十五座城池劃給趙國。天下人都知道，秦國強大，趙國弱小，如果您把城池劃給了趙國，趙國怎麼敢不奉上大王玉璧呢？我知道犯了欺君之罪，請大王處置吧！」

秦昭襄王一時愕然，左右紛紛拔劍欲刺藺相如，秦王歎息了一聲：「罷了罷了。殺了藺相如，我們還是不能得到和氏璧，反而有損兩國的友誼。不如放了他，也顯得秦國大度。」於是放藺相如回趙國。

藺相如回到趙國，趙惠文王認為藺相如出使秦國成功完成了任務，既保全了和氏璧，又沒有傷著兩國和氣，就封為上大夫。秦昭襄王從沒有想過拿十五座城池換一塊玉璧，不過想乘機試探趙國對秦國的態度。之後，秦、趙兩國都沒有再提這件事。

藺相如依靠自己的膽魄和智慧，保住了趙國的珍寶，也維護了國家的尊嚴，成語「完璧歸趙」就是從這段歷史來的，後人用「完璧歸趙」比喻把原物完好歸還本人。

谷紋大玉璧　戰國
直徑二十一．五公分。這種大型玉璧是一種禮玉，可能已不在服飾中佩帶。

【負荊請罪】

●時間：戰國後期
●人物：廉頗　藺相如

廉頗由於藺相如位居其上，心懷不滿，後來明白藺相如的苦心後，廉頗身背荊條上門請罪，藺、廉兩人結成了生死之交，這個故事充分說明領導人應該能識大體，顧全大局，以國家利益為重。

⊙澠池之會

戰國時期的廉頗是趙國有名的良將，趙武靈王在位時，他南征北戰，為趙國立下了汗馬功勞。趙惠文王當政，他東奔西走，更是為趙國屢建新功。在趙國，廉頗是無人可比的功臣，舉足輕重。如果得到廉頗支持時，就一路順風，但是如果廉頗反對，就猶如逆水行舟。廉頗由於戰功顯赫，受封為上卿。

後來，秦、趙之間發生了和氏璧事件，秦國仗著強大的國勢，假意要以十五座城池為代價，騙取趙國的和氏璧。藺相如奉命出使秦國，不畏強權，為趙國保全了和氏璧，趙惠文王封藺相如為上大夫。

不久之後，藺相如陪同趙王出使秦國，在澠池相會，秦王請趙王為他鼓瑟奏樂，以羞辱趙王。藺相如以死相脅，也請秦王為趙王敲瓦盆，保全了趙國的顏面，並安全把趙王從虎狼之地護送回國。趙惠文王封藺相如為上卿，位在廉頗之上。

⊙相如退讓

廉頗得知藺相如位高後，很不滿意，逢人便說：「我是屢立戰功的將軍，藺相如憑恃甚麼，不過仗著口舌之功罷了，那算甚麼本事啊！況且他出身卑賤，居然官位在我之上，我絕不甘心，有機會見到他，非教訓教訓他。」

這段話傳到了藺相如耳裡，從此只要廉頗出現的地方，藺相如一定退避三舍，避免兩人見面。

一天，藺相如乘馬車外出辦公，正好廉頗迎面而來，街道十分狹窄，兩人狹路相逢，藺相如連忙命車夫退到街道旁邊的小巷裡，讓路給廉頗。待廉頗馬車過去之後，藺相如才從巷子裡出來。

廉頗為了刁難，等藺相如的馬車回到街道，他命車夫掉頭回來。兩輛馬車再次相遇，藺相如命車夫再次退回巷子，再度讓路。此事過後，廉頗四處向人誇稱藺相如膽小。

⊙點悟廉頗

趙惠文王聽到此事，就派名士虞卿往廉府勸說廉頗。廉頗興致很高，向虞卿講述了當日藺相如退讓之事，一直嘲諷藺相如。

虞卿聽後問道：「廉將軍攻城略地的功勞無人能及，藺相如更是比不上。但是論度量，您就差了些啊！」

廉頗勃然大怒：「他不過一介文臣，哪能和武將比氣量？」

虞卿不慌不忙問：「將軍和秦王相比，哪個更有勢力，更厲害啊？」

廉頗不耐煩回答：「廢話，當然是秦王了，我只是一個臣子，總是不能和君王相提並論的。」

虞卿笑了：「將軍所言極是！但是，藺相如連秦王都不怕，又怎麼會怕您呢？為了趙國，藺相如敢當面指責秦王，為甚麼與您狹路相逢，猶恐避之不及呢？」

廉頗想想，忙問甚麼道理。虞卿接著說：「藺相如說，現在秦國有點畏懼趙國，為甚麼呢？就是因為趙國文有藺相如，武有將軍您，如果你們之間有了衝突，正是秦國求之不得的事情，秦國就會乘機攻擊趙國，國家就要遭殃了。所以藺相如才要事事避開您，防止正面衝突，以免事情擴大。」廉頗聽後，慚愧萬分。

方柱形飾透雕樓觀　戰國

樓高二十一．五公分，人物鳥獸闕狀方形飾，是在燕下都遺址東貫城村所採集的戰國文物。

⊙將相和

當天，廉頗赤裸著上身，背著荊條，一個人走到藺相如府前，把看門人嚇了一跳，以為前來尋事，慌忙通報藺相如。

廉頗見到藺相如，雙膝跪地，雙手舉起荊條向藺相如請罪說：「我是一介武夫，才疏學淺，差點誤國，請上卿責打我吧！」

藺相如連忙把廉頗扶起：「你我都是趙國的重臣，您能體諒我，我已經感激萬分了，以後你我盡心輔佐國君就是了。」

廉頗連連點頭：「藺上卿，我想和您成為生死之交。」藺相如高興說：「好啊，好啊！」兩人遂成刎頸之交。

此後十餘年間，趙國一片安定，國力大增，廉頗和藺相如「將相和」的故事，也成為千古佳話。後人把主動向人認錯道歉，自請責罰的做法稱為「負荊請罪」。

魏國免費修周城

●時間：西元前二七三年
●人物：周赧王　馬犯

周臣馬犯略施小計，就讓魏軍幫助周修築了城牆。只可憐周王室已經衰落至此，連修城都得借助於他人了。

⊙欲修城牆

周赧王四十二年（前二七三年），魏、趙兩國攻打韓國，圍困了韓國城邑華陽（今河南新鄭北）。韓國向秦國求援，秦國以武安君白起、客卿胡陽為大將，救援韓國。白起出兵，急速行軍，襲敗魏、趙聯軍，直逼魏都大梁，魏國割南陽地（今太行山以南，黃河以北）求和。

這時的周王室是周赧王在位。赧王擔心戰火不日將燒到周，想加固城牆，以防萬一，但又沒有足夠的人力和財力。

於是赧王召見群臣，商討對策。大臣馬犯上奏周赧王說：「我有個計策，可以修好城牆，又使我們平安無事。」赧王聽了大喜，連忙催道：「有何妙計，快快說出呀！」馬犯徐徐說：「請求派我去魏國，請他們出兵幫忙修築城池，我們就不用怕秦國的軍隊了。」

赧王說：「他們怎麼會心甘情願幫忙修固城牆呢？」馬犯說：「只要派我就行了，我自有妙計。」事到如此，赧王也沒有別的辦法，只好讓馬犯試試。

⊙游說秦趙

馬犯到了魏國，對魏國國君魏安釐王說：「赧王有病了，相當嚴重，如果不幸去世，我這個做臣子的也無法活了，所以我過來想請您出兵幫周守城。作為謝禮，天子願意把九鼎送給您，您要是同意的話，就馬上派兵到周吧！」

九鼎是象徵王室權威的標誌，當年楚莊王問鼎中原的典故也是由此而來，可知其價值。魏王聽了以後，正是求之不得，也沒多想就爽快答應了。魏王立刻派出精兵，以保衛周的名義啟程向周進發。

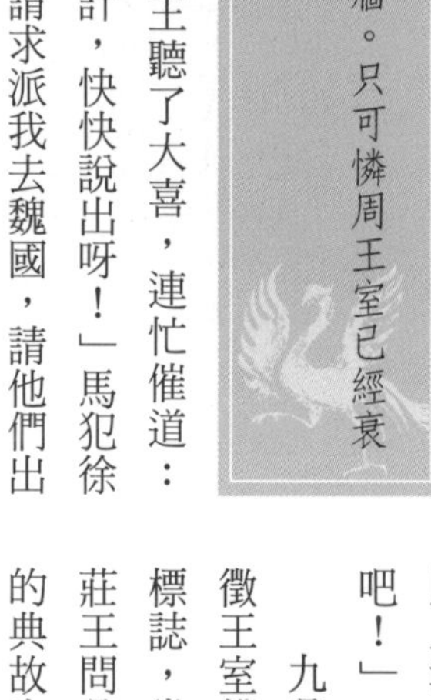

玉鹿　戰國

這時，馬犯又到秦國，求見秦王，說：「魏國軍隊正向周進發，聲稱為了守衛周的，但我懷疑他們要攻打周，不信您可以派兵到國境查看。」秦王果然上當，於是也派兵向周進發。

馬犯離開秦國，返回魏國。他見到魏王，說：「赧王的病更加嚴重了，九鼎的事現在沒法請示，讓我以後找適當的機會再幫您辦九鼎的事

對鳳對龍紋繡絹面衾　戰國

吧！但是您現在派兵來周，各國已經知道了這件事，都起了疑心，懷疑您要攻打周。」

魏王委屈說：「我怎麼會有攻打周的想法呢？我可是周的臣子啊！是你請求我派兵幫你們守衛城池的呀！我只是盡一個臣子的責任罷了。」

馬犯說：「實際情況確實如此，但各諸侯不瞭解情況，他們就會認為您要在周王病重的時候乘機攻打，這樣我們商量九鼎的事也很難辦了。現在，秦國已經派遣軍隊趕往周境了。」

⊙巧引魏軍修周城

魏王聽了馬犯的話，非常著急。馬犯看時機到了，就對魏王說：「大王不必擔心，我有個計策，可以打消各諸侯的疑慮。」

魏王聽了，馬上問馬犯：「先生快說呀！您能幫我這個忙，九鼎我也不要了，只要讓各諸侯知道我派兵的真實目的，還我清白就可以了。」

馬犯故作誠懇說：「其實這個辦法很簡單，不如您命令到周的軍隊幫助修築城牆，各諸侯就不會懷疑了。」

魏王聽了遲疑說：「這個辦法行嗎？」馬犯說：「這個辦法一定行。本來各國聽到您發兵向周進發的消息，認為您趁我君病重之際，想在周獲得利益，但如果您的軍隊幫助周修築城牆，就把您的真實目的展現給各國了。」

魏王聽了覺得有理，說道：「就依先生所言，讓我們士兵把周城的城牆修築好。」於是魏王派人火速通知在周的軍隊，讓他們幫忙周修固城池，然後返回。

馬犯憑藉智慧和勇敢，不費一兵一卒，不花一分一釐，就把城池修好了。本來已經發兵的秦國，看到魏軍只是幫助周修築城牆，也就撤軍了。結果，周的城牆被魏軍盡心盡力修葺得煥然一新，秦國也不敢輕易來犯了。

觸讋巧說趙太后

●時間：西元前二六六年
●人物：觸讋　趙太后

秦軍圍困趙國，齊國答應出兵解圍，但是趙國必須派長安君為人質，趙太后堅決不同意。左師觸讋從愛子的角度勸說趙太后，雖句句閒話，卻字字真情，趙太后欣然接受。

彩繪雲紋漆圓耳杯　戰國

⊙國難當頭

周赧王四十九年（前二六六年），趙國國君趙惠文王去世，孝成王繼位。當時孝成王年幼，由趙太后代替攝政。秦國一直視趙國為眼中釘，乘機發兵攻打趙國，一連攻占了趙國的三座城池。

趙國危在旦夕，趙太后不得不向齊國求援。齊國答應出兵，但提出了一個條件：趙國必須派太后的幼子長安君到齊國做人質，這是當時的慣例，秦王嬴政的父親異人也曾做過人質。

長安君是趙太后最疼愛的小兒子，趙太后大怒，堅決不同意。大臣對太后曉以利弊，都被太后拒絕。趙太后對左右說：「誰再來勸說派長安君到齊國做人質，我一定不饒。」

⊙巧轉話鋒

大臣不敢再勸說太后，但是國勢危急，無不著急。這時候，左師觸讋決定進宮晉見太后。

太后聽說觸讋進宮，知道另有目的，氣沖沖等著觸讋。觸讋年齡很大，腿腳不太好，蹣跚來到太后面前，向太后請安說：「我腳上的毛病加重了，現在都不能快走，真是老了。我擔心您御體欠安，就進宮看看您，向太后請安。」

太后見他一副閒話家常的樣子，氣頓時消了，慼慼地說：「我現在也老了，出行也只能坐在車子上。」

觸讋又問：「唉，太后也老了啊！最近每日的飲食怎麼樣，飯量沒有減少吧？」太后回答：「沒有甚麼胃口，只是吃一點稀飯，別的吃不動了。」

觸讋說：「我近來也不是很想吃東西，每天強迫散散步，慢走三四里路，累了就會有食慾，多吃點東西，身體也舒服一些。」太后的臉色慢慢舒展了，歎口氣：「可是我做不到啊，沒有那個閒心散步啊！」

觸讋笑著說：「太后國事雖忙，還是身體要緊啊！老臣這次還有一事相求，我有個小兒子，名字叫舒祺，太不成器。我已經老了，以後不能處處照顧他了，就想讓他出來闖闖，建功立業，以後好安身立命。請太后批准他當宮廷侍衛，保衛您的安全。」

太后問：「他今年多大了？」觸讋回答：「不過十五歲，雖然還很小，但是我想在死前把他託付給您，這樣我也死得安心了。」

太后納悶問道：「你們這些大男人，也這麼疼愛小兒子嗎？」觸讋答：「太后您說呢！我們可比女人更疼愛小兒子。」太后搖頭說：「女人才疼愛小兒子，你們不知道罷了。」

⊙說服太后

觸讋笑著說：「太后，微臣私下可認為您更疼愛燕后，超過疼愛長安君啊！」太后笑了：「你可錯了，我對燕后的疼愛遠遠不及長安君。」

觸讋說：「父母疼愛孩子，都考慮他們的未來，不會只看到眼前的利益。燕后出嫁的時候，您哭泣著不想讓她走，現在您每想起燕后遠嫁，就會掉淚。在祭祀的時候，您都會為燕后祈禱，請求上天保佑燕后，千萬不要讓她回來。您不是不想她，正是為了燕后的長遠利益打算啊！」

觸讋頓了頓，接著說：「請問太后，趙氏先祖的旁系子孫中現在還有封爵位的嗎？」太后搖搖頭。觸讋接著問：「除了趙國，別的國家呢？」太后答道：「沒有聽說。」

觸讋感慨道：「這就是所說的近的災禍會落在自己的身上，遠的禍患就會殃及子孫。子孫地位尊貴，卻對國家沒有功勞，他們俸祿優厚，卻對國家沒有功績。但是他們仍然擁有大量的金銀珠寶，這就難免有災禍了啊！現在太后把肥沃的土地給了長安君，賜給他很多珍寶。但是如果不趁您健在的時候讓他建功立業，那麼您老了之後，長安君如何在趙國立身呢？如此說來，您沒有為長安君作長遠的考慮，您不疼愛他啊！」

太后越聽越有道理，也為長安君以後的生活擔憂，就說：「好吧，讓他前去齊國吧！」

長安君於是到齊國做人質，齊國就發兵解救了趙國。觸讋說趙太后，正是找對了話題的切入點，旁敲側擊，然後再導入正題，不知不覺中使太后放棄了固執的念頭。

㚸蚉圓壺　戰國

廁中死人做丞相

●時間：?～西元前二五五年
●人物：范雎

范雎無端遭禍，歷盡磨難，憑藉聰明才智化險為夷，最終當上了秦國的相國，盡心盡力輔佐秦昭襄王。

魏國人范雎（?～前二五五年），字子叔，有談天說地之能，安邦定國之志，想讓魏王重用。無奈他出身貧寒，不能見到魏王。於是范雎先投入中大夫須賈門下，做了一名門客。

獸面紋玉琮　戰國

高五．四公分，直徑六．六公分。玉琮在新石器時代後期出現，良渚文化、龍山文化皆有玉琮出土。《周禮》把玉琮外方內圓的形狀，解釋為天圓地方的意思，也就是以圓和方把天地貫通，成為古代社會的一種法器。高級貴族陪葬佩玉，是希望保持身分不朽，至於隨葬玉琮則顯示他與天地交往的能力。

⊙出使齊國

當初，齊湣王無道，燕國樂毅聯合四國一同討伐，魏國也出兵助燕，後來田單破燕復齊，齊襄王即位。魏王怕齊國報復，派須賈出使齊國重修和好，須賈帶范雎同去。

到了齊國，齊襄王問須賈道：「先王與你的國家一同伐宋，意氣相投，但你們卻和燕人一起攻打齊國，今日你們又假言騙我。你們魏國反覆無常，我怎麼能夠相信呢？」

須賈無言以對，范雎在旁，回答道：「大王的話不對。先前我君跟隨著齊國伐宋，是奉齊國的命令，原先兩國約定分三成土地給魏國，但齊國背約，把土地奪占了，並侵害我們，是齊國先失信於魏國。諸侯厭齊之驕暴，故和燕國攻齊。濟西一戰，五個國家都參加了，又不是單單只有魏國。但魏國沒有跟隨燕軍進攻臨淄，是出於對齊國的尊重。今天大王英明蓋世，欲報仇雪恨，應以桓公為榜樣，所以魏王派須賈來和齊國修好。大王只知道責備他人，不知道反省自己，恐怕要重蹈湣王的覆轍。」

齊襄王愕然起身道：「是寡人的過錯。」接著襄王又問須賈：「這位是何人？」須賈說：「是臣的門客范雎。」齊王顧盼良久，乃送須賈回公館休息。

齊王暗地派人找到范雎，對他說：「我王仰慕先生才氣，想留您在齊國作為客卿，萬望先生勿辭。」

范雎說：「我與魏國使者同來齊國，卻不同時回去，我豈不成了無義無信之人？以後怎麼做人呢？」

齊王聽到回報，更加敬慕，又送給范雎牛、酒和十斤黃金。范雎不肯接受。齊王四次派人送去，范雎無奈，只好收下牛、酒，黃金卻不肯接受。這件事早有人報告了須賈，須賈開始懷疑范雎。

⊙飛來橫禍

事後，兩人回到魏國，須賈對相國魏齊說了這件事。魏齊大怒，將范雎抓起，嚴刑拷問。

魏齊厲聲問道：「你可與齊國私下來往？」范雎說：「沒有。」魏齊道：「若沒有和齊來往，齊王怎麼會留你當客卿呢？」范雎說：「這事確有，但我沒有答應。」

魏齊大聲說：「賣國賊！」然後命令施以酷刑，直到范雎昏死。獄卒報告魏齊說：「范雎已氣絕了。」魏齊一看，見范雎直挺挺躺在血泊中，就命獄卒用破席把范雎裹起來，扔到廁所裡。

誰知天佑范雎，命不該絕。天黑後他漸漸甦醒，從蓆子的縫隙中看到只有一個士兵看守。范雎呻吟了一下，士兵趕忙過來。范雎對他說：「我已經活不了，如果你能讓我死在家中，家裡的黃金都給你。」士兵覺得有利可圖，就對范雎說：「你先裝死，我去稟報相國。」

士兵入稟魏齊說：「相國，廁所中那個死人怎麼處置？」魏齊說：「把他扔到野外。」

士兵將范雎送回家，范雎命妻子取出黃金答謝士兵，又將破蓆子交與士兵，讓他拋到野外，掩人耳目。

范雎對妻子說：「你們要假辦喪事，不讓別人懷疑。我到兄弟鄭安平那裡養傷，千萬保密。」

妻子按照范雎交代，全家舉哀戴孝。魏齊得知後心裡更加坦然，確信范雎是真的死了。

⊙逃離魏國

范雎在鄭安平家敷藥療傷，身體漸漸康復。兩人於是躲入山裡，范雎更名改姓，名為張祿。

過了半年時光，秦國的使者王稽出使魏國，住在公館。鄭安平扮做驛卒服侍王稽，應對敏捷。

王稽很喜歡鄭安平，於是悄悄問

延伸知識

郡縣制的推行

春秋晚期，郡作為一種行政編制，已經開始在各國新得到的邊地開始設置，但是此時郡的地位遠不及縣。

到了戰國時代，郡的轄區逐步擴大，縣逐漸成為郡下的一種行政區域。郡的長官稱為太守，一般由武官擔任。戰國時縣的設置很普遍，大凡有城市的都邑建立為縣。縣的組織基本上和中央組織相似，商鞅在秦變法，每縣設有令、丞和尉。縣下有鄉、里、聚，或連、閭等基層組織。

戰國時期，各諸侯國的統治機構，從國到郡，從郡到縣，從縣到鄉，已有系統分佈到每一個角落，層層控制整個國家。

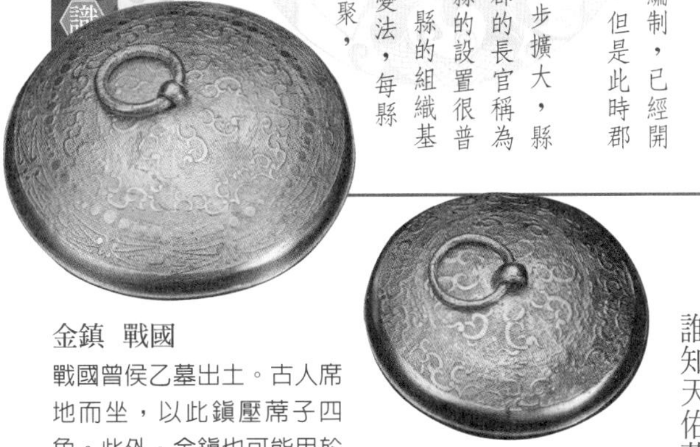

金鎮　戰國

戰國曾侯乙墓出土。古人席地而坐，以此鎮壓蓆子四角。此外，金鎮也可能用於宗教儀式。

他：「貴國有沒有賢德的人還沒有得到重用？」安平說：「找個賢德的人談何容易？以前有一個范睢，但被相國殺害了……」

鄭安平還沒說完，王稽就歎氣道：「真是可惜啊！此人如果到了秦國，必能施展才華。」

安平接著說：「現在臣的家裡有個張祿，才智不在范睢之下，您想見一面嗎？」

王稽高興說：「既有此人，為甚麼不讓他來見我？」安平說：「此人有仇家，白天不敢出行。若沒有此仇，他早能成就事業了。」王稽說：「晚上也沒有關係，我等著。」

於是，鄭安平讓范睢也扮成驛卒的模樣，深夜拜見王稽。王稽問范睢如何看待天下大勢，范睢把觀點詳細說了出來，就好像發生在眼前般。

王稽高興說：「我知道先生是個非同尋常的人，您能與我同回秦國，輔佐我王嗎？」范睢激動回答說：「我和魏國有無法解開的深仇，正想離開這裡，您的邀請正求之不得。」

於是王稽就偷偷與范睢、鄭安平會合，載了他們回到秦國。

⊙棄車避禍

沒走幾天，車隊就進入秦國地界。突然路上塵土四起，一隊秦國騎兵自西而來。范睢問王稽：「在官道上如此馳騁，這是誰的隊伍？」王稽看了一下，苦笑說：「這是我國丞相穰侯的車隊，恐怕是針對我們。」

范睢冷靜說：「我聽說穰侯獨攬秦國大權，妒賢嫉能，尤其厭惡諸侯來秦的賓客，我暫且躲在車中吧！」

穰侯的馬隊已到，王稽連忙下車迎接，兩人寒暄。穰侯突然說：「您沒帶諸侯的門客回來吧？這些人仗著口舌騙取富貴，其實一點都沒有用，實在是我大秦的蛀蟲。」王稽連忙笑著回答說：「絕對沒有，我和相國大人一樣討厭這些人。」

又聊了幾句，穰侯告辭走了。范睢立刻下車步行，王稽說：「丞相已走，我們坐車吧！」范睢說：「我暗中觀察穰侯的相貌，發現其人多疑。剛才沒有搜查您的車子，待會肯定後悔，必然返回搜查，我還是躲避為

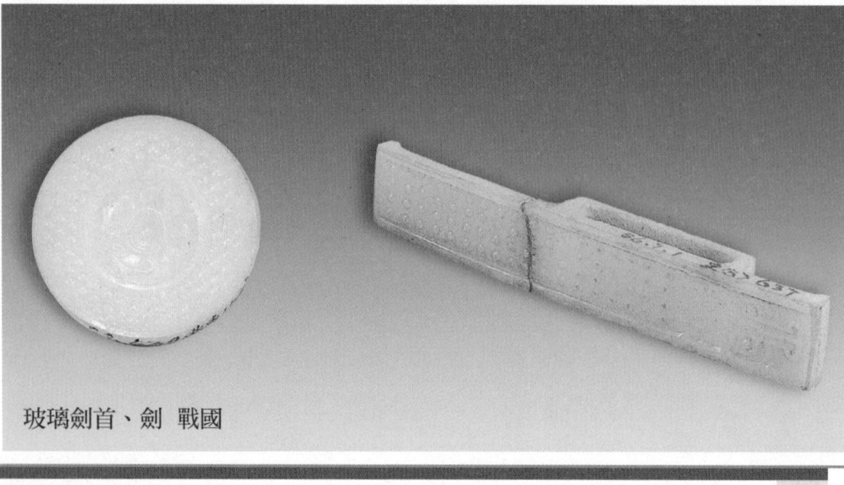

玻璃劍首、劍 戰國

好。」於是范雎叫安平一起步行，王稽車隊則跟在後面。

約行十里，聽到身後有馬鈴響，果然有二十個士兵騎馬從東飛奔而來，截住王稽車隊說：「奉丞相的命令，怕您帶有閒雜人等，讓我們檢查，您可千萬不要見怪。」於是挨車搜查，並未發現，方才罷休。

王稽感歎道：「張先生果然是智士，我可不如他。」

⊙昭襄王求教

王稽回到國都，向秦昭襄王覆命，又說道：「我在魏國見到張祿先生，智慧出眾，是天下少有的奇才。他與我議論秦國的形勢危如累卵，他有良策，但必須當面和您說，所以我就把他帶回秦國了。」秦昭襄王說：「諸侯的門客都愛說大話，你先安排他住下吧！」

雙耳金杯　戰國

一住就是一年，秦昭襄王早把王稽說的這個人忘了。范雎於是上書秦昭襄王，秦昭襄王看到來書，猛然想起張祿，忙派人召范雎到離宮。

范雎先到宮門前，看到秦昭襄王的車隊來了，假裝不知，故意擋住秦昭襄王的路。侍衛過來驅趕，說：「大王來了，快閃到一邊！」范雎說：「我只聽說秦國有太后、穰侯，沒聽說有大王呀？」

兩人正吵著，秦昭襄王到了，問明原因，侍衛就把范雎的話向秦昭襄王說了。

秦昭襄王並沒有生氣，領范雎進入，讓侍人退下，跪在地上對范雎說：「先生請指點我吧！」

范雎說：「大王如此誠意，我願追隨大王。」於是范雎跪倒謝恩，又接著說道：「穰侯藉著太后的威望，獨攬大權，我怕以後掌管秦國的就不是您的子孫了。」

秦昭襄王聽後再次拜謝范雎說：「先生一席話，我早聽到就好了。」

⊙范雎拜相

第二天，秦昭襄王就收了穰侯的相印，又安置太后於深宮，不許干預朝政。昭襄王拜范雎為丞相，把應城封給他，號為應侯。

范雎得到了秦昭襄王如此器重，大起知遇之感，便開始全心全意輔佐昭襄王。范雎為秦國的最大貢獻，就是獻上了「遠交近攻」的外交政策，即與不接壤的國家保持友好關係，而進攻鄰近的國家。既穩住了遠方的對手，又占了就近交戰的優勢。遠交近攻的策略實施後，很快便奏效了。秦國自此開始，真正擺脫了地處西部偏遠地區的不利條件，開始吞併六國的歷程。

長平之戰

●時間：西元前二六〇年
●人物：趙括　白起

長平一戰可以說決定了戰國最終的命運。這次戰役，秦、趙兩國起傾國之兵，能人志士先後登上舞臺。趙國最終失敗，就敗在用人不當。一個人的任用可以決定國家的興亡，由此可見。

趙國自趙武靈王「胡服騎射」以來，國力日益強盛，成了秦國周邊唯一可以與強秦抗衡的國家。秦國想統一天下，必然要擊敗趙國，但是沒有想到，決定秦、趙兩國命運的大決戰，竟然由秦國和韓國兩國點燃。

⊙捨城獻趙

秦昭王根據丞相范睢「遠交近攻」的戰略構想，從周赧王四十七年（前二六八年）起，先後出兵攻占了魏國的懷（今河南武陟西）、邢丘（今河南溫縣附近），迫使魏國親附於己。

接著又大舉攻韓，先後攻取了陘（今河南濟源西北）、高平（今河南濟源西南）、少曲（今河南濟源西）等地。並於周赧王五十四年（前二六一年）攻克野王（今河南沁陽），將韓國攔腰截為兩段。消息傳來，韓國朝廷上下一片驚恐，趕忙遣使入秦，以獻上黨郡（今山西長治一帶），向秦求和。

其實，由於野王失陷，上黨已經孤懸在外，早晚成為秦國的領土，對於韓國來說，獻上黨給秦國不過是個順水人情罷了。但是上黨太守馮亭認為，如果投降秦國，秦國接收了上黨，仍然會繼續攻擊韓國。因此馮亭決定將上黨地區十七座城池全部獻給趙國，由此挑起秦、趙兩國的爭端，韓國也許還有生存的機會。

上黨在趙國邯鄲以西，處於太行山脈西側。對於趙國，一旦上黨落入秦國的手中，秦軍可以居高臨下，威脅邯鄲。現在馮亭主動來獻，趙國自然歡喜，趙王就派老將廉頗率領四十多萬大軍前去接收上黨，抵禦秦軍。

但是秦軍行動迅速，等到廉頗的大軍到達上黨附近時，秦軍已經攻陷了上黨全部十七座城池，只有馮亭率領殘兵敗將迎接廉頗。

⊙蓄勢長平

上黨雖然已經失守，但是幾十萬秦軍駐紮在上黨，廉頗必須找地方抵禦秦軍，防止秦軍乘勢進攻趙國，廉頗將地點選在長平。狹義的長平，是指今山西高平市西北長平村，為長平之戰中心地帶。廣義的長平，大體為今高平市城鄉全境。之後發生的秦、趙長平之戰，主戰場即含以長平村為中心的丹河兩岸南北三十多公里、東西十多公里的地區，即廣義的長平。

從戰略上講，長平扼守上黨與邯鄲之間的咽喉，是必定保守的地方。從戰役層面講，長平東、西、北三面環山，丹河與地勢平行縱貫全境。整個長平丘陵眾多，便於軍隊隱蔽調動，丹河及支流一方面可以作為防守方的天然屏障，一方面可以用來調動部隊。

因此，廉頗在長平金門山下，以丹河為依託，全力加固丹河防線。趙軍不但有水寬谷深的丹河可以憑藉，還有大糧山、韓王山兩大制高點，可鳥瞰數十里，敵我動靜一目瞭然。此外，長平地區平原地形相對較少，不利於大兵團作戰，秦軍如果進攻，只能梯次使用兵力，對防禦的趙軍相當有利。

廉頗在丹河東西分別建立了營壘屯兵，並分兵一萬給馮亭守光狼城，分兵一萬給蓋負守東鄣城，分兵一萬給蓋同守西鄣城。以三處作為前哨陣地，擺出一副堅守的態勢。

秦將王齕率領秦軍進兵長平，先後攻擊東鄣城、西鄣城和光狼城，駐守的趙軍先後敗走，秦軍由此進入長平地區。

秦國大軍首先進攻西壘，廉頗指揮趙軍略作抵抗後，就撤至丹河以東的西壘，以丹河作為屏障，抵禦秦軍。

⊙三年的僵持

前期作戰，趙軍先後損失了近五萬人，但已經成功將秦軍牽制在長平的預設陣地前，開始了長期堅守。

廉頗下令各營嚴禁出戰，私自出戰的，就是勝利也要將主將問斬。廉頗的戰略意圖很清楚，長平地區遠離秦國的都城咸陽，但是靠近趙國的邯鄲，因此秦軍的後勤補給線要比趙軍長，廉頗決心在長平拖垮秦軍。

為了尋求趙軍決戰，秦軍副將王陵建議王齕派兵阻斷趙軍的主要水源——金門山下楊谷澗溪的流水。但是廉頗早有準備，在營中挖掘了暗渠，大軍用水不愁。

秦、趙兩國近百萬大軍在長平地區相持了將近三年，第三年，形勢終於出現了轉變。那年，趙惠文王去

秦趙長平之戰圖

世，趙孝成王即位。

三年的相持，使得秦國耗費了大量的人力、物力、財力。雖然秦國以渭河和黃河向前線輸送補給，減少了大軍長途補給的代價，但是數十萬大軍長期在外，還有數十萬勞力用於運輸線的運轉，使得即使像秦國這樣的強國，也不堪重負，必須決戰。但是前線的主將王齕面對老將廉頗的防守戰術無計可施，秦國必須換將。

換將不僅僅是要換掉王齕，而且最好是將對手廉頗也一併換掉，趙孝成王的即位給了秦國這一機會。

立俑燈　戰國

俑作雙手持燈狀，燈盤敞口，弧形壁，盤心有燭托。人前一跪猴，頭頂部有孔，用以承接燈油。

⊙散布謠言

秦國面臨巨大壓力的同時，趙國也面臨著巨大的後勤補給壓力。雖然趙軍處在趙國邊境的長平地區，補給線長度要遠遠短於秦國，但是長平與邯鄲之間橫亙著太行山脈，趙國補給長平，由於是逆黃河而上，無法利用水上交通，只能從陸路穿越太行山，向長平輸送給養。戰國時期，陸路輸送給養比水路要消耗更多的糧食，每向前線輸送一斤軍糧，就要有十斤消耗在路上。再加上那幾年趙國連續遇到災荒，國內存糧也消耗殆盡。趙國向齊、魏等國借糧也未成功，使得趙國的補給同樣捉襟見肘。

趙孝成王即位後，急於建立功業，以鞏固地位，廉頗的消耗戰術就遭到了孝成王的懷疑。

秦昭王和相國范雎利用了趙國同樣被曠日持久的戰爭拖得不堪重負，趙孝成王同樣急於求戰的心理，派出了大量的間諜在邯鄲散播謠言。於是趙孝成王就聽到了這樣的話：廉頗已經老而無用，對秦軍只能一味避守，不敢交戰，長平的趙軍早晚要敗在秦軍手裡，秦軍只懼怕趙國名將趙奢的兒子趙括。

⊙臨陣換將

趙奢是趙國大將，曾經於閼與大敗秦軍。趙奢的兒子趙括自小熟讀兵書，父子論起兵法，趙奢也不是對手。如今趙奢已死，正可以起用趙括。

趙孝成王找來趙括，問他是否敢

於代替廉頗，統領長平趙軍。趙括回答：「如果統領秦軍的是白起，我就要考慮了，但是現在統領秦軍的王齕，絕對不是我的對手。如果我指揮長平的趙軍，一定主動出擊，全殲秦軍。」

對於起用趙括，趙國的老相國藺相如不同意，向趙孝成王進諫：「此次長平之戰，秦、趙兩國都動用了全國的兵力，是決定兩國命運的大戰。趙括雖然從小就熟讀兵書戰冊，但是沒有實戰經驗，把一場決定國家命運的大戰交給他，實在是太草率了。」

趙括的母親也表示反對，她對趙孝成王說：「我的夫君趙奢臨死前曾經說過，我兒趙括把行軍打仗看作兒戲，不知道戰爭是關係到國家生死存亡的大事，他今後不能領兵打仗。而且從前趙奢做將軍時，得到國君的賞賜都分給部下的將士，可是您賞賜給趙括的財物，他都留給自己，這樣的將軍，士兵不會為他拚命，所以您還是不要任用趙括為將吧！」

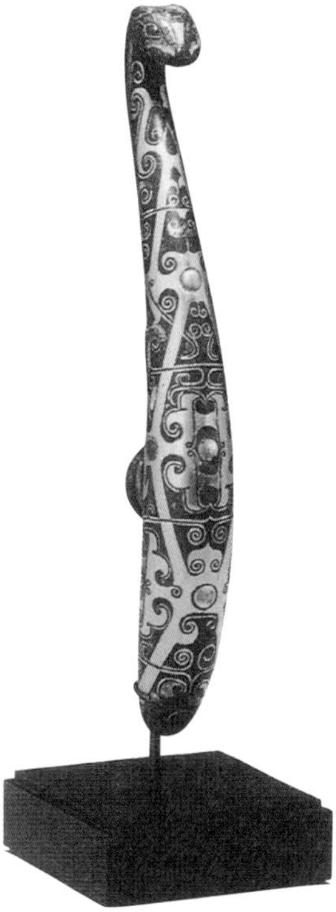

錯金銀帶鉤　戰國

身呈細長弧形，獸首鉤。鉤面飾錯金銀幾何形雲紋。

然而對於藺相如和趙括母親的話，趙孝成王不以為然。作為一個剛剛繼位的國君，這些老人對於他只是一種累贅，倒是趙括這樣的少壯派軍官，更符合孝成王的胃口。

趙括於是來到長平，替換了已經扼守長平三年的廉頗。

秦國一見反間計成功，也立刻換將，用白起替換了王齕。

⊙決定命運的交鋒

趙括到任後，立即命令趙軍對秦

歷史詞典

李牧伐燕

李牧是戰國末年趙國的一代良將，生年不詳，死於秦王政十八年（前二二九年）。

李牧曾久居趙國北邊代（今河北蔚縣）、雁門（今山西右玉縣南），防備匈奴。李牧常練習騎馬射箭，謹慎烽火，多使間諜，對士卒的待遇優厚。由於他防守嚴密，匈奴以為他膽怯，趙王也責備他，並曾把他革職。後來李牧打敗匈奴，殺十餘萬騎，破東胡，降林胡，單于逃跑。此後十多年，匈奴不敢接近趙國邊境。

秦王政四年（前二四三年），廉頗已離開趙國，投奔了魏國，趙王以李牧為將。當時秦大舉向趙進攻，將取得的趙地，建立雁門郡和雲中郡，並派了將軍桓齮攻占趙的部分土地，殺了趙的將領，但是在肥（今河北晉縣西）被李牧打敗，畏罪出奔燕。李牧攻燕，取得武遂、方城，封為武安君。秦王政十五年（前二三二年），李牧擊敗秦軍，南拒韓、魏。

秦王政十八年（前二二九年），秦軍圍攻邯鄲，李牧率軍抵抗。後因趙王聽信讒言，殺了李牧，自毀長城。李牧死後的第二年，趙國被秦國所滅，濫殺功臣的趙王也成了階下之囚。

軍主動出擊。趙軍休整了三年，而秦軍三年的不斷挑戰，趙軍就是堅守不出，多少有些懈怠，因此初時抵擋不了趙軍的進攻，一連輸了幾仗。

旗開得勝使得趙括躊躇滿志，下令全軍全線進攻，僅留下馮亭率領一小部分軍隊把守東壘。此時白起則正在初戰失利的情況下，部署著新的作戰計畫。

首先，白起請求已經坐鎮野王的秦昭王，將全國的部隊增援長平。秦昭王於是徵發了全國十五歲以上的男子，增援長平。然後，白起開始將軍隊退守西壘，將趙軍主力吸引到西壘前。最後，白起挑選了二萬五千名精兵，抄小路襲擊東壘。駐守東壘的馮亭寡不敵眾，最終東壘被秦軍占領，趙括率領的四十萬大軍就處於秦軍前後夾擊之下了。

這個時候，趙括如果沿著丹河兩岸向南北突圍，則趙軍大部還可以脫離險境，轉移陣地繼續對抗秦軍，因為秦軍僅僅占領了東西兩壘，仍無法對趙軍形成全面合圍，秦昭王發動的援兵也尚未到達戰場。此時長平戰場上秦、趙兩軍兵力相差不大，而趙軍仍處在內線作戰的有利地位。

但是趙括決心在長平和秦軍一決勝負，命令全軍主力奪回東壘。此時地形變得對趙軍不利，在東壘前，四十萬大軍施展不開，只能一批批衝向秦軍占據的東壘陣地，一次次無功而返，時間於是耽誤了。

⊙紙上談兵的下場

白起此時一方面焦急等待援軍，一方面命令秦軍在東西壘之間的趙軍周圍修築長牆，趙軍逐漸被秦軍的優勢兵力完全合圍了。為了防止包圍圈內的趙軍突圍，秦國出動輕騎兵反覆騷擾趙軍，讓英勇的趙國戰士得不到喘息的機會。趙括為了防止己方大軍被秦國騎兵分割包圍，命令趙軍修建營壘工事，以堡壘對堡壘以抗衡秦軍。

趙軍在長平被合圍的消息傳回邯鄲後，趙國舉國震驚，恐懼的陰雲籠罩在趙孝成王的心頭。儘管缺乏政治經驗和識人之明，孝成王還是明白長平這四十萬大軍對趙國的意義。為了挽救危局，孝成王開始在國內徵集一切可以拿起武器的男丁，準備增援長平。

孝成王尚未集合好隊伍，昭襄王早就已經徵發了秦國境內所有十五歲以上的男丁，從秦國的河內郡直插長平身後，徹底將邯鄲和長平的聯繫切斷，戰爭的結束已經只是時間問題。

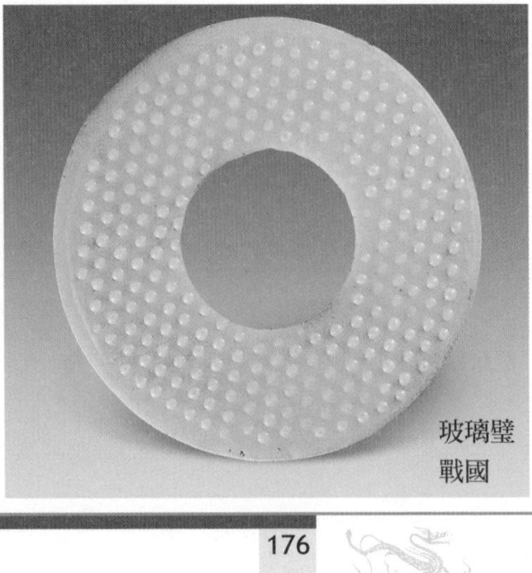

玻璃璧
戰國

同年九月底，長平的趙軍被圍已經四十六天，四十萬大軍早就吃光了糧草，曾經呼嘯戰場的趙國將士，只能殺掉戰馬，挖洞捉鼠來填飽肚子，長平變成了一片人間地獄。

趙括知道大軍堅持不久，決定與秦人決一死戰，趙括將剩餘的趙軍編為四個梯隊，不分晝夜向秦軍衝擊，想衝出一個缺口突圍。可是百萬的秦國虎狼之師，硬是將百里的城牆守得固若金湯，趙軍久攻不下，士兵的體力和鬥志也不停消逝。

為了讓將士衝出包圍圈，趙括親自率領近衛衝鋒，想鼓舞全軍的士氣，可是秦軍箭如雨下，趙括還沒衝到近前，就身中數十箭。這位趙國的罪臣，歷史的棄兒，在此時卻表現出一絲名將的風采，他依然高呼向前，最後力戰而死。

旌旗折，長劍斷，主將死，糧草盡，援軍卻在天邊，人性中對生的渴望戰勝了自武靈王傳下的趙軍不敗的榮譽，剩餘的趙軍全體投降，秦國取得最後的勝利。在解除了趙軍的武裝後，白起下令將二百四十餘名未滿十五歲的趙人放歸邯鄲，其餘的趙國降卒全部坑殺於長平。

就在這一天，悲傷成了邯鄲城內的主旋律，多少母子永別，多少夫妻離散，多少父子陰陽兩隔，邯鄲城內家家戴孝，戶戶痛哭，連孝成王也跪在趙氏宗廟前失聲痛哭，祈求祖先寬恕。

長平一戰，秦國以巨大的代價摧毀了東方第一的軍事強國——趙國（齊、楚雖兵力多於趙國，但士卒的訓練和尚武之風遠遜於趙），天下進入了戰國時代最後的二十年，秦人統一天下的時刻即將來臨。

宴樂銅壺上的水陸攻戰文飾

宴樂銅壺　戰國

戰國時期嵌錯賞功宴樂銅壺上的水陸攻戰文飾，從中可以看出戰國時兵戰的陣勢。

《五藏山經》

地理環境是人類生存活動的基地，中國先民從遠古開始，就逐步積累了一定程度的地理知識。為了對積累起來的地理資料進行初步的綜合整理，以及政治、軍事和經濟的需要，春秋戰國時期先後出現了中國最古老的地理著作〈禹貢〉和《山海經》中的《五藏山經》等。

《山海經》是一部內容豐富、風貌獨特的古代著作，包含歷史、地理、民族、神話、宗教、生物、水利、礦產、醫學等諸方面。《山海經》的今傳本為十八卷三十九篇，由《山經》、《海經》和《大荒經》三部分組成。其中《山經》五卷，包括〈南山經〉、〈北山經〉、〈東山經〉、〈中山經〉，共二萬一千字，占全書的三分之二。〈海內經〉、〈海外經〉八卷，四千二百字。〈大荒經〉及〈大荒海內經〉五卷，五千三百字。

《山經》書成

《山經》大約是戰國後期寫成的，包括五篇，結尾處有「天下名山經五千三百七十山，……居地也，言其五藏」的文字，所以又稱為《五藏山經》。所謂五藏，可能兼有地分五區，書分五篇的意思。

《五藏山經》以山為綱，把我國的山地分為中、南、西、北、東五個走向系統，每個系統中又被分為若干行列，即若干次經，依次分別敘述起首、走向、相距里數和結尾。雖然當時仍只有把山隔成行列的概念，缺乏山勢連綿的意義，但在敘述每列山嶽時記述山的位置、高度、走向、陡峭程度、形狀、谷穴及面積大小，並注意兩山之間的相互關聯，有的也涉及植被覆蓋密度、雨雪情況等，顯然已具備了山脈的初步概念，堪稱中國最早的山嶽地理書。

內容扼要

《五藏山經》敘述的地理範圍從黃河流域的中原地區，一直延伸到長江流域。其中〈東山經〉的範圍包括今山東及蘇皖北境，東到大海。包括四十六座山，分為四次經，大致都呈

〈禹貢〉書影

〈禹貢〉是《尚書》中的一篇，古代著名的地理著作。該書打破了當時諸侯割據的政治疆界，假託大禹把全國分為九州，分別敘述了各州的地理概況，並對黃河、長江兩大流域的山川、土壤、物產、貢賦、交通等，作了比較全面的描述。

南北走向。〈北山經〉西起今內蒙、寧夏騰格里沙漠賀蘭山，東抵河北太行山東麓，北至內蒙陰山以北。有山八十七座，由東而西分成三次經，其中不少山名至今可考，不過誇大了各山之間的距離。〈南山經〉東起浙江舟山群島，西抵湖南西部，南抵廣東南海，包括今浙、贛、閩、粵、湘五省。有山四十座，從北到南分為三次經，都是東西走向。〈西山經〉東起山、陝間黃河，南起秦嶺山脈，北抵寧夏鹽池西北，西北達新疆阿爾金山。有七十七座山，由南而北分為四次經，大致分佈在今山西、陝西兩省之間的黃河大峽谷以西。

何羅魚

據《山海經．北山經》載，此魚生長在譙明山（現代地名待考），一頭十身。上古時代，人們的知識和涉足的地域有限，因此在《山海經》中涉及地方物產和人類活動時，常帶有傳說的成分。

〈中山經〉論述的範圍大致在巴、蜀和東部的湘、鄂、豫部分地區。包括九十七座山，分為十二次經，基本是東西走向。這部分敘述最為詳細，大概是作者最熟悉的地方。

《山經》中還有關於河流的內容，敘述發源與流向，並注意到河流的支流或流進支流的水系，包括某些水流的伏流和潛流的情況，以及鹽池、湖泊、井泉的記載。一共記述了三百五十八條河流和湖泊，粗略勾劃出了北至黃河流域，南至長江中下游的水系分佈情況。

編入《山海經》

《五藏山經》關於其他自然地理的知識也很豐富。例如〈南山經〉說「南禺之山，……其下多水，有穴焉。水春輒入，夏乃出，冬則閉」，這是對南方山地喀斯特溶洞的描述。又如「白沙之山，……鮪水出於其上，潛於其下」，這是關於潛流或地下暗河的描述。關於北方乾旱和半乾旱地區季節性或間歇性河流，有「教山，……教水出焉，西流注於河，是水冬乾而夏流，實惟乾河」等記載。〈西山經〉有對火山的描寫：「南望崑崙，其光熊熊。」《山經》中也記述了許多具有區域自然地理特色的內容。例如對西部高山地區的描寫：「申首之山，無草木，冬夏有雪。」〈南山經〉中有「多桂」、「多象」、「多白猿」的敘述，反映了熱帶和亞熱帶的區域特點。

到了秦漢以後，有人將《海經》《大荒經》與《山經》合併成《山海經》。《山海經》是一部記錄遠古自然地理和人文地理的專著，記述著中華民族文明與文化的起源和發展。《海經》《大荒經》記載的內容雖然也有地理學方面的內容，但是並不準確，包含了眾多的神話傳聞和詭譎荒誕的內容。正因為如此，清在編撰《四庫全書》時把此書列入小說類。

毛遂自薦

●時間：西元前二五八年
●人物：毛遂　平原君

秦軍圍攻趙國，平原君門客毛遂自薦隨平原君使楚，在毛遂的游說下，楚王同意共同抗秦。

周赧王五十五年（前二六〇年），秦國將軍白起率軍攻打趙國，長平一戰，坑殺趙軍四十餘萬人，趙國大傷元氣。兩年後，秦軍又派兵攻打趙國，趙孝成王連忙命相國平原君出使楚國求援。

⊙毛遂自薦

平原君趙勝是趙國宗室，赫赫有名的戰國四君子之一。平原君養了門客千人，打算從門客中挑選二十名文武兼備有勇有謀的人，一起前往楚國游說楚君。儘管手下門客過千，挑來挑去，平原君只選出十九人，還差一個人，一時選不出來。

這時名叫毛遂的門客走上前來，主動要求隨平原君出使楚國。平原君對毛遂沒有印象，就問道：「先生來我處幾年了啊？」毛遂回答：「已經三年了。」

平原君失望說：「人才在世間就好像錐子在布口袋裡，錐尖自己就會露出來的。您來三年了，我還不知道您的名字，可見您不是甚麼人才。您還是留著吧！」

毛遂笑道：「這是因為您沒有發現我這個錐子，沒有把我放在布口袋裡，如果您早把我放在口袋裡，我不只是露出錐尖，早就脫穎而出了。」

其他十九個門客聽了毛遂這番話，都嘲笑他太自以為是了。平原君卻欣賞毛遂的勇氣，反正也找不到合適的人選，就帶著他吧，也可以看看到底是不是個人才。

⊙持劍登殿說楚王

平原君帶著二十名門客來到楚國，途中毛遂與其他十九人辯論，大家都心服口服，認為毛遂果然有能。

平原君與楚考烈王談判合縱抗秦之事，從早上一直到中午，無論平原君如何勸說，考烈王就是不答應出兵。

殿下等待的門客推舉毛遂，讓他勸說考烈王。毛遂也不推辭，拿著寶劍就走上臺階，高聲喊道：「合縱的利害得失，三言兩語就已經明白，怎麼從早晨一直到日正當中呢？有這麼難決定嗎？」

考烈王惱火，問平原君：「這是甚麼人？怎麼隨意高聲叫喊？」平原君回答：「是在下的門客毛遂。」考烈王聽後更加生氣，怒斥毛遂：「我和你的主人商量事情，哪有你說話的份？還不退下！」

毛遂握著寶劍，更向前一步說：「我的主人在這裡，不用大王教訓。

何況大王訓斥在下，是倚仗著楚國，人多勢眾，但是大王，現在你我之間相距不到十步，您的性命可在我手上。」

考烈王嚇了一跳，沒想到小小的門客膽子這麼大，就問毛遂有甚麼意見。毛遂接著說：「想當年，商湯不過只有七十里土地就能號令天下，周文王不過百里的土地就可以讓諸侯臣服，可見不是人多就可以完成霸業的。楚國土地有五千多里，士兵有一百多萬，具備稱霸的資格，但是秦、楚開戰，楚國敗退連連。白起不過是個小人物，只帶領了區區數萬人，就占領了楚國鄢、郢兩座城地，逼得大王遷都。秦軍在楚國，把夷陵點火燒了，把楚國宗廟毀了，羞辱了楚國的祖先，這可是奇恥大辱啊！連我們趙國都為你們感到羞愧，大王卻不知啊！合縱攻秦不止為了我們趙國，更是為你們楚國的恥辱啊！大王，這麼簡單的道理，怎麼就不明白呢？」

⊙脫穎而出

毛遂的話刺激了考烈王，考烈王立時點頭答應合縱抗秦。雙方歃血為盟，考烈王於是派同為戰國四君子的春申君黃歇為大將，帶領八萬大軍，前往趙國救援。

平原君回到趙國後，歎息說：「我再也不敢自稱能辨識人才了。我自相看了無數人才，以為只要是人才，我就不會遺漏，但是今天大錯特錯啊！毛先生到了楚國，楚王當即同意出兵。毛先生的三寸不爛之舌，比百萬大軍還要強大啊！我再也不自稱相士無數了。」

從此平原君把毛遂奉為上賓。「毛遂自薦」成為成語長久流傳，「毛遂」成為敢於自我推薦的代名詞。

人物御龍圖（局部）　戰國

畫中人物比例相當準確，使用單線勾勒和平塗與渲染兼用的畫法。人物略施彩色，龍、鶴用白描。

人物龍鳳圖（局部）　戰國

湖南長沙出土，此畫是當時用以「引魂升天」的銘旌。全畫的主題是龍鳳引導墓主人的靈魂早日登天升仙，是現存最早的帛畫之一。

信陵君竊符救趙

●時間：西元前二五七年
●人物：信陵君　侯嬴　朱亥

禮賢下士的信陵公子結識了潦倒的老人侯嬴，這又是一個義士在危急關頭報答知遇之恩的故事。不過，信陵君本人在關鍵時刻英勇赴難的膽魄與氣概，也使他和那兩位死士一起備受稱頌，青史留名。

⊙拜訪侯嬴

信陵君名無忌，是魏昭王的小兒子，魏安釐王的異母弟弟。昭王死後，安釐王即位，封無忌為信陵君。公子無忌喜歡結交賢士，不論貴賤，只要有才能，便以禮相待，從不以身分高貴而輕視別人。因此許多人紛紛歸附，一時門客三千。

各國諸侯都知道信陵君賢德，門下能人眾多，因此一直不敢攻打魏國。但魏安釐王見信陵君年紀輕輕便有這樣的威望，心中嫉妒，不許他參與政事。

當時秦國採取范雎「遠交近攻」的策略，已經成為最強大的諸侯國，虎視眈眈，六國無不慄慄自危。信陵君一心擔憂國事，卻苦於不得其便，只好把全副心思放在尋訪賢士，希望將來能幫助國家。

魏國有個侯嬴，七十多歲了，家裡貧窮，是地位卑下的小吏，負責看守城門。當時的社會，這樣的人是讓人瞧不起的。信陵君聽說他是一位賢能的人，就派人送去許多財物，邀請做為門客，但侯嬴一生廉潔，拒不接受。

信陵君於是親自前往侯嬴家，侯嬴仍然不接受信陵君的請求。於是信陵君就為侯嬴準備了一次盛大的酒會，宴請賓客，並親自駕車到侯嬴守城的夷門迎接。

⊙禮賢下士

見到信陵君，侯嬴毫不謙讓，上車坐在公子的上座，想看看這位有名禮賢下士的公子反應。信陵君沒有任何不悅的表情，反而更加恭敬。

路上侯嬴對信陵君說：「我有個朋友叫朱亥，在街市上賣肉，我想順便看看他，麻煩你繞道。」

信陵君二話不說，就將車子引到市場。侯嬴和朱亥似乎多年未見，聊個不停，不理信陵君，但暗中窺視信陵君，看看他的態度。過了好長時間，仍沒有意思離去，連旁邊的侍從都等不及了，互相竊竊私語，偷偷罵侯嬴，可是信陵君仍然態度謙和，沒

燕丸瓦當　戰國

建築構件。泥質灰陶，半圓形，瓦面凸刻有變形蕉葉紋，刻工精細，紋飾清晰，在燕丸瓦當中並不多見。

有一絲不耐煩的表現。

又過了一會兒，侯嬴終於告別朱亥，隨信陵君一道赴會。到了之後，信陵君便介紹這位看城門的老人，並請到上座，作為最尊貴的客人，賓客都很驚訝。喝酒到痛快的時候，信陵君站起身，走到侯嬴面前，舉杯為他祝福。

侯嬴終於被他的真誠深深感動，最後做了這位貴公子的上客。由於信陵君的禮遇，所以侯嬴也以禮相還，把信陵君當成知己。

侯嬴做了信陵君的上賓之後，便把朋友，也就是街市的屠夫朱亥舉薦給信陵君，說：「這是個賢能的人，一般人不瞭解，所以才埋沒在屠戶中間。」

虎座鳥架鼓　戰國

於是信陵君又數次以禮賢下士的態度請朱亥，但朱亥故意不理，信陵君對這件事只是感到奇怪，並沒有生氣。

⊙捨生赴死

戰國末期，秦國急於吞併六國，不斷進行頻繁的侵略戰爭。周赧王五十五年（前二六〇年），在長平之戰中秦國大敗趙國，將趙國的四十萬士兵活埋，秦軍又乘勝進攻趙國的都城邯鄲，企圖滅趙之後，再進一步吞併韓、魏、燕、齊、楚等國，完成統一。

當時的形勢十分緊張，魏國和趙國是近鄰，唇亡齒寒，如果趙國滅亡，下一個就是魏國，所以救趙即是救魏。但趙國向魏國求救之後，魏安釐王懾於秦王的威脅，派老將晉鄙率十萬大軍駐紮在趙國附近的鄴地，只是觀望形勢發展，但是不出兵。信陵君當然知道利害關係，於是想方法勸安釐王出兵，可是安釐王懼怕秦國，始終不聽信陵君的請求。

在這亡國將至的緊急時刻，信陵君不能再等了，於是聚集了一百多輛車，帶著門客和秦軍對抗，與趙國共存亡。

經過夷門時，信陵君突然想起侯嬴，於是順道拜訪，並把謀畫告訴了侯嬴。但是侯嬴只說了一句話：「公子好好努力吧，我不能跟從您了！」

⊙侯生獻計

信陵君走遠了，越想越鬱悶，心想：「我待遇侯嬴，天下沒有人不知道。現在我前去赴死，他卻連半句安慰的話都沒有，難道我還有甚麼不對的地方嗎？」於是信陵君調轉車頭，回來追問侯嬴。

侯嬴面帶微笑說：「我就知道公子一定會回來。公子待我恩厚，公子赴死，而我卻沒有臨別贈言，您一定奇怪，所以終究會回來找我。」

信陵君連忙向他求教。侯嬴讓信

杜虎符 戰國

陵君摒退左右，悄悄對他說：「公子還記得魏王的寵妃如姬嗎？當年她懸賞捉拿殺害父親的人，過了三年仍然沒有消息。後來她哭著向您求助，於是公子派門客砍了她仇人的頭，恭敬地獻給如姬。如姬一直都很感激公子，但是沒有報答的機會。現在機會來了，我已經打聽過了，晉鄙的兵符就藏在魏王臥室之內，如姬最受寵愛，可以隨時出入魏王的臥室，她一定有機會偷得兵符。那樣就可以削奪晉鄙的軍權，率軍攻秦救趙，一舉兩得。」信陵君聽完，茅塞頓開，連連拜謝侯嬴。

⊙如姬竊虎符

信陵君回家後，立即求見如姬。如姬見了恩人，百般謝過。信陵君就把來意一五一十說了，如姬聽後立刻說：「公子的大恩大德，我永生難忘，不知如何以報。今天機會來了，我一定盡全力幫助公子。更何況這是救國家於危難中的事，如姬萬死不辭，請公子放心。」

之後，如姬到魏王臥室的次數更多，並清楚兵符就藏在內室床邊的小盒子裡，如姬等待合適的機會將兵符偷出。

有一天如姬又來到魏王的內室，正巧魏王和大臣下棋，於是她悄悄走進內室，輕手輕腳走到床邊，拉開小盒子，裡面果然有半片的虎符。如姬高興極了，一把拿起虎符，又把盒子蓋好放回原處，若無其事走出臥室，直接交給信陵君。信陵君拿著虎符，不知該說甚麼，連連拜謝如姬。

⊙錘殺晉鄙

信陵君拿到虎符之後，一刻也不曾耽擱，立即啟程赴趙。臨走的時候，侯嬴說：「將在外，君命有所不受。公子即使有了兵符，但是晉鄙不把兵權交出，又向魏王請示，事情就危險了。朱亥可以和您同去，這個人是大力士，晉鄙如果不聽從，就殺了他。」

聽了這些話，信陵君突然掉下淚來。侯嬴說：「公子為甚麼哭？怕死嗎？」信陵君說：「當然不是，晉鄙是一位叱咤風雲的老將，他一定不會聽從命令，那多半得殺了他，因此覺得難受，並不是怕死呀！」說完之後，兩人一道去請朱亥。

原先信陵君擔心朱亥不接受請求，但當說明來意後，朱亥感慨說：「我不過是市井中一個屠夫，公子卻屢次親自來請，我真是感激不盡，之所以不答謝您，是因為覺得小的禮節沒有用處。現在公子有大事求我，這是我出死力的時候了，怎有不應之理！」於是就跟隨信陵君一同啟程了。

信陵君請侯嬴同往，侯嬴卻拒絕了，說：「我本該陪公子同去，可是年紀大了，恐怕不能同行。但公子對我的知遇之恩，侯嬴一定相報。公子到達戰場的日子，我會自刎以謝的。」信陵君沒有辦法，只好帶著朱亥上路了。

到了鄴地之後，信陵君用一半虎符假傳安釐王的命令，命晉鄙領軍救趙。但晉鄙畢竟是久戰沙場的老將，覺得事情不正常，不聽從信陵君的調遣。無奈之下，信陵君只有依計行事，站在晉鄙旁邊的朱亥舉起手中四十斤重的鐵錘，一錘就將晉鄙錘死了。

⊙抗秦救趙

信陵君得到兵權以後，徹底整頓了軍隊，下令父子都在軍中的，父親回去，兄弟都在軍中的，哥哥回去，獨子沒有兄弟的，回家奉養父母。經過精挑細選，剩下八萬人，都是年輕力壯、鬥志昂揚的戰士。在信陵君的率領下，直奔邯鄲，向秦軍進攻。經過一陣激烈的戰鬥，秦軍終於撤退了，於是解了邯鄲之圍，也保存了魏國。

趙孝成王親自出城迎接信陵君，感激得涕淚橫流，說：「自古以來的賢人，沒有能比得上無忌公子啊！」

與此同時，留在魏國的侯嬴果然面向信陵君離去的方向自殺了。

魏安釐王因為信陵君偷了兵符，假傳軍令並殺死了晉鄙，勃然大怒。信陵君自知結果，所以擊敗秦軍救了趙國以後，信陵君就讓部將率領大軍撤回魏國，自己帶著門客就留在趙國不回了。

青銅佇立狀鹿
戰國

延伸知識

邯鄲之戰

周赧王五十七年（前二五八年）十二月，信陵君帶著八萬魏國武卒趕到了邯鄲城下，楚國大軍也同時到達。秦國也開始增兵邯鄲，秦將鄭安平率著秦軍趕到前線，大戰一觸即發。

十二月底，信陵君指揮魏、楚聯軍對秦軍發起猛攻，魏軍戰於城西，楚軍戰於城東，趙軍出城接應。秦軍三面受敵，全線崩潰，主將王齕率軍退了百里，才擺脫三國的追殺。駐防邯鄲城南的鄭安平所部兩萬秦軍被重重包圍，糧盡援絕，只得投降趙國。

邯鄲一戰，秦國傷亡慘重，不但士卒傷亡數十萬，並丟失了幾年來侵占趙、魏的所有土地。不過秦國雖然慘敗，卻未傷及國本，軍事霸權依然存在。

魯仲連斡旋

●時間：西元前二五八年
●人物：魯仲連　辛垣衍

聽君一席話，勝讀十年書。魯仲連游說辛垣衍，辛垣衍幡然悔悟，讓秦王的稱帝野心破滅。秦國意識到滅亡六國的條件並不成熟，因此退兵。

⊙秦軍圍趙

周赧王五十七年（前二五八年），秦軍圍攻趙國的邯鄲城。兵臨城下，趙國形勢危急，趙王於是派人到魏國求救。

魏國的將軍辛垣衍對國君魏安釐王說：「秦國急著攻打趙國，一定有原因的。先前秦君與齊君爭霸，現在齊國的國勢大不如昔，惟秦國最強大。但秦國沒有稱帝的名號，心有不甘，攻打趙國就是為了讓其他國家尊他為帝。我們如果派使者到秦國，願意尊他為帝，秦王高興，就會退兵了。秦王有個虛名而高興，我們則避免了戰亂，不也很好嗎？」

於是魏王派辛垣衍暗中潛入邯鄲，透過平原君，勸趙王尊崇秦王為帝，以令秦國退兵。平原君心中非常猶豫。

這時齊國有一個能言善辯的人，名叫魯仲連，正好遊歷到趙國，聽到這件事，就見平原君。魯仲連對平原君說：「我聽說趙國要尊秦王為帝，確有此事嗎？」平原君說：「這是魏國將軍辛垣衍的意思。」魯仲連說：「您安排我見辛垣衍，我來和他談談。」平原君便安排魯仲連與辛垣衍會面。

⊙魯仲連游說

辛垣衍已知魯仲連的來意，卻故意問道：「您到這裡有甚麼事嗎？」魯仲連說：「請不要讓趙尊秦王為帝。」

辛垣衍說：「秦國大兵壓境，你怎麼幫趙國呢？」魯仲連說：「我勸說魏國與燕國前來相助。」

辛垣衍大笑道：「燕國尚不知道。但我就是魏國人，先生怎麼說服我幫助趙國？」魯仲連說：「那是魏國沒有看到秦國的暴虐，如果看到了，肯定會幫助趙國。」

辛垣衍說：「秦國怎麼暴虐呢？」魯仲連說：「秦國乃是背棄禮義的國家，自恃強大而侵略別的國家，塗炭生靈。如果秦王稱帝，暴虐統治天下，那麼我還不如死去呢，難道魏國甘願讓秦國統治嗎？」

辛垣衍說：「魏國怎麼會如此呢？但是，這就好像一個人有十個僕人，不是因為僕人的智力不如主人嗎？」

魯仲連說：「既然這樣，那麼就等著秦王把魏王烹醢了吧！」辛垣衍聽了顯得不高興。

魯仲連接著說：「從前九侯、鄂

侯、文王是紂王的三個諸侯。九侯有個女兒很美，進獻紂王，她卻不願服侍紂王，結果紂王把他們父女全剁成了肉醬。鄂侯前去說情，又被紂王煮了。文王聽後只是長歎一聲，就把他拘禁了百天，也想把他殺死。難道這三個諸侯的智力不如紂王嗎？秦國如果稱了帝王，哪一天秦王不高興了，魏王必然會像鄂侯一樣的下場。」

接著魯仲連又說：「秦王的野心是沒有止境的膨脹，直到滅掉其他國家，將各諸侯變成他的大臣，並且除去他所憎恨的人，而安排他所喜愛的人。秦王還會讓子女和諸侯通婚，監視每個諸侯，魏王怎麼能平安生活呢？而將軍您又靠甚麼保住現在的尊貴地位呢？」

⊙幡然醒悟

魯仲連的話句句擊中辛垣衍的要害。辛垣衍再也不能安坐，站了起來，再三拜謝說：「原本我認為先生是平常的人，今日才知道先生是最高義的人。我告退了，以後不敢再談尊秦為帝的事。」

秦王本來聽說魏國使者欲尊他為帝，就放緩了攻打趙國的速度，又突然聽說魏國使者離開了，於是，秦王歎氣說：「趙國內必有能人，不可輕視。」

加上此時魏國的信陵君竊了兵符，帶著魏國大軍前來救援邯鄲。趙、魏兩國聯手，秦軍已經沒有必勝的把握，於是退兵於汾水，趙國之圍就此解除。

歷史詞典
鬥雞、蹴鞠遊戲流行

鬥雞，就是促使兩隻公雞相鬥的娛樂。春秋後期貴族已開始有這種娛樂。例如魯國季孫氏鬥雞，用草芥裝備雞毛，用金屬裝備雞爪，結果導致比賽發生爭吵。到戰國、秦漢之際，這種娛樂廣泛流行於民間。據說漢高祖的父親在故鄉沛縣豐邑里，賣酒賣餅，以鬥雞為樂。

蹴鞠是流行於貴族間的一種娛樂活動。鞠是一種實心的皮球，蹴是踢的意思。這種踢球遊戲，不僅可以訓練武士，還可以從中選拔武藝的人才。《漢書．藝文志》兵技巧家有《蹴鞠》二十五篇。劉向在《別錄》說：傳言蹴鞠是黃帝所作，有人說是起於戰國之時。蹴鞠可以訓練武士，選拔才能，既能遊戲，又能訓練。傳言說是黃帝所作，這是出於假託，起於戰國，當是事實。

犧背立人擎盤　戰國

通高十五公分，山西長治出土。底座作牛犢形，直立的四足較矮短，遍體鱗紋。在牛背上立一小人像，為束髮女像，雙手前伸力擎盤柄，盤柄可以旋轉，上托施鏤空花紋的圓盤。是一件很精緻的工藝品。

修建鄭國渠

●時間：戰國後期
●人物：鄭國

無心插柳柳成陰。韓國派水工鄭國到秦國建議修築水渠，最初目的是消耗秦國的力量，因而無力東顧，結果卻加強了秦國經濟基礎，使秦國更加強大。不僅如此，鄭國渠灌溉關中北部，造福了該地區的百姓，成了千秋功業。

⊙「疲秦之計」

戰國後期，秦國逐漸強大，出兵吞併各國。韓國離秦國近且實力最弱，成了秦國討伐的首選目標，形勢岌岌可危。想到秦國大兵壓境，遭到吞併的情景，韓國的韓桓惠王不免憂心忡忡。

一天，桓惠王召集群臣商議退敵之策，一位大臣獻計說：「秦王好大喜功，經常興建各種重大工程，我們可以建議秦王修一條大型水渠，藉以消耗人力物力，使其無力進攻我國。」

韓王聽後，喜出望外，立即下令物色一個合適的人選，實施這個「疲秦之計」。水工鄭國被舉薦承擔這一艱巨而又十分危險的任務。

鄭國到了秦國，見到秦莊襄王，陳述修渠灌溉的好處，極力勸說莊襄王開渠引涇水、洛水，灌溉關中平原北部的農田。莊襄王覺得關中平原確實急需灌溉，就採納了鄭國的建議，委託鄭國負責在關中修建大渠。於是，秦國開始徵調大量人力物力，在涇水、北洛水之間開鑿了一條三百餘里的渠道，灌溉農田。

⊙間諜工程師

工程正進行時，秦王發覺了鄭國藉修渠工程耗費秦國人力物力的真實意圖，就把他逮捕，準備處死。

鄭國從容不迫說：「起初確實是想讓秦國修渠以削弱秦國力量，使秦國無力攻打韓國。作為韓國人，這是分內的事，我死而無憾。但請您再想一想，即使修建水渠竭盡了秦國之力，暫且無力進攻韓國，對韓國來說，也只是短暫的安寧罷了。可是水渠修成之後，卻可為秦國帶來無窮的利益，造福萬代。這是一項功在千秋、利在萬代的事業。若不如此，水渠開工之後，恐怕您出再多的賞金，也無從找到鄭國的下落了。」

莊襄王認為鄭國說得有理，仍然讓鄭國負責，按計畫繼續施工。經過成千上萬民眾的艱苦努力和辛勤工作，歷經十多年，水渠終於修成了。

⊙功在千秋

鄭國渠在設計和建造上充分呈現了中國的智慧，設計的科學性和巧妙性在今日仍為世人讚歎。鄭國渠的

李冰築成都江堰

延伸知識

戰國時期，與鄭國渠齊名的水利工程就是李冰父子主持修建的都江堰。秦昭王五十六年（前二五一年），李冰主持興修水利。李冰是秦昭王、孝文王時的蜀郡守，擔任蜀郡守期間，主持修建了岷江上的大型引水樞紐工程——都江堰，它是現有世界上歷史最長的無壩引水工程。

都江堰水利工程主要由魚嘴（分水工程）、飛沙堰（溢流排沙工程）和寶瓶口（引水工程）三大主體工程組成。魚嘴建在江心洲頂端，把岷江分為內江和外江。內江為引水總幹渠，由飛沙堰、人字堤和寶瓶口控制泥沙，及對水量進行再調節。外江為岷江正道，以洩洪為主，也由小魚嘴分水到沙黑河供右岸灌區用水。由於堤岩修築於卵石和砂礫之上，在沖積較深的河床上不易築成永久性堤岸，所以採取竹篾編成竹籠，裡面裝有巨大的鵝卵石，層層堆積以使堤岸牢固。

由於三大主要工程的合理規畫佈局和精心設計施工，都江堰水利工程發揮了良好的引水、防沙、排洪等綜合作用。都江堰經歷代的完善、保護、維修管理，歷兩千多年而不廢，至今仍發揮重要的作用。

都江堰之外，李冰又主持興建了蜀地南安江、文井江、洛水等水利工程。李冰成功主持一系列除水害、興水利的工程，造福於後代，為百姓所頌揚懷念，從東漢開始就有了李冰治水的神話傳說。

獨到之處，在於渠系佈置上，幹渠設在渭北平原二級階地的最高線上，從而使整個灌區都處於幹渠控制之下，既能灌及全區，又形成全面的自流灌溉。在當時的技術水準和生產條件之下，是非常進步的做法。

渠首位置選擇在涇水流出群山進入渭北平原的峽口下游，此處河身較窄，引流無須築長堤。另外，河床比較平坦，涇水流速減緩，部分粗沙因此沉積，可減少渠道淤積。引水渠南面修退水渠，可以把水渠過剩的水排洩到涇河中。

用「橫絕」技術，把沿渠小河截斷，將小河導入幹渠之中。一方面把「橫絕」了的小河下游空出的土地（原小河河床），變成了可以耕種的良田，另一方面小河水注入鄭國渠，增加了灌溉的水源。

鄭國渠修成後，源源不斷的涇水灌溉著關中北部的四萬多頃鹽鹼地，每畝可以收穫糧食六石四斗，是原來的數倍之多。昔日的鹽鹼地變成了一片沃野，糧食豐足，再也沒有災年的情況。後人為了紀念鄭國的功勞，就把這條渠命名為鄭國渠。秦國也因此更加富裕強大，奠定了滅亡六國堅實的基礎，最終完成了統一。韓國本來想要消耗秦國人力和財力的「疲秦之計」，最終卻使秦國獲益匪淺。固然是得益於水工鄭國的高超技能和臨危不亂的風度與口才，也與秦莊襄王的高瞻遠矚、知人善用分不開的。國家接連出了幾代這樣的領導者，可見秦國能在戰國後期獨霸群雄，最終統一六國，並非僥倖所致。

鄭國渠渠首

鄭國渠是引涇水入洛水的一條三百餘里的灌溉渠，使原來貧瘠的渭北平原變為「無凶年」的沃野。圖為鄭國渠的渠首遺址。

呂不韋「囤積」國君

●時間：？～西元前二三五年
●人物：呂不韋

大商人呂不韋憑藉商業頭腦，囤積居奇，把落魄的王孫扶植成一國之君，自身也隨之飛黃騰達，權威顯赫，算得上是商人從政的典範了。

⊙囤積「奇貨」

秦昭王四十年（前二六七年），秦國太子去世。兩年後，秦昭王立次子安國君為太子。安國君有二十多個兒子，可是最寵愛的華陽夫人卻沒有兒子。安國君還有一個妃子叫夏姬，生有一子，名叫異人。因為夏姬不受寵，異人自然也不受重視，被派到趙國做人質。既然異人是可有可無的人物，所以他在趙國非常不得意。

呂不韋（？～前二三五年）是陽翟的大商人，往來各地，以低價買進，高價賣出，所以積累起千金的家產。呂不韋在趙國做生意時，在街頭無意間看見異人路過。看到秦國貴公子一副落魄的樣子，呂不韋心中不由一動。

當時，社會商人地位低下，處於四民之末。無論商人多富有，那些高官貴族、文人騷客也只認為是一個商人，難登大雅之堂。為了改變地位，呂不韋早想棄商從政，以加入貴族的行列。在他看來，眼前正是一個奇貨可居、千載難逢的好機會。

於是呂不韋前去拜訪異人，游說異人說：「我能光大你的門庭。」異人笑著說：「你姑且先光大自己的門庭，再來光大我的吧！」呂不韋說：「我的門庭要等待你的門庭光大了，才能光大。」

⊙籠絡寵姬

彼此交往久了，異人便把呂不韋當作莫逆之交，向呂不韋訴說心中的苦惱，透露了對權力的渴望。呂不韋早就等著這句話，他說：「秦王已經老了，安國君立為太子。我私下聽說安國君非常寵愛華陽夫人，華陽夫人沒有兒子，能夠選立太子的只有華陽夫人一個。現在你們兄弟二十多人，你又排行中間，不受秦王寵幸，即使秦王死去，安國君繼位為王，你也沒有希望和其他兄弟爭奪太子之位啦！」

異人愁眉不展說：「是這樣，但

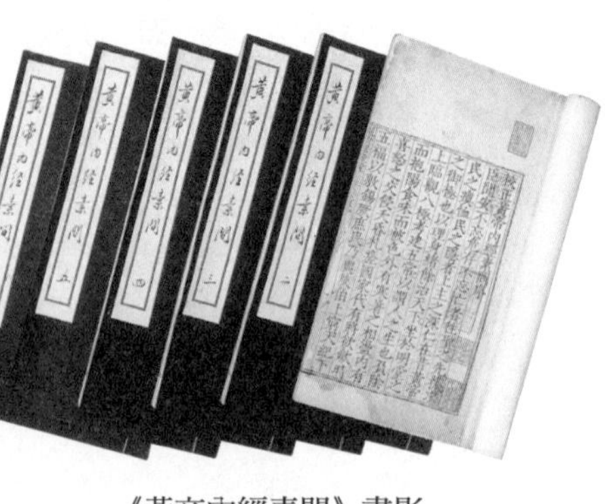

《黃帝內經素問》書影

該怎麼辦呢？」呂不韋見時機已到，就獻出妙計說：「你既然困窘，又客居在此，也拿不出珍寶獻給親長，結交賓客。我呂不韋雖然不很富有，但願意拿出千金，為你西去秦國游說，侍奉安國君和華陽夫人，讓他們立你為太子。」異人於是叩頭拜謝道：「如果實現了計畫，我願意分秦國的土地與您共享。」

呂不韋於是拿出五百金送給異人，作為日常生活和交結賓客的費用，又拿出五百金購買珍奇玩物，西去秦國游說。

鷹流杯　戰國

敞口，流鷹嘴形，嘴銜珠，圜底，橢圓形圈足，俯視呈桃形。

呂不韋先拜見華陽夫人的姐姐，請她把珍玩獻給華陽夫人，順便談及異人聰明賢能，所結交的諸侯賓客遍及天下，並對華陽夫人說異人「也以夫人為天，日夜泣思太子及夫人」。華陽夫人聽了非常高興。

⊙異人得勢

呂不韋乘機又讓華陽夫人的姐姐勸說華陽夫人道：「我聽說用美色事人，一旦色衰，寵愛也就隨之消失。現在您侍奉太子，甚為寵愛，卻沒有兒子，不如提早在太子的兒子中結交一個有才能而孝順的，立為繼承人。這樣，丈夫在世時您受到尊重，丈夫死後，您立的兒子繼位為王，最終也不會失勢。異人賢能，依次序是不能立為繼承人，而他的生母又不受寵愛，現在他主動依附於夫人，夫人若真能此時提拔他為繼承人，那麼您一生在秦國都要受到尊寵了。」華陽夫人聽了，真是如夢初醒。

華陽夫人開始行動了，利用各種機會在安國君面前稱讚異人的賢能，於是安國君逐漸對異人有了好感。

一天，華陽夫人趁著安國君高興的時候，突然珠淚滾滾哭著說：「我有幸能進入後宮，但非常遺憾沒有兒子，我希望能立異人為繼承人，以便日後有個依靠。」

安國君立刻答應了，就和夫人刻下玉符，決定立異人為繼承人。安國君和華陽夫人並送了豐厚的禮物給異人，請呂不韋當異人的老師。

⊙嬴政出世

呂不韋以金錢和智謀幫助異人成為王位繼承人後，又絞盡腦汁構思下一步計畫。呂不韋到處尋覓美女，湊巧趙國都城邯鄲有一個叫趙姬的歌妓，能歌善舞，姿色豔麗。呂不韋不惜重金買下這個歌妓，納為小妾，不久趙姬懷孕了。

於是呂不韋邀請異人飲宴，席間故意讓趙姬歌舞助興。異人看到趙姬嫵媚動人，風情萬種，就站起身來向呂不韋祝酒，言語中流露出愛慕之意。

呂不韋心中竊喜，卻佯裝生氣說：「我為你蕩盡家財，捨命跟隨，是為了尋求榮華富貴，既然你喜歡，就把她獻給你吧！」不過，呂不韋卻有意隱瞞了趙姬懷孕的實情。

後來趙姬在農曆正月生下一個兒子，取名「正」，後來又改為「政」，因為生在趙國，寄姓趙氏，所以就叫趙政，這就是後來歷史上威名赫赫的秦始皇。

秦昭王五十年（前二五七年），秦軍圍攻邯鄲，情況非常緊急，趙國想殺死人質異人。異人和呂不韋密謀，拿出六百斤黃金送給守城官吏，才得以脫身，逃到秦軍大營。

異人順利回國後，立即拜見華陽夫人。華陽夫人非常高興，因為她原是楚女，便把異人改名為「子楚」。

趙國為了報復，想要殺掉異人的妻子趙姬和「兒子」趙政，經過一番顛沛流離的羈旅生涯，母子兩人東躲西藏，竟然奇蹟般活了下來。

漆木蓋豆　戰國

器高三十一．五公分，湖北隨州曾侯乙幕出土。豆身淺盤、粗柄、圈足，盤口橢圓形，兩側附有上伸的龍紋方耳。通體髹黑漆，上以朱漆繪變形鳳紋、菱格紋等，繁縟細密，色彩鮮明，是戰國漆工佳作。

⊙苦心經營

秦昭王五十六年（前二五一年），秦昭王去世，太子安國君繼位，華陽夫人為王后，子楚為太子。可惜安國君沒有福氣，一年之後就去世了。

太子子楚，也就是異人，終於登上了王位，即秦莊襄王。莊襄王即位後，尊華陽王后為華陽太后，任命呂不韋為丞相，封為文信侯。大商人呂不韋囤積居奇，苦心經營，至此算是名、權、利兼收了。

莊襄王在位三年，去世後，嬴政

延伸知識

《呂氏春秋》

呂不韋在秦國當權時，招徠賓客三千人作為智囊團，使「人人著其所聞」，加以採擇和綜合，編成《呂氏春秋》一書。《呂氏春秋》又名《呂覽》，成書於秦王政八年（前二三九年），全書共分十二紀、八覽、六論，共二十六卷，一百六十篇，二十餘萬字。

《呂氏春秋》以道家思想為主體，認同老子順應客觀的思想，捨棄道家消極避世的成分，採納儒家、墨家、法家、兵家、陰陽家思想，以政治需要為宗旨，融會諸子百家思想之所長，初步形成了包括政治、經濟、哲學、經濟、軍事等各方面內容的理論體系。本書意在綜合百家之學，總結歷史上國家興亡的教訓，為中央政權提供切實可行的治國方案。

該書提出「法天地」、「傳言必察」等思想，並記述了不少戰國時代的重大事件，是研究先秦歷史的重要史料。司馬遷在《史記》中曾將《呂氏春秋》與《易經》《春秋》《離騷》等名著並列，足見該書的價值。

《呂氏春秋》書影

（即趙政）繼位為王。初登王位的時候，秦王政年僅十三歲，朝廷大權操縱在相國呂不韋之手。這時的呂不韋，家有奴僕上萬，門客三千，權傾朝野，無人能比。

⊙呂不韋之死

秦王政逐漸長成了一個相貌偉岸的青年，呂不韋害怕與太后私通的事情敗露，災禍降臨，就暗中尋求了一個名叫嫪毐的人，冒充太監獻給太后。嫪毐深得太后寵幸，權勢之顯幾乎可與呂不韋分庭抗禮，於秦王政八年（前二三九年）被封為長信侯。嫪毐另與太后私生二子，以秦王的「假父」自居。

秦王政主持國政後，嫪毐盜用秦王玉璽，發兵攻打秦王政所住的內宮。秦王政急令相國昌平君、昌文君鎮壓叛亂，與叛軍在咸陽展開激戰，前後斬殺叛軍數百，嫪毐及黨羽全部擒獲。秦王政下令將協同嫪毐叛亂的官吏二十餘人梟首示眾，將嫪毐當眾車裂，滅其三族。殺死嫪毐與太后所生二子，並將太后軟禁於雍都別宮。

嫪毐叛亂也牽涉到了呂不韋，使得秦王政左右為難。秦王政想殺相國呂不韋，但因其侍奉先王功勞極大，又有許多賓客辯士為他求情，秦王政不好處置呂不韋。

第二年，秦王政免去了呂不韋的相國職務，遣出京城，發往河南的封地。

又過了一年多，各諸侯國的賓客使者絡繹不絕，全都問候呂不韋。秦王看到罷官的呂不韋居然還有這麼高的威望，就寫信譴責呂不韋與各國使者來往密切，令他舉家遷到偏遠的蜀郡。呂不韋意識到已經不能被秦王政所容，為了免於遭到更大的羞辱，就喝下鴆酒自殺。

呂不韋作為一個身分平凡的商人，卻憑藉頭腦，平步青雲，他的眼光和政治手腕是令人欽佩的。最終，他遇到秦王政這樣更加強勢的對手，還是輸掉了這場政治博弈。

十二歲的上卿

●時間：戰國後期
●人物：甘羅

有志不在年高，少年甘羅巧妙運用成年人尚不及的政治手腕，使秦國兵不血刃便得到了五座城邑。十二歲的稚子上卿青史留名。

甘羅，秦國人，是秦國大臣甘茂的孫子，從小聰明機智，勤奮好學，能言善辯。後來，甘茂受到排擠，流亡國外，客死異鄉。當時在秦國做相國的是呂不韋，呂不韋憐惜甘羅小小年紀孤苦伶仃，就收養在家中，名義上算作門客，很得呂不韋的喜愛。

⊙甘羅請纓

有一天，呂不韋鐵青著臉回到家裡，甘羅見狀，探問原因。呂不韋心裡正煩躁，揮揮手說道：「走開！別來煩我。」甘羅大聲說：「丞相養門客，不就是能夠替您排憂解難嗎？現在您不說出問題，我怎麼能夠幫忙啊！」

呂不韋說：「我們和燕王定好盟約，燕王派太子丹到秦國為人質，表示友好，我國則派人到燕國當相國。我想派張唐，占卜的結果也很吉利，可是他卻藉故推辭不去。」

原來，張唐曾率軍占了趙國大片土地，趙王恨之入骨，若去燕國，必然經過趙國，所以張唐推辭不去。

甘羅聽了笑道：「原來這樣一件小事，我去勸他。」呂不韋不屑地說：「你一個小孩子，不要在這裡摻亂。」甘羅不服氣說：「項橐七歲的時候就被孔子尊為老師，我比他還大五歲。如果不成功，您再責備我也不遲啊！」

呂不韋見甘羅一副成竹在胸的樣子，也頗為好奇，就讓他試試。

⊙巧說張唐

張唐聽說呂不韋的門客來訪，連忙出來相見，只見是個小孩子，就傲慢地問道：「你來做甚麼？」甘羅見他態度傲慢，就說道：「我來向您弔喪。」張唐聽了大怒：「小孩子怎麼能這樣說話！」

甘羅說：「我問您，您和武安君白起相比，誰的功勞更大啊？」張唐說：「我怎麼敢和武安君相比。」

甘羅又問：「當年的范睢相國和文信侯相比，誰更專權獨斷？」張唐答道：「范相國當然不如文信侯專權獨斷啦！」

甘羅聽了說道：「當初，應侯想派武安君攻打趙國，但武安君不想，離開咸陽不久就被殺死。現在你推辭不去燕國，你想宰相能饒過你嗎？」

張唐聽了臉都白了，急忙道謝道：「多謝指教，你的意思我明白了。」甘羅見狀又說：「如果您願意去燕國，我願意替您到趙國打點。」

張唐連忙稱謝。

甘羅回報呂不韋，呂不韋聽了很高興。甘羅說：「張唐雖然已經答應去，可是經過趙國時可能會遇到麻煩，我想為他先到趙國。」

呂不韋已經相信甘羅的才能，把這件事稟報秦王政，說：「甘茂有個孫子叫甘羅，雖然只有十二歲，但能言善辯，聰慧過人。這次張唐不去燕國，經他一說就答應了。甘羅想先到趙國，請大王下旨。」

於是秦王政召甘羅覲見。秦王政對甘羅說：「你見了趙王以後，要說甚麼呢？」甘羅回道：「我看他的神色，相機行事。我現在不能確定該說甚麼話啊！」

東周列國建築構想圖

秦王政聽了十分歡喜，就派給甘羅五輛車和僕從，讓他出使趙國。

⊙游說趙國

趙王聽說秦、燕通好，正擔心對己不利，又聽說秦國使者求見，急忙到郊外迎接。

趙王見使者是一個小孩子，就問：「你今年多大年紀？」甘羅說：「十二歲。」趙王聽了笑道：「秦國年紀大的臣子不能出使嗎？怎麼派你這個小孩子？」

甘羅不慌不忙答道：「我王用人，讓才能高的擔當重任，才能低的擔當小的責任，因我最小，所以就派我來了。」

趙王聽了甘羅的話暗暗稱奇，又問道：「您到趙國有甚麼指教嗎？」

甘羅說：「大王聽說秦、燕通好的事情了嗎？」趙王點點頭。甘羅接著說：「燕國派太子丹入秦為質，說明燕國不欺騙秦國。秦國派張唐入燕為相，說明秦國不欺騙燕國。燕、秦不相欺，共同伐趙，趙國就危險了。秦和燕和好的原因就是想攻打趙國，擴大河間的地盤！大王不如獻給秦國五座城池，請我王遣返太子丹，我王必斷絕秦、燕之好，和趙國親好。這樣您就可以放心，一意攻打弱小的燕國，您還愁得不到五座城池嗎？」

趙王聽了很高興，就賞給甘羅黃金百兩、白玉一雙，並且把送給秦國五座城池的地圖讓他帶回。

後來，秦國果然如甘羅所說，遣回了燕國的太子丹。趙王於是立即興兵伐燕，一舉奪下了燕國上谷三十多座城池。為了討好秦王政，趙王便把其中的十一座城獻給了秦國。至此，憑藉著甘羅的巧妙游說，秦國不費吹灰之力便獲得了十幾座城邑。

甘羅回到秦國，秦王政大加讚賞，封為上卿（戰國時諸侯國最高的官職），並把原先甘茂的田宅賜給甘羅。

李斯諫逐客令

●時間：戰國後期
●人物：李斯

李斯的〈諫逐客書〉是文學名篇，說理透徹，邏輯清晰，讀後使人悅服，秦王因此改變政策，或許也正是這篇文章改變了歷史。

⊙秦王下逐客令

李斯是楚國人，是當時著名的學者荀況的學生，才華出眾。為了能夠實現抱負，找到施展才能的地方，於秦莊襄王三年（前二四七年）由楚國來到秦國，投到秦國宰相呂不韋的門下，當了門客。呂不韋看他博學多才，確實是個人才，就向秦王推薦，於是李斯拜為客卿。

就在李斯剛當上客卿，欲大展宏圖之際，秦國內部卻出現了逐客風波。當時，秦國正大兵攻韓，韓國無計可施，就派了水利專家鄭國到秦國，向秦王鼓吹興修渠道發展水利，藉此消耗秦國國力，以期間接救國。秦王讓鄭國主持修建鄭國渠，工程十分浩大。可是修到半途，鄭國的計謀敗露，秦國國內譁然。秦國的本土勢力、宗室大臣都乘機勸秦王：各國來秦國做事的大都是間諜，把他們統統趕走吧！於是秦王下了逐客令，凡其他六國人一律趕出國門。來自楚國的李斯，也在驅逐之列。

⊙李斯上書

李斯逐出咸陽城後，一直沉浸在悲憤、焦急之中。他想秦國是天下最強大的國家，是實現遠大抱負最合適的地方，他不甘心就這麼驅逐出秦國。於是在路途中，李斯顧不得鞍馬勞頓，挑燈伏案，奮筆疾書，整整寫了一夜，寫成了著名的〈諫逐客書〉。一大清早，他把這份書信交給驛使，說是機密事情報告秦王，務必傳到。

書信很快送給了秦王。秦王展信，見信上寫道：「大王下令逐客，我認為這是一個大過錯。太行山不失掉一點泥土，才匯集成今日的高山；河海由千萬條細小支流，才能匯成那樣的深度；君主廣納賢德的人，才能成為賢德的君主。

「先王穆公求賢，得繇余於犬

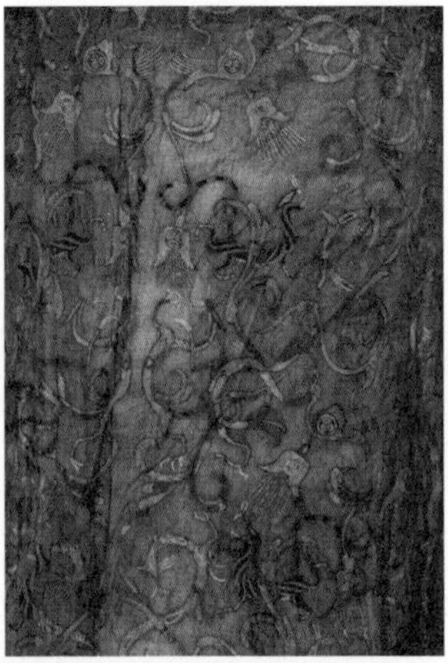

龍鳳虎紋繡羅禪衣　戰國

灰白色羅繡地，繡線可見紅棕、棕、黃綠、土黃、橘紅、黑、灰等色。圖案單元長二十九．五公分、寬二十一公分。一側是一隻展翅的鳳鳥，足踏小龍。另一側是遍體紅黑條紋的猛虎，張牙舞爪奔逐大龍，大龍作抵禦狀。圖案色澤豔麗，繡工精細，代表了戰國刺繡作品的水準。（圖為局部）

戎，從宛得到百里奚，從宋國迎來蹇叔，從晉國迎來丕豹、公孫枝。孝公用商鞅定秦國之法，國家因此富強。惠王用張儀，達到了瓦解六國聯合反秦的合縱計策的目的。昭王用范睢為丞相，廢了穰侯，趕走了國舅華陽君，實行遠交近攻的外交策略，使秦國更加強盛。

「這些人都不是秦國人，但四位先王都是依靠這些客卿才得以成功的，這些客卿也沒有做出對不起秦國的事情。四位先王的成就，都是外求賢人幫助的結果。如果四位先王不重用外來的賢才，秦國就不會強大，也不會威震天下。

「這樣看來，外來的賢人並沒有對不起秦國，為甚麼要把他們趕走呢？如果大王把這些賢德的人都趕跑了，這些人肯定被別的諸侯國所重用。您的做法就是幫助別的國家搜羅人才，而削弱自己的力量，秦國的危險將不日而至了。」

⊙秦王收回成命

秦王讀完信之後如夢初醒，立即派人追回李斯，並下令取消逐客令。

李斯回到咸陽，秦王親自向他道歉，官復原職。李斯向秦王獻計說：「從前穆公成為霸主的時候，還有很多的諸侯國，秦國的實力遠不如現在強盛，因此穆公也只能做到稱霸。自孝公以來，周室衰微，諸侯相互侵伐、吞併，如今只剩下六國了，而六國論實力都不如秦國。現在憑著秦國強大的實力，大王的賢明，正是消滅六國、統一天下的好時機，機不可失，大王應該趕快行動。」

秦王說：「你的建議正合我的心意，我也正在想這件事，請問先攻打哪個國家最有利呢？」

李斯說：「韓國離秦國最近，而且弱小，可以先攻占韓國，使其他國家感到懼怕。」

從此，秦王重用李斯，拉開了兼併六國、統一天下的序幕。

歷史詞典

老鼠的啓示

李斯年輕的時候，在郡裡當看守糧倉的小文書，負責倉內的糧食進出登記。一天，他進廁所尚未解手，卻驚動了一隻老鼠。這隻老鼠瘦小乾枯，探頭縮爪，且毛色灰暗，身上又髒又臭，令人噁心，看到人來慌忙逃竄。李斯看著老鼠，忽然想起了自己管理的糧倉中的老鼠，一隻隻膘滿腸肥，皮毛油亮，整日在倉中大快朵頤，逍遙自在，無人驚擾。與眼前廁所中的老鼠相比，真是天上地下！

李斯不禁想到，同為鼠類，命運卻截然不同，頓悟「人之賢不肖譬如鼠矣，在所自處耳」。意思是說，一個人有無出息就像老鼠，在於能不能為自己找到一個優越的環境。

此刻天下顯學有三家，即儒、兵、法。儒主仁政，兵主殺伐，法主刑峻法治。在老鼠的啓發下，李斯離開了這個小城，投奔一代儒學大師荀況，從此開始了尋找「糧倉」之路。但李斯並沒有專攻儒學，而是兼修法學，後來成為法家學說的代表人物。

後來秦王重用李斯，直接參與朝政。李斯終於找到了嚮往的「自處之地」。李斯協助秦王吞併六國，統一華夏。秦帝國建立之後，升任丞相，說服秦王實行郡縣制，明法度，定律令，為鞏固統一立下了很大功勞。

荊軻刺秦王

●時間：西元前二二七年
●人物：荊軻　太子丹

荊軻刺殺秦王，不管成功與否，燕國都一定會被秦國大軍滅亡，因此太子丹的計畫只能說是為燕國敲響喪鐘。荊軻由於田光的自殺，不得不充當了這樣一個悲劇的英雄角色。

⊙田光薦荊軻

長平之戰以後，基本上天下再沒有能與秦國抗爭的力量了。到了秦王政親政以後，秦國先後滅掉了韓國和趙國，弱小的燕國就處在了秦國的直接威脅下。燕國是北方小國，原本不與秦國接壤。但是趙國被滅之後，秦國大軍就可以陳兵燕國邊境，燕國無力對抗強大的秦國，滅國只是早晚的事情。

燕國的太子丹原來在趙國做人質，後來被帶到秦國繼續當人質，直到五十多歲才逃回燕國。他認為燕國在戰場上沒有力量對抗秦國，因此決定派刺客刺殺秦王政。

其實這不是好辦法，無論刺殺秦王政是否成功，秦國一定會立即派大軍前來報復，可以說，刺客前往秦國之日，就是燕國滅亡之時。但是太子丹看不到這一點，他四處尋找有能力刺秦的人，找到了一個叫田光的著名劍客。

但是田光已經老了，無力承擔這樣的重任，而且名氣太大，根本沒有機會接近秦王政，因此他向太子丹推薦了荊軻。

田光出發邀請荊軻，臨行前太子丹再三叮囑說：「刺殺秦王政是極其機密的事情，先生千萬不要洩漏。」田光笑了笑，甚麼也沒說。

田光見到荊軻，把請他刺殺秦王政的想法對荊軻說了，荊軻不很贊成他們的做法。田光對荊軻說：「我來之前，太子丹再三叮囑要我保守祕密。如今我已經把大事告訴了你，我一定會保守祕密的。」說完，田光就拔劍自殺了。

這樣一來，荊軻如果不願意刺殺秦王政，最後也只能自殺以保守祕密，否則就無法面對天下人。於是荊軻來見太子丹，表示願意刺殺秦王。

提梁盉　戰國

胎呈灰黃色，質堅實，仿青銅盉造型，有蓋，提梁飾獸形流，底附三獸足，釉和胎結合不佳，釉剝落嚴重，器身以弦紋三條為飾，間飾「S」形陰刻紋。器型端麗而莊重。

龜魚蟠螭紋方盤　戰國

盤體長方形，四角略圓轉，淺腹，口沿向外平折。盤體內外均佈滿華美的紋飾。在盤的內底，以三角雲紋為襯底，浮雕七行以各種姿勢和向不同方向游動的龜、魚和蛙，形態生動。盤外壁紋飾繁縟，並在左右兩側壁各飾兩個鋪首啣環，其間又浮雕出雙熊、鳥嘴帶翼怪獸、獨角獸哺羊等。盤下四角，各浮雕一蟠螭，下接伏虎形足。造型奇巧，工藝精緻，是東周時期青銅工藝佳作。

⊙地圖與人頭

太子丹對荊軻大為滿意，飲食起居照顧得無微不至，並且重金買到了一把鑄劍大師徐夫人製作的匕首，在上面塗了劇毒，作為行刺秦王政的武器。

武器確定後，太子丹和荊軻開始計畫接近秦王政，最合適的辦法就是讓荊軻作為燕國的求和使者晉見秦王政，以此接近秦王政，伺機行刺。

為了騙取秦王政的信任，使刺殺成功，荊軻要求攜帶兩件東西。一件是燕國督亢的地圖，一件是秦國將軍樊於期的人頭。督亢（在今河北涿縣一帶）地區是燕國土地最肥沃的地區，獻出督亢的地圖，表示將督亢地區獻給秦國，以示燕國對秦國的友好。

樊於期原本是秦國的將軍，因為得罪了秦王政，秦王政四處懸賞通緝，只得逃往燕國居住。如果燕國僅僅獻出督亢地區，卻依舊保護樊於期，會使得秦王政認為燕國對秦國的友好之心不強，所以必須先殺死樊於期。

太子丹感覺為難：「督亢的地圖好辦，可是樊將軍受秦國迫害而投奔我，我怎麼忍心傷害他呢？」太子丹堅決不同意。

荊軻知道太子丹心裡不忍，就私下找樊於期，對樊於期說：「我有一個辦法，能幫助燕國解除戰火，也能替將軍報仇，可是不好說出口。」樊於期連忙說：「甚麼主意，你快說！」

荊軻說：「我準備行刺秦王政，但是必須有足夠重要的東西才能確保秦王接見我。如今秦王政正四處懸賞通緝你，如果我能夠帶著你的人頭獻給他，那麼刺殺一定能夠成功。」

樊於期聽完，仰天大笑說：「我日夜都想報仇，可惜沒有辦法。只要能報仇，死又有甚麼可怕的？」說完，就拔出劍自殺了。

⊙易水送別

秦王政二十年（前二二七年），荊軻從燕國出發，前往咸陽。太子丹和少數賓客穿上白衣白帽，到易水（在今河北易縣）邊送別。

臨行的時候，荊軻唱了一首歌，其中有兩句是：「風蕭蕭兮易水寒，壯士一去兮不復還。」

荊軻明白，這次去咸陽，不管行刺是否成功，一定會死在秦國，是不可能回到燕國了。大家聽了悲壯的歌聲，都傷心流下眼淚。荊軻拉著助手秦舞陽跳上車，頭也不回走了。

彩繪木俑　戰國

⊙面見秦王

荊軻和秦舞陽到了咸陽，秦王政在咸陽宮接見燕國使者。

朝見的儀式開始了。荊軻捧著裝了樊於期頭顱的盒子，秦舞陽捧著督亢地圖，一步步走上秦國朝堂的臺階。但是秦舞陽一見秦國朝堂那副威嚴樣子，看到大殿下面無數秦國士兵手持利刃，竟然嚇得發起抖來。

秦王政左右的侍衛一見，大聲喝道：「使者怎麼變了臉色？」

荊軻回頭一看，果然見秦舞陽的臉又青又白，不由得大失所望，刺殺秦王政的匕首就藏在秦舞陽捧著的督亢地圖裡。但是荊軻表面還是很鎮靜，笑著對秦王政說：「他是從小地方來的粗人，從來沒見過大王如此的威嚴，免不了有點害怕，請大王原諒。」

秦王政畢竟有點懷疑，就對荊軻說：「讓副使留在殿外，你一個人上來。」

荊軻沒有辦法，只好先捧著木匣上去，獻給秦王政。秦王政打開木匣，果然是樊於期的人頭。秦王政這才放下心來，又叫荊軻把地圖拿來。荊軻轉身下殿，從秦舞陽手裡接過地圖，而秦舞陽此時還是顫抖不已。

⊙圖窮匕見

荊軻捧著督亢的地圖重新上殿，來到秦王政面前，把地圖慢慢打開。荊軻一面打開一面指著地圖介紹督亢的地理、物產和風土人情，秦王政也伸過頭來跟著荊軻的手指觀看。等到地圖全都打開時，藏在最裡面的匕首就露了出來。

荊軻不等秦王政反應，一把抓起匕首，左手拉住秦王政的袖子，右手把匕首向秦王政胸口直刺過去。

秦王政使勁向後一閃身，把袖子掙斷了，秦王政跳過旁邊的屏風，便要往外跑。荊軻拿著匕首追了上來，秦王政一看跑不了，就繞著朝堂上的大銅柱子跑，荊軻緊緊在後面追趕。

旁邊雖然有許多秦國的官員，但是都手無寸鐵，臺階下的武士，按秦國的法律，沒有秦王命令是不准上殿的，秦王政被荊軻追得繞著柱子亂跑，也來不及招呼武士上殿。

秦王政一邊跑一邊拔劍，但是秦國的劍長，在匆忙之中，秦王政拔了幾次也沒有把劍拔出。旁邊一個伺候秦王政的醫生急中生智，拿起手裡的藥袋對準荊軻扔了過去。荊軻用手一揚，藥袋就飛到一邊了，這一瞬間的耽擱，使得荊軻和秦王政拉開了一些距離。

另外一個大臣則大喊：「大王把劍拉到後背再拔！」秦王政一聽，急忙把寶劍拉到後背，這才拔出了寶劍。寶劍在手，秦王政不怕了，劍一揮便砍斷了荊軻的左腿。

⊙滅國的教訓

荊軻倒在地上，就拿匕首向秦王政扔過去。秦王政往旁邊一閃，匕首就從耳邊飛過去，打在銅柱子上，「崩」的一聲，直迸火星。秦王政見荊軻手裡沒有了武器，又上前向荊軻砍了幾劍。

荊軻身上受了八處劍傷，知道已經失敗，苦笑著說：「我沒有早下手，本來是想先逼你退還燕國的土地。」

這時候，秦王政才想起招呼護衛的武士上殿，結果了荊軻的性命。臺階下的那個秦舞陽，也早就給武士殺了。

荊軻失敗了，秦王政立刻命令大軍進攻燕國，太子丹被燕王殺了，燕國也被秦國滅亡。

如今人們談起荊軻刺秦王，大多著重荊軻的勇敢，但是卻忘了這原本就是一場成功與失敗都會帶來滅國的下策。荊軻為了酬謝死去的田光，抱著必死的決心踏上行刺之路，這份勇氣和忠義都令人敬佩，而他所行刺的對象，正是未來的始皇帝，這也使得他成為中國歷史上最著名的一位刺客。

然而就太子丹而言，痛恨秦王固然無可厚非，卻沒有找到正確的方式來避免亡國之禍，固執地派人行刺，結果加速了燕國的滅亡，這正是不智的表現，是不值得稱頌和效仿的。

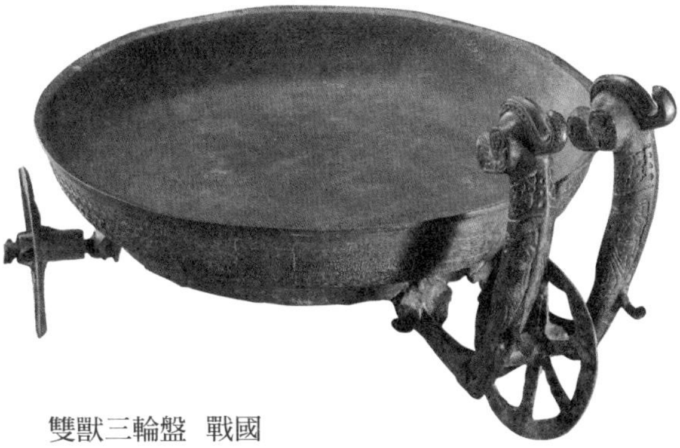

雙獸三輪盤　戰國

器型別緻，在銅盤一側由盤底向上伸出二龍，回首反顧，面朝盤心。並且在盤底呈鼎立態勢安裝三個六輻圓輪。顯示江南東周銅器的一些地方特徵。

東周王簡表

東周 西元前七七〇~前二五六年

王號	在位時間
周平王	前七七〇~前七二〇年
周桓王	前七一九~前六九七年
周莊王	前六九六~前六八二年
周釐王	前六八一~前六七七年
周惠王	前六七六~前六五二年
周襄王	前六五一~前六一九年
周頃王	前六一八~前六一三年
周匡王	前六一二~前六〇七年
周定王	前六〇六~前五八六年
周簡王	前五八五~前五七二年
周靈王	前五七一~前五四五年
周景王	前五四四~前五二〇年
周敬王	前五一九~前四七七年
周元王	前四七六~前四六九年
周定王	前四六八~前四四一年
周考王	前四四〇~前四二六年
周威烈王	前四二五~前四〇二年

東周諸侯存亡表

周 西元前一〇四六~前二二一年

國名	存在時間	滅其國者
秦	西周~前二〇六年	六國餘民
晉	西周~前三六九年	趙、魏、韓
齊	前一〇二七~前二二一年	秦
楚	西周~前二二三年	秦
燕	前一〇二七~前二二二年	秦
韓	前四〇三~前二三〇年	秦
魏	前四〇三~前二二五年	秦
趙	前四〇三~前二二二年	秦
鄭	前八〇六~前三七五年	韓
許	?~前四九四年	鄭
梁	?~前六四一年	秦
陳	前一〇二七~前四七八年	楚
宋	前一〇二四~前二八六年	齊
蔡	前一〇二七~前四四七年	楚
衛	前一〇二四~前二〇九年	秦
魯	前一〇二七~前二五〇年	楚
曹	前一〇二七~前四八七年	宋

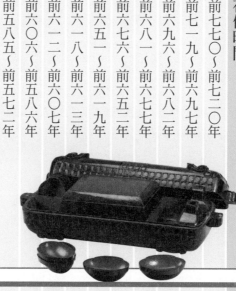

周安王	前四〇一～前三七六年	
周烈王	前三七五～前三六九年	
周顯王	前三六八～前三二一年	
周慎靚王	前三二〇～前三一五年	
周赧王	前三一四～前二五六年	

吳	春秋～前四七三年	越
越	春秋～前三三三年	楚
中山	？～前二九五年	趙

延伸知識

黃河源頭

關於黃河源頭，《山海經・北山經》說：「敦薨之水出焉，而西流注於泑澤，出於崑崙之東北隅，實惟河源。」又稱：「積石之山，其下有石門，河水冒以西流。」似乎是想把黃河之源推向積石山以遠地區，誇大河源遙遠，但由於當時地理考察的局限性，因而把崑崙山以北遙遠的羅布泊水系和崑崙山以東的黃河水系不切實際地混連起來，把前者當作黃河的上源。這個錯誤的說法對後世影響頗大。

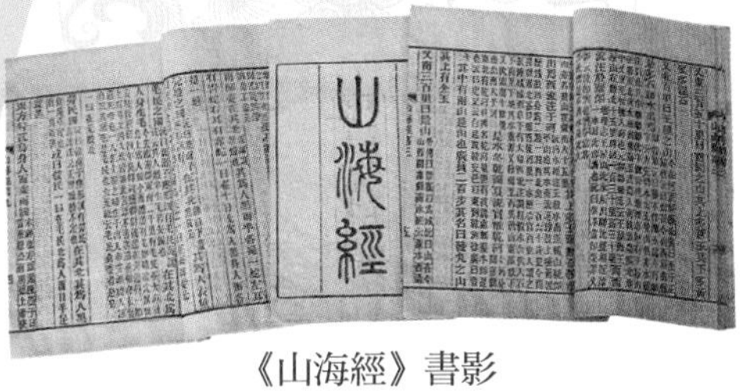

《山海經》書影

歷史年表

春秋　戰國

平王	元年	前七七〇年	秦襄公派兵護送周平王東遷雒邑，平王封襄公為諸侯。
平王	四十九年	前七二二年	《春秋》開始記事，鄭伯克段於鄢。
桓王	十三年	前七〇七年	周桓王率陳、蔡、衛三國軍隊伐鄭於繻葛，王師大敗。
莊王	十二年	前六八五年	齊國公子小白先入齊國，是為齊桓公，任管仲為相。
莊王	十三年	前六八四年	齊魯長勺之戰，齊國戰敗。
釐王	三年	前六七九年	齊、宋、陳、衛、鄭五國會盟於鄄，齊國開始稱霸。
惠王	二十二年	前六五五年	晉獻公殺太子申生，公子夷吾、重耳逃出晉國。
襄王	元年	前六五一年	齊召集諸侯為葵丘之會。
襄王	二年	前六五〇年	晉獻公去世，秦穆公發兵送夷吾回國，是為晉惠公。
襄王	九年	前六四三年	齊桓公去世，諸公子爭位，齊國內亂。
襄王	十六年	前六三六年	秦穆公發兵送重耳歸國，是為晉文公。
襄王	二十年	前六三二年	晉楚城濮之戰，楚國大敗。
襄王	二十八年	前六二四年	秦穆公伐戎，開地千里，稱霸西戎。
定王	元年	前六〇六年	楚莊王觀兵於周疆，問鼎輕重。
定王	十三年	前五九四年	魯國推行「初稅畝」。
簡王	十一年	前五七五年	晉楚鄢陵之戰，楚軍大敗。
簡王	十三年	前五七三年	晉國大夫欒書殺晉厲公，立悼公。
靈王	二十四年	前五四八年	齊國大夫崔杼殺齊莊公，崔、慶二氏專齊政。
景王	二十三年	前五二二年	伍子胥奔吳國。
敬王	十四年	前五〇六年	吳伐楚，在柏舉大敗楚軍，攻入郢都。
敬王	二十年	前五〇〇年	齊國國相晏嬰去世。

◆敬王	二十四年	前四九六年	吳國伐越慘敗，吳王闔閭傷重而死。
◆敬王	二十六年	前四九四年	吳王夫差率軍攻越，敗越於夫椒。
◆敬王	三十八年	前四八二年	黃池之會，吳晉爭雄，吳為盟長。
◆敬王	三十九年	前四八一年	齊國大夫田常殺齊簡公，從此田氏專齊政。
◆敬王	四十一年	前四七九年	孔子去世。

元王	三年	前四七三年	越國滅吳，吳王夫差自殺。
定王	十六年	前四五三年	韓、趙、魏三家共滅智伯，三分其地。
威烈王	五年	前四二一年	魏國西門豹修漳水十二渠。
威烈王	十四年	前四一二年	魏文侯任命李克為相。
威烈王	二十三年	前四〇三年	周王封韓、趙、魏三家為諸侯。
安王	五年	前三九七年	聶政刺殺韓相俠累。
安王	十三年	前三八九年	吳起任楚國令尹，主持變法。
顯王	十三年	前三五六年	秦用商鞅為左庶長，下令變法。
顯王	十五年	前三五四年	魏國圍攻趙都邯鄲。
顯王	十六年	前三五三年	齊國救趙，大敗魏軍於桂陵。
顯王	十九年	前三五〇年	秦商鞅第二次變法。
顯王	二十八年	前三四一年	齊國田忌、孫臏敗魏軍於馬陵，魏軍主將龐涓自殺。
顯王	三十一年	前三三八年	秦孝公去世，商鞅遭車裂之刑。
顯王	四十一年	前三二八年	秦任張儀為相。
赧王	八年	前三〇七年	趙武靈王開始推行「胡服騎射」。
赧王	十六年	前二九九年	楚懷王入秦被拘。
赧王	十七年	前二九八年	齊、韓、魏聯軍敗秦軍於函谷關。
赧王	二十二年	前二九三年	秦將白起敗韓、魏聯軍於伊闕，斬首二十四萬。
赧王	二十八年	前二八七年	蘇秦約趙、齊、楚、韓、魏五國合縱攻秦。
赧王	三十一年	前二八四年	樂毅率五國之師攻齊，破臨淄。
赧王	三十六年	前二七九年	燕以騎劫代樂毅為主將。齊田單敗燕軍於即墨。
赧王	三十七年	前二七八年	秦將白起攻取楚郢都，建南郡。
赧王	四十六年	前二六九年	秦攻趙閼與，趙將趙奢往救，大敗秦軍。

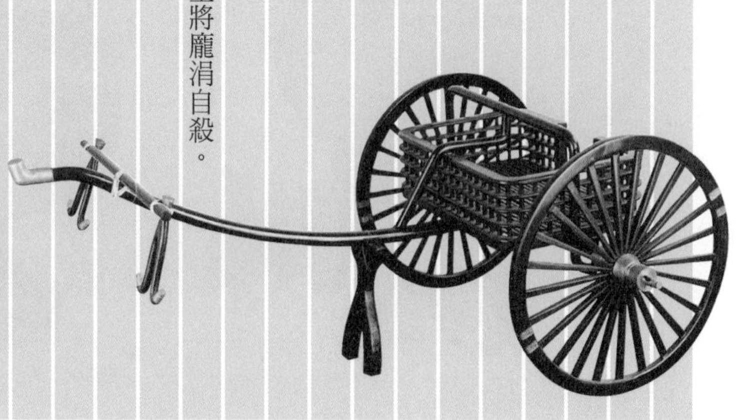

赧王	四十九年	前二六六年	范雎為秦相。
赧王	五十五年	前二六〇年	秦將白起大敗趙軍於長平，坑降卒四十萬。
赧王	五十八年	前二五七年	魏信陵君無忌、楚春申君黃歇救趙，解邯鄲之圍。
秦莊襄王	元年	前二四九年	秦莊襄王以呂不韋為相國，秦滅東周。
秦王政	七年	前二四〇年	呂不韋招賓客著《呂氏春秋》。
秦王政	十年	前二三七年	秦下逐客令，李斯上書諫止。
秦王政	十五年	前二三二年	韓非入秦，受李斯讒言被殺。
秦王政	十七年	前二三〇年	秦派內史騰滅韓，俘虜韓王安，設潁川郡。
秦王政	十八年	前二二九年	秦將王翦率軍攻趙。趙將李牧受讒言遇害。
秦王政	十九年	前二二八年	秦將王翦破邯鄲，俘虜趙王遷。
秦王政	二十年	前二二七年	燕太子丹使荊軻刺秦王，失敗被殺。
秦王政	二十二年	前二二五年	秦將王賁攻魏，魏王假降，魏亡。
秦王政	二十四年	前二二三年	秦軍攻入楚都壽春，楚亡。
秦王政	二十五年	前二二二年	秦將王賁攻遼東，俘燕王喜，燕亡。
秦王政	二十六年	前二二一年	秦將王賁攻入齊都臨淄，齊亡。

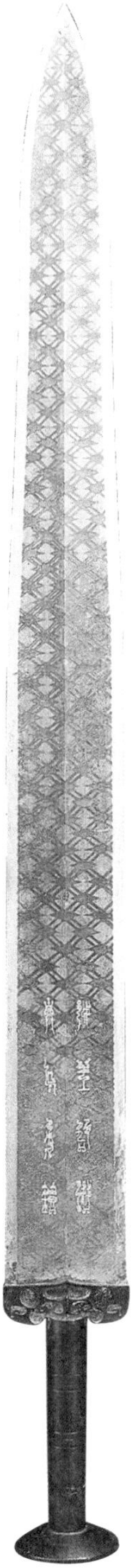

圖說中國 02

春秋・戰國

主　　編　龔書鐸　劉德麟
封面設計　陳朗思
出　　版　智能教育出版社
香港北角英皇道四九九號北角工業大廈二十樓
INTELLIGENCE PRESS
20/F., North Point Industrial Building,
499 King's Road, North Point, Hong Kong
香港發行　香港聯合書刊物流有限公司
香港新界荃灣德士古道二二〇至二四八號十六樓
版　　次　二〇一四年一月香港第一版第一次印刷
二〇二二年七月香港第二版第一次印刷
規　　格　十六開（170 × 230 mm）二〇八面
國際書號　ISBN 978-962-8904-52-5